サティア・ナデラ
グレッグ・ショー／ジル・トレイシー・ニコルズ
ビル・ゲイツ［序文］
山田美明／江戸伸禎 訳

Hit Refresh《ヒット・リフレッシュ》

The Quest to Rediscover Microsoft's Soul and Imagine a Better Future for Everyone

マイクロソフト再興とテクノロジーの未来

日経BP社

2014年2月4日朝、私はマイクロソフトの第3代CEOとして社員に紹介された。
左はビル・ゲイツ、右はスティーブ・バルマー。
マイクロソフトの40年の歴史の中で、CEOになったのはこの3人だけだ。

Contents

序文　ビル・ゲイツ

サティア・ナデラと知り合って20年以上になる。初めて会ったのは1990年代半ばで、私はマイクロソフトのCEO、彼は軌道に乗り始めたばかりのわが社のサーバー・ソフトウェア事業に携わっていた。わが社は、長期的アプローチでビジネスを築き上げたが、これには二つの利点があった。成長の原動力となる事業をほかに見つけられたこと、そして、現在マイクロソフトを運営している新たなリーダーを数多く育てられたことだ。サティアもそのひとりである。

のちにサティアが異動し、世界に通用する検索エンジンの開発に携わるようになると、私は彼と一緒に仕事をする機会が多くなった。当時のわが社はグーグルの後塵を拝していた。当初の検索エンジンチームは努力してはいたが、サティアがチームに加わると、事態が一変した。彼は謙虚であり、先見の明があり、現実的で、わが社の戦略にも鋭い疑問を投げかけた。また、筋金入りのエンジニアともうまく仕事をした。

それを考えれば、サティアがマイクロソフトのCEOになったとたん、会社に大きな変化が起き始めたのもうなずける。本書の原題『Hit Refresh（「リフレッシュボタンを押そう」を意味する）』の通り、彼は過去と完全には決別しなかった。ブラウザーの「リフレッシュボタン」を押して再読み込みをしても、ページの一部は変わらない。しかしサティアのおかげで、マイクロソフトはWindows（ウィンドウズ）中心主義のアプローチから離れることができた。彼は率先して、新しくて大胆なミッションを掲げた。また、常に会話を忘れず、顧客や第一線の研究者、幹部と心を通わせている。そして何よりも重要なことに、人工知能やクラウド・コンピューティングといったキーテクノロジーの開発に重点的に取り組み、差別化を図ろうとしている。

これらはいずれも、マイクロソフトに限らず、デジタル時代に成功を望んでいるあらゆる企業にとって賢明なアプローチである。コンピューター産業はかつてないほど複雑化している。現在、マイクロソフトだけでなく、グーグル、アップル、フェイスブック、アマゾンなど、数多くの大企業が革新的なビジネスを展開している。先進的なユーザーは、米国だけでなく世界中にいる。パソコンはもはや、大半のユーザーが利用する唯一のコンピューター機器どころか、中心的なコンピューター機器でさえない。

コンピューター産業はこのように急速に変化しているが、私たちはまだデジタル革命の入り口に来たにすぎない。人工知能（ＡＩ）を例に取ってみよう。私たちはこれまで、会合のスケジュール管理から勘定の支払いまで、日常的な事柄をすべて手作業で管理・実行してきた。だが、将来はＡＩエージェントが、仕事中に10分ほど空き時間があることを把握し、優先順位に従って仕事を片づけられるよう手助けしてくれるだろう。ＡＩが私たちの生活をより生産的で創造的にしてくれる時代が、間近に迫っている。

イノベーションは、生活のさまざまな面を改善してくれる。それは、世界的に深刻化している格差の縮小に取り組むゲイツ財団と私の最大の仕事でもある。たとえば、デジタル追跡ツールや遺伝子のシーケンシング技術のおかげで、ポリオの根絶まであと一歩のところまで来ている。成功すれば、人類を苦しめた病気がまた一つこの世から消える。また、ケニアやタンザニアなどでは、デジタルマネーの登場により、低所得者でも貯蓄、借り入れ、送金ができるようになりつつある。米国の学校では個別学習ソフトウェアが導入され、生徒は自分のペースに合わせて勉強を進め、苦手な部分に的を絞って学習できるようになった。

だが言うまでもなく、新たなテクノロジーには問題がつきものだ。ＡＩやロボットに仕事を奪われる人をどう支援するか。ＡＩが提示する情報をすべて信じていいのか。ＡＩが仕事の仕方をアドバイスできるようになったとしても、人間はＡＩにアドバイスされることを望むだろうか。

だからこそ、本書には価値がある。サティアは、こうしたテクノロジーの難しい問題に向き合いながら、テクノロジーが生み出すチャンスを最大限に生かすための道筋を示している。さらに本書には、サティアの興味深い身の上話のほか、文学作品からの引用が予想以上に多く、大好きなクリケットから学んだ教訓も盛り込まれている。

私たちは、来るべき未来に楽観していい。世界はかつてない速さで進歩し、よい方向へ進んでいる。本書は、エキサイティングで挑みがいのある未来への示唆に富むガイドになるだろう。

chapter 1

ハイデラバードからレドモンドへ

マルクスを敬愛する父、サンスクリット学者の母、クリケットのスター選手に感化された少年時代

私は1992年にマイクロソフトに入社した。自分には世界を変えるミッションがあると信じている社員がたくさんいる企業で働きたかったからだ。それから25年になるが、一度も後悔したことはない。マイクロソフトはパソコン革命を起こし、伝説的な成功を収めた。旧世代の企業でこれに匹敵するのはIBMぐらいだろう。しかし、競争相手を遠く引き離して数年も疾走を続けると、何かが変わってきた。よい方向への変化ではない。革新的な仕事がお役所的な仕事に、共同作業が内部抗争に変わり、競争から落後し始めたのだ。

こうした困難な時期のさなか、ある風刺画家が、マイクロソフトの組織図を、いがみ合っているギャングが銃を向け合っている姿として描いた。このメッセージをない

がしろにはできなかった。マイクロソフトに24年間勤めていた人間として、私はこの風刺漫画が気になって頭から離れなかった。だが、それ以上に動揺したのは、社員がその通りだと認めたことだ。確かに私も、こうした不協和音を経験したが、それが解決できないこととは思わなかった。そこで、2014年2月にマイクロソフトの第3代CEOに指名された時には、この会社の文化を刷新することが自分の最優先事項だと社員に告げた。そして、誰もが入社時に抱いた、世界を変えるという目標に立ち返れるように、イノベーションの障壁となるものを容赦なく取り除くことを誓った。マイクロソフトは、個人の情熱が幅広い目的と結びついている時には、常に最高の状態にあった。ウィンドウズ、Office（オフィス）、Xbox、Surface（サーフェス）、サーバー、Microsoft Cloud（マイクロソフト・クラウド）はいずれも、個人や組織が夢を築くためのデジタル・プラットフォームになった。これらだけでも卓越した業績だが、この会社はそれ以上のことを実現できる力がある。社員もそうした仕事に飢えているはずだ。私がマイクロソフトの文化に望んでいたのは、そのような本能と価値観だった。

ＣＥＯに就任して間もなく、私はきわめて重要なある会議で実験をしてみることにした。マイクロソフトの経営執行チーム（ＳＬＴ）は毎週会議を開き、大きなビジネスチャンスや難しい判断について意見を戦わせ、見直しや検討を行っている。このチームは、エンジニアや研究者、マネジャー、マーケターなど、きわめて優秀な人材で構成されるが、その背景や性別はさまざまだ。テクノロジーを愛し、仕事を通じて世界を変えられると信じてマイクロソフトにやって来た人たちである。

当時のメンバーを紹介しよう。ペギー・ジョンソンは、ゼネラル・エレクトリックでは軍用エレクトロニクス部門のエンジニア、クアルコムでは幹部を務めていたが、今はわが社のビジネスデベロップメント部門を率いている。オラクルのアプリケーション開発者だったキャサリーン・ホーガンは、ヒューマンリソースを担当し、企業文化を改革する私の右腕として活躍している。マイクロソフトの経験豊富なリーダー、カート・デルベーンは、オバマ政権の国民健康保険サイトHealthcare.govの準備のため一時会社を離れたが、現在は戻ってコーポレートストラテジー&プランニングを担当している。チー・リューは、10年間ヤフーに務めた後、わが社のアプリケーション&サービス担当として、米国の特許を20件も取得している。最高財務責任者のエイミー・フッドは、ゴールドマンサックスの投資銀行部門出身。カンパニープレジデント兼最高法務責任者でもあるブラッド・スミスは、以前はコビントン&バーリング法律事務所のパートナーだった。1986年にこの法律事務所に就職した際、同事務所の約100年の歴史で初めて、自分の机にパソコンを置くことを雇用条件として主張したことで有名な人物だ。スコット・ガスリーは、私に代わってクラウド＆エンタープライズ事業の責任者になった人物で、デューク大学を出てすぐにマイクロソフトに入社した。偶然にも、ウィンドウズ＆デバイス部門を率いるテリー・マイヤーソンも、デューク大学の出身だ。テリーは大学卒業後に、ウェブ・ソフトウェアの草分け的存在であるインターセーという企業を設立している。チーフ・マーケティング・オフィサーのクリス・カポセラは、ボストンのノースエンドでイタリアンレストランを経営する家庭に生まれ育ち、私が入社する1年前にハーバード大学を卒業し、マイクロソフトに入社した。ケビン・ターナーはウォルマートの元幹部で、最高執行責任者として全世界での販売を管理していた。誉れ高きマイクロソフトＡＩ＆リサーチ部門を統括するハリー・シャムは、カーネギーメロン大学でロボット工学の博士号を取得しており、コンピューター・ビジョンやコンピューター・グラフィックスの世界的権威のひとりである。

スティーブ・バルマーがＣＥＯだった頃、私もこのＳＬＴのメンバーだった。チームのメンバーはみな尊敬できる人ばかりだったが、もっと互いのことを深く理解し合い、それぞれの行動の原点が何なのかを詳しく知り、個人の哲学と会社のリーダーとしての仕事を結びつけたほうがいいと感じていた。あの風刺漫画に描かれた銃を捨て、この集団の英知とエネルギーを新たなミッションに注ぎ込めば、ビル・ゲイツやポール・アレンが創業時に抱いた夢に立ち返れる。最先端のコンピューター・テクノロジーを大衆に普及させるという夢だ。

CEOに指名される直前、地元のアメリカンフットボールチームであるシアトル・シーホークスがスーパーボウルで優勝し、多くの社員が感銘を受けた。その時、興味を抱いたのは、シーホークスのコーチであるピート・キャロルが、心理学者のマイケル・ジャーベイスを雇っていたことだ。ジャーベイスは、マインドフルネスのトレーニングの専門家で、選手から高いパフォーマンスを引き出すためにマインドフルネスを用いた。みんなで瞑想みたいなことをするだけでうまくいくのかと思われるかもしれないが、実際、ジャーベイスは、シーホークスの選手やコーチの心を完全にとらえ、フィールドの内外で優れたパフォーマンスを発揮させることに成功した。わがチームのメンバーも、ビジネスの修羅場をかいくぐっていくという点では、スポーツ選手と変わりない。SLTもジャーベイスのアプローチから何かを学べるのではないかと私は思い、わが社の会議に彼を招聘することにした。

ある金曜日の早朝、SLTのメンバーが集まった。だが今回は、いつもの堅苦しい重役会議室ではなく、本社キャンパスの反対側にある、ソフトウェアやゲームの開発

chapter 1

ハイデラバードからレドモンドへ

者がよく使う気取りのないスペースを選んだ。広々としていて、気さくな雰囲気が漂っている。いつものテーブルやいすはない。絶えず送られてくるメールやニュースフィードを確認するパソコンを置くスペースもない。携帯電話は、ズボンのポケットやかばんやリュックサックの中にしまった。そして、大きな円を描くように配置された座り心地のいいソファに腰を下ろした。身を隠す場所などない。会議を始める前、私は出席者全員に、仕事は後回しにしてしばらくここにいてほしいと頼んだ。これから始めることに、期待と同時に少し不安もあったからだ。

最初のエクササイズで、ジャーベイスは私たちに、非日常的な経験をしたいかと尋ねた。すると参加者全員が「したい」と答えた。次に彼は、志願者に起立するよう促した。だが、誰も起立しようとはしない。一瞬、気まずい沈黙があったが、やがて最高財務責任者のエイミー・フッドが志願した。彼女は、A1B2C3……といった具合に、間に数字をはさみながらアルファベットを唱えるように指示された。しかし、ジャーベイスは不思議に思った。なぜわれもわれもと志願しないのか。これは、能力の高い人たちの集まりではないのか。非日常的なことをしたいと誰もが言っていなかったか。だが私たちは、携帯電話もパソコンもないため、足元を見たり、ぎこちないほほ笑みを同僚に向けたりするだけだった。その疑問に対する答えを引き出すのは難しかったが、それは表情や態度に表れていた。ばかにされるのではないか、失敗するのではないか、この部屋の中で一番頭のいい人間に見えないのではないかという不安があったからだ。あるいは、自分はこんなゲームをするようなつまらない人間ではないという傲慢さもあった。私たちは、「そんなくだらない質問をするな」という言葉をよく耳にして育ってきた。

しかし、ジャーベイスは熱心に参加者を励ました。するとメンバーもようやく安心し、笑い声を上げるようになった。外では真夏の太陽のもと、どんよりとした空が輝きを放ち始めていた。私たちはひとりずつ話を始めた。

メンバーはそれぞれの思いや人生観を語った。家庭と職場の双方で、自分がどんな人間であるかをよく考えるよう求められた。職場での自分と私生活での自分をどう結びつけているか。一人ひとりが、自分の気質について、精神的源泉となっているカトリックの教義について、自分が学んだ孔子の教えについて話をした。親として奮闘していること、職場や娯楽の場で大衆に愛される製品を生み出そうと絶えず努力していることを伝えた。私はこうした話を聞きながら、マイクロソフトに入社して以来、仲間から仕事の話ではなく本人自身の話を聞くのは初めてだったことに気づいた。部屋を見回すと、中には目に涙をためている人もいる。

chapter 1

ハイデラバードからレドモンドへ

やがて私が話をする番になった。私はさまざまな感情に包まれながら話を始めた。それまで私は、自分の人生について、両親、妻や子どもたち、仕事について思いを巡らせていた。現在に至るまでには長い道のりがあった。私の心は、人生が始まった頃にまでさかのぼった。子どもの頃はインドで過ごし、若くして米国へ移住した。やがて結婚し、特別な支援を必要とする子どもの父親になり、世界中の数十億もの人々が利用するテクノロジーを設計するエンジニアになった。熱烈なクリケットのファンで、昔はプロの選手を夢見たこともある。こうした私の要素すべてが、CEOという新たな役職の中で一つになった。わが社が抱える問題を解決するには、この部屋に集まったメンバーや、マイクロソフトで働く社員の力が必要になる。それと同じように、この役職には、私のあらゆる情熱、スキル、価値観が欠かせない。

私はこう述べた。私たちは人生の大半をこの仕事に捧げるうちに、そこに深い意味を見いだすようになった。だからこそ、それぞれが個人的に持ち合わせている特徴と、マイクロソフトの能力を結びつければ、達成できないことなどないはずだ、と。記憶にある限り常に知りたがりだった私は、詩の一節から、友人との会話から、教師の授業から多くを学び、長い間にさまざまな経験を経るうちに、心から情熱を捧げられる哲学を築き上げた。それは、「新しいアイデア」を「他者への共感力の向上」に結びつけることである。というのも、アイデアは私の活力源であり、共感は私の基軸だからだ。

二十数年前、若気の至りでこの共感力が欠けていたため、私はマイクロソフトに入社し損なうところだった。面接試験では、さまざまな技術者が私の技量や精神的強さを1日がかりでテストした。その時に私は、人気のボードゲーム『クレニアム』を開発したやり手の幹部、リチャード・テイトと面会した。リチャードは、技術問題を出してホワイトボードに解答するよう求めたり、複雑なコードを見せてその内容を説明させたり、私の職歴や学歴について質問攻めにしたりはしなかった。その代わりに、たった一つ簡単な質問をした。

「道端で泣いている赤ん坊がいるのを見つけたとしよう。君ならどうする？」

「警察に電話します」。私は大して考えもせず答えた。

するとリチャードは、オフィスから私を連れ出し、私の肩に手を回して言った。

「君には共感力が必要だな。道で泣いている赤ん坊を見つけたら、抱き上げなきゃ」

結局、どうにか私はマイクロソフトに入社できたが、リチャードの言葉は今も心に残っている。それから間もなく私は、思いがけず、身をもって共感について学ぶことになった。

chapter 1

ハイデラバードからレドモンドへ

その数年後、私たち夫婦は初めて子どもを授かった。のちのザインである。妻のアヌも私も一人っ子だったため、ザインの誕生をとても心待ちにしていた。アヌは母親の手を借りて、新たに生まれてくる幸せで健康な子を迎え入れる準備にせっせと励んでいた。だがその頃の私たちは、子どものことよりもむしろ、こんなことばかり考えていた。建築家としてのキャリアを歩み始めたばかりのアヌが仕事に復帰できるのはいつになるだろうか。子どもを持ったら週末や休暇の過ごし方がどう変わるだろうか。

ところが、妊娠36週目のある晩、おなかの中の赤ん坊がいつものように動いていないことにアヌが気づき、夫婦そろって地元ベルビューの病院に行った。その時は、少々神経質になっているだけで、定例の検査を受けるだけですむだろうと思っていた。実際に私は、救急処置室の中で、待ち時間の長さにうんざりしていたのを覚えている。しかし検査をすると医師たちは驚き、すぐに帝王切開が必要だと告げた。こうしてザインは、1996年8月13日午後11時29分に生まれた。たった1360グラムしかなく、泣き声も上げなかった。

ザインは、ワシントン湖の対岸にある、最新の新生児集中治療処置室を備えたシアトル小児病院に移送された。アヌは困難な出産を終えたばかりだったため、私は妻に付き添ってベルビューの病院で一晩を過ごし、翌朝すぐにザインに会いに行った。その時、これを機に自分の人生が大きく変わっていくとは思いもしなかった。それからの数年間、私たち夫婦は、子宮内窒息がどんなダメージを引き起こすか、身をもって学んだ。ザインは重度の脳性麻痺のため、車いすが必要であり、私たちに依存しなければ生きていけなかった。私は精神的に打ちのめされた。何よりも、私たち夫婦にこのような事態が襲いかかったことを悲しんだ。だが、重要なのは、私の身に起きたことではなく、ザインの身に起きたことを十分に理解することだとアヌが教えてくれた。つまり、ザインの痛みや状況に共感を抱きながら、親としての責任を引き受けるということだ。

私は、夫として、父として、さまざまな感情の浮き沈みを経験した。そのおかげで、多種多様な特徴を持つ人をより深く理解できるようになった。また、人間の愛情や創造力が成し遂げられることについても、理解を深めることができた。こうした経験の中で、インド出身の最も有名な人物、仏陀の教えも知った。私は特に宗教的というわけではないが、いろいろ検索しているうちに、仏陀はインド出身なのにインドに信者が少ないのを疑問に思ったことが、興味を抱くきっかけになった。仏陀は世界的な宗教を創設するつもりなどなく、ただ人間がなぜ苦しむのかを理解しようとした。そして、私たちは人生の浮き沈みを通じてのみ他人に共感できるようになること、あまり苦しまないで生きるためには、万物の「無常」に慣れなければならないことを説いた。確かにザインが幼い頃の私は、息子の状況が「永遠不変」なことに悩んでいた。しかし、万物は常に変化していく。無常を深く理解できれば、平静を保っていられる。人生の浮き沈みに一喜一憂することもない。その時に初めて、身の周りのあらゆるものへの深い共感や、思いやりの気持ちを持てるようになる。コンピューター科学者でもある私には、この簡潔な人生の「命令セット（訳注＊あるマイクロプロセッサーが使用できる命令の集合）」が気に入った。

誤解しないでほしいが、私は決して完璧な人間ではなく、悟りや涅槃（ねはん）に到達する間際にいるわけでもない。ただ、これまでの経験のおかげで、多くの人に、よりいっそう深く共感できるようになったというだけだ。私は、障害を持つ人に共感する。スラム街やラストベルト地域（訳注＊米国中西部や北東部の斜陽化した重工業・鉄鋼業地域）、あるいはアジアやアフリカやラテンアメリカの開発途上国で必死に生計を立てている人々に共感する。成功を夢見て努力する中小企業の経営者に共感する。肌の色や信条、愛する人のために暴力や憎しみの標的になっている人に共感する。私の理想は、発売する製品、参入する新市場、社員や顧客やパートナー企業など、自分が追求するあらゆるものの中心に、共感を据えることにある。

一技術者としての経験からすれば、言うまでもなくコンピューターは、生活の改善に大いに役立つ。たとえばわが家では、ザインの言語療法士が、高校生3人と協力し、ザインが好きな音楽を自由に再生できるウィンドウズ・アプリを開発してくれた。ザインは音楽が好きで、時代やジャンル、アーティストにとらわれない幅広い趣味を持っている。レナード・コーエン、ABBA、ヌスラト・ファテー・アリー・ハーンなど何でも聴く。これらのアーティストの音楽を切り替え、その時の気分に合った音楽で部屋を満たすのが好きだ。ところがザインは自分の手で音楽を変更できない。いつも誰かの手を借りなければならず、それが本人にとっても私たちにとってもいら立ちの種だった。そんな事情を知ったコンピューター科学を学ぶ3人の高校生が、助力を申し出てくれた。今では、ザインの車いすの片側にセンサーが設置され、頭でそこに触れると、音楽コレクションを次々に変えられる。3人の若者の共感が、私の息子に自由と喜びを与えてくれた。

同じような共感は、仕事のヒントも与えてくれる。SLTの会議に話を戻すと、私は自分の話の締めくくりに、マイクロソフトで最近完了したばかりのプロジェクトの話をした。共感が新たなアイデアと結びつき、視線トラッキング・テクノロジーを生み出したプロジェクトである。これは、筋萎縮性側索硬化症（ルー・ゲーリッグ病として有名）や脳性麻痺の患者を支援し、その自立を促す画期的なユーザー・インターフェースとなった。このアイデアは、わが社の社員を集めて初めて開催したハッカソン（訳注＊与えられたテーマをもとに、開発者チームが短期間で集中的にサービスやアプリケーションを開発し、その成果を競うイベント）から生まれた。ハッカソンでは、創造性や夢が醸成される。この時にはあるチームが、スティーブ・グリーソンに共感を抱いた。スティーブは元アメリカンフットボール選手で、筋萎縮性側索硬化症のため車いすで生活しているが、今では私の息子と同じように、コンピューター技術を使って日常生活を向上させている。スティーブやわが家の息子に限らず、世界中の何百万もの人々にとって、このテクノロジーの意義は大きい。

この日を境に、SLTにおけるメンバーの役割は変わった。幹部一人ひとりはもはや、マイクロソフトに使われるだけの存在ではない。みなが個人として、より高いミッションを持ち、他者の役に立つという情熱を追い求めるために、マイクロソフトという場を使う存在となった。それは感動的な1日だった。くたくたに疲れはしたが、新たな基調を生み出し、これまで以上にまとまりのある幹部チームを始動させることができた。その日が終わる頃には、チームのメンバーはみな、ある事柄をはっきりと認識していた。マイクロソフトを再生させるのは、ひとりの指導者、一つのグループ、ひとりのＣＥＯではない。再生のためには、私たち全員が必要であり、その一人ひとりが持っているあらゆる要素が必要だ、と。企業文化の変革には、膨大な労力と時間がかかるが、その苦労に十分見合ったご褒美もある。

本書は変革をテーマにしている。他人への共感や他人に力を与えたいという欲求を原動力に、私の心の中やわが社の中で現在起きている変革である。だがそれ以上に、近い将来、革新的なテクノロジーの波が押し寄せた時に日常生活に起こる変化をテーマにしている。そのテクノロジーには、人工知能、複合現実（Mixed Reality）、量子コンピューターなどが含まれる。人間や組織や社会は、新たなエネルギー、新たなアイデア、つながり、再生を絶えず求めていく中で、どう変化していく可能性があるか。あるいは、どう変化していくべきか。どう「リフレッシュ」ボタンを押せばいいのか。それは本質的に、私たち人間、あるいは共感という人間独自の性質に関係している。テクノロジーの激流が現状をかつてないほど変えていくこの世界では、共感の価値はいっそう高まっていくに違いない。神秘的な詩を数多く残したオーストリアの詩人ライナー・マリア・リルケは、こう述べている。「未来は私たちの中に入り、私たちの

中で姿を変え、しばらくしてから姿を現す」。この実存的な詩の一節は、洗練されたコンピューター・コード同様、私たちにある真実を教えてくれる。リルケは前世紀からこう語りかけている。行く手に待ち受けているものは私たちの中にあり、一人ひとりが現在取る進路により決まる、と。その進路、それに至る決断こそが、私が本書で記そうとしたことである。

本書は、三つの異なる物語をたどっていく。最初のパートはプロローグで、インドから米国に居を移し、米国中央部からシリコンバレーを経て、当時日の出の勢いにあったマイクロソフトにたどり着くまでに起きた私自身の変革を語る。次のパートでは、ビル・ゲイツやスティーブ・バルマーのあとを継ぎ、思いがけずCEOとなった私がマイクロソフトで行った「ヒット・リフレッシュ」に焦点をあてた。私のリーダーシップによるマイクロソフトの変革はまだ完了していないが、これまでの進展には満足している。そして最後のパートでは、機械の知性が人間の知性に追いつく第4次産業革命が間近に迫っているという主張を取り上げ、やや気の早い問題を検討したい。人間の役割はどうなるのか、格差は解消されるのか悪化するのか、政府にどんな支援ができるのか、多国籍企業やその指導者の役割は何か、社会をどうリフレッシュしていけばいいのか、といった問題である。

私は楽しみながら本書を執筆したが、やや気が引ける部分もあった。私がたどってきた人生に誰が興味を持つだろうか。また、マイクロソフトCEOに就任してから、まだ数年なのに、自分の指揮のもとでの成功・失敗を書くのは時期尚早だ。あのSLTの会議以来、数多くの前進があったが、先はまだ長い。回顧録の執筆など、老いぼれてからでいいと思っていた。しかし、現段階での執筆を促す要因がいくつかあった。まずは、私の視点から、私たち人間の今後を語る責任があるのではないかと感じた。現在は、革新的なテクノロジーの登場により、大規模な社会的・経済的混乱が加速していく時代でもある。クラウド・コンピューティング、センサー、ビッグデータ、機械学習、人工知能（AI）、複合現実（MR）、ロボット工学が結びつき、SF小説に出てくるような社会や経済の変化が間もなく起ころうとしている。この来るべき知的テクノロジーの影響については、さまざまな分野で活発に議論されるようになった。ピクサーの映画『ウォーリー』では、重労働はロボットに任せ、人間はいつまでものんびりと暮らす世界が描かれている。しかしその一方で、スティーブン・ホーキングのように、最悪の事態を警告する科学者もいる。

だが、本書の執筆を決心した最大の理由は、私の仕事仲間であるマイクロソフトの社員、そしてわが社の無数の顧客やパートナー企業に伝えたいことがあったからだ。

chapter 1

ハイデラバードからレドモンドへ

2014年2月のあの寒い日、マイクロソフトの取締役会からCEOに指名された時、私は企業文化の変革を最優先課題に掲げた。マイクロソフトの魂、マイクロソフトの存在理由を再発見する必要があると述べた。まず行うべきは、優れた知性を持つ10万人の社員が、これまで以上に人間の未来に貢献できるような企業文化を生み出すことだ。ビジネスリーダーの書く本と言えば、のちに現役時代を振り返って執筆する場合がほとんどであり、ビジネスの渦中にある指揮官が執筆することはあまりない。だが、大変革のさなかに現職のCEOが考えたこと、そして今考えていることを、同僚や顧客と共有できたとしたらどうだろうか。マイクロソフトのそもそものルーツ、当初の存在理由は、誰もがコンピューターを使えるようにすることにあった。「すべてのデスクとすべての家庭に1台のコンピューターを」がもともとのミッションであり、それを軸に企業文化が形成されていった。しかし、今や世界は大きく変わり、たいていの職場や家庭にはコンピューターがあり、大半の人がスマートフォンを持つ時代になった。わが社は大成功を収めたが、後塵を拝した部分もたくさんある。パソコンの売り上げは鈍化し、モバイルでは大きな後れを取った。ネット検索でも開発が遅れ、ゲームでも伸び悩んでいた。漠然としていてまだ満たされていない顧客ニーズに対して、これまで以上に深く感情移入しなければならない。「リフレッシュ」ボタンを押すべき時期だった。

私は22年間エンジニアとして勤めたのち、マイクロソフトのリーダーに選ばれたが、その選考過程の間、気をもむどころかきわめて冷静だった。正直に言えば、スティーブのあとを継ぐのは誰かという臆測が渦巻いていた時でも、妻のアヌも私も、うわさをほとんど気にとめなかった。家庭ではザインや2人の娘の世話に忙しく、会社ではMicrosoft Cloud（マイクロソフト・クラウド）を担当し、きわめて競争の激しい事業を成長させるのに夢中だったからだ。それに、取締役会の判断を信じていた。選ばれるのが自分なら最高だが、取締役会がほかの人を信任しても、その人のもとで喜んで働くつもりだった。実は、CEO選考の面接を受けた時、取締役のひとりから、CEOになりたいのなら、その意思をはっきり示さないとだめだと言われた。私はその件について考えたが、そもそも自分は野心を誇示するような人間ではない。スティーブに相談すると、笑いながら「今さら態度を変えても遅いよ」と言うだけだった。

2014年1月24日、当時社外取締役の長を務め、CEO選考を指揮していたジョン・トンプソンから、「電話で話がしたい」という内容のメールを受け取った。私はてっきり、選考過程の最新情報でも教えてくれるのだろうと思っていた。だが、ジョンはその晩に電話をかけてくると、まず私がいすに座っているかと尋ねた。私は座っていなかった。仕事中にスピーカーフォンで話をする時と同じように、クカバーラ社のクリケットボールをもてあそんでいた。次に彼の口から出たのは、私がマイクロソフトの次期CEOに選ばれたという知らせだった。そのメッセージをきちんと受け止めるのに数分かかった。私はその決定を受け、光栄で、恐れ多くて、わくわくしていると伝えた。それは思わず口から出た言葉だが、私の気持ちを完璧に表現していた。それから数週間後、私はメディアに対し、わが社は焦点を明確にし、迅速に行動し、企業文化と事業を変革し続ける必要があると語った。だがその裏で、会社を発展へと導いていくためには、私自身の心の中で、そして最終的にはマイクロソフトの全社員の心の中で、次の問いにはっきりとした答えを出す必要があることに気づいていた。

「マイクロソフトの存在理由は何か？　この新たな役職での私の存在理由は何か？」

これは、あらゆる組織のあらゆる人間が自らに問うべきことだ。この問いにはっきりと答えることができなければ、過ちを繰り返す恐れがあるうえに、誠実でもない。もはや、あらゆる人間、あらゆる組織、あらゆる社会が、「リフレッシュ」ボタンを押すべき時期に来ている。それぞれの目的を再び活性化し、再生させ、再構成し、再考すべき時である。それは、ブラウザーの小さな「リフレッシュ」ボタンを押すほど簡単なことではない。それに、絶え間ないアップデートとテクノロジーの常時稼働が当たり前の時代に、「リフレッシュ」ボタンを押すというのは、時代遅れのアイデアに聞こえるかもしれない。だが、それを適切に行い、人心と文化をリフレッシュすれば、復活は可能だ。スポーツチームはそれを実践している。アップルもそうだ。デトロイトも街を挙げてそれに取り組んでいる。フェイスブックのような右肩上がりの企業も、いずれは成長を終える。そうなれば、やはりリフレッシュが必要になる。

ではまず、私自身の物語から始めよう。

「そもそもわが社の存在理由は何か?」などと実存主義的な質問をする私は、どんな人間なのか。文化やアイデア、共感といった要素が私にとってなぜそれほど重要なのか。私の父はマルクス主義の素養のある公務員、母はサンスクリット語の学者だった。知的好奇心や歴史への興味など、父から学んだことはたくさんあるが、私はむしろ母親っ子だった。母は、私が幸せかどうか、自分に自信を持っているかどうか、その時その時を後悔なく生きているかどうかをとても気にしていた。そして、家でも大学の教室でも忙しく働いていた。大学では、インドの古代言語、古代文学、古代哲学を教え、家では、喜びにあふれる家庭を築き上げた。

それでも私がまだ幼かった頃の記憶では、母は仕事と結婚生活の両立に苦労していたようだ。当時の私にとって、母は絶えず生活を安定させる力強い存在であり、父は偉大な存在だった。父は以前、経済学博士号の取得のためフルブライト奨学金を受け、チャンスを象徴するはるかかなたの国、米国に移住しようとしていた。しかし、この計画は突然中止になってしまった。それも当然だった。インド行政職（IAS）の一員に選ばれたからだ。

1960年代初頭のインドは、ガンジーの歴史的な独立運動によりイギリスから独立したばかりで、初代首相のジャワハルラール・ネルーがまだ政権の座にあった。その世代の人間にとって、公務員になって新国家樹立の一端を担うのは夢の仕事だった。IASは、イギリスが残していった旧来の統治システムをほぼそのまま引き継ぎ、1947年以来、独立後のインドの統治を担っていた。IASには、毎年100人ほどの若い専門家が選ばれるだけだったが、その一員となった父は、若くして何百万もの人々が暮らす地区を管理することになった。アーンドラ・プラデーシュ州のさまざまな地区に配属されたため、幼年時代に何度も引っ越したのを覚えている。こうして私は、時間と空間だけはたっぷりある辺ぴな町の古い植民地様式の建物で、1960年代から70年代初頭までの期間を過ごした。祖国は変わりつつあった。

こうした落ち着かない時期に、母は教師の仕事を続け、私を育て、愛情深い妻になろうと精いっぱい努力していた。しかし私が6歳ぐらいの頃、妹が生後5カ月で亡くなった。この出来事は、私にも家族にも多大な衝撃を与えた。母は結局、それを機に仕事をやめてしまった。きっと妹の死で一気に心が折れてしまったのだろう。父が遠く離れた場所で働いている間は、仕事を続けながらひとりで私を育てていた。そのうえ娘を失い、苦労が重なりすぎたに違いない。母がそのことで私に不満を訴えたことは一度もない。だが今でも私は、テクノロジー産業で最近よく話題になる多様性という観点から、母の人生について考えることがよくある。母は、ほかの人と同じように、望みのものをすべて手に入れたいと思っていた。それを手に入れるにふさわしい人だった。だが、母の職場の文化と、当時のインドの社会規範のせいで、家庭生活と仕事への情熱を両立させることができなくなってしまった。

IASの父親を持つ子どもたちの間には、激しい競争があった。一部の父親は、過酷なIAS採用試験に合格しさえすれば、一生安泰だと思っていた。それが最後の試練というわけだ。しかし私の父は、IASの試験に合格したとしても、それはさらに重要な試験を受けるための入り口にすぎないと考えていた。父はまさに生涯学習の権化だった。それでも当時の私は、親から勉強を強制されることなどまるでなかった。優秀な親から莫大なプレッシャーをかけられていた仲間の子どもたちとは大違いである。母は、教育ママとは対極の存在だった。幸せを求めること以外に何かを押しつけ

chapter 1

ハイデラバードからレドモンドへ

ようとは決してしなかった。

それが私の性分にぴったり合った。子どもの頃の私は、クリケットのこと以外、気にかけていることなど何もなかった。ある日、父が私の寝室にカール・マルクスのポスターを貼った。するとそれに対抗して母が、インドの豊穣と幸運の女神ラクシュミーの絵を飾った。2人がそれぞれ言いたいことは明らかだった。父は、私が知的好奇心を抱くことを求めていた。一方母は、私が幸せになるか何かに夢中になることを望んでいた。それに対する私の反応はというと、本当に欲しかったのは、私の英雄であるハイデラバード出身の偉大なクリケット選手、M・J・ジャイシンハのポスターだけだった。少年のような端正な顔立ちをした、フィールドの中でも外でも優雅なしぐさで有名な選手だった。

今にして思えば、私は、知性に情熱を燃やす父からも、バランスの取れた人生を夢見ていた母からも影響を受けた。クリケットへの情熱も、当時と変わっていない。クリケットはイギリスで生まれたスポーツだが、インドほどクリケットの人気が高い国はないだろう。私は、古くからクリケットが盛んなハイデラバードで、学校の代表としてプレーするほどクリケットが得意で、オフスピンボウラー（野球で言えば、切れ味鋭いカーブを投げるピッチャー）として活躍した。クリケットは全世界におよそ25億人ものファンを擁し、野球ファンの5億人をはるかに上回る。野球同様、熱狂的なファンには事欠かない魅力あるスポーツで、その優雅さ、興奮度、競技の複雑さは、数々の小説の題材にもなっている。たとえば、ジョセフ・オニールの小説『ネザーランド』（訳注＊古屋美登里訳、早川書房、２０１１年）に、クリケットの魅力を伝える描写がある。11人の選手が一斉に打者のほうに集まっては、繰り返し最初の位置に戻る様子を、こう表現している。「この肺の律動を思わせる反復行為を見ていると、まるでさんぜんと輝く選手たちを通じてフィールドが呼吸しているかのようだ」。ＣＥＯとして成功のために必要な企業文化を考える際、このクリケットチームの姿がヒントになるのではないかと思う。

私は、シュリーカークラム、ティルパティ、マスーリー、デリー、ハイデラバードなど、インドのさまざまな地域の学校に通った。その一つひとつが印象深く、いまだに心に残っている。たとえばマスーリーは、ヒマラヤ山脈のふもとの丘の奥にあるインド北部の街で、標高１８００メートルほどのところにあった。現在住んでいるベルビューの家からレーニア山を見ると必ず、子どもの頃に見たナンダ・デビ山やバンダルプンチ山を思い出す。私はそこにあったイエス・マリア女子修道院学校の幼稚園に通った。インド最古の女子校だが、幼稚園は男児も受け入れていた。しかし15歳の時、私たち一家の引っ越しも終わった。その頃、私はハイデラバード・パブリックスクール（HPS）で学んでいた。そこでは、インド全域から集まった学生が寄宿生活を送っていた。私はそれまでの引っ越し生活に感謝している。そのおかげで、新たな状況にもすぐに適応できるようになった。このハイデラバードでの生活が、本当の意味で私を成長させてくれた。ハイデラバードは、現在こそ680万人もの人口を擁する大都市だが、1970年代には辺ぴな片田舎でしかなかった。私は当時、アラビア海沿岸のボンベイ（現在のムンバイ）より西の世界について何も知らないどころか、気にもかけておらず、この寄宿学校で人生最高の休暇を楽しんだ。

HPSでは、古代インドの仏教大学にちなんで名づけられたナーランダという寄宿舎（ブルースハウスとも呼ばれていた）で生活した。学校は多文化的で、イスラム教、ヒンズー教、キリスト教、シーク教の学生が一緒に生活し、勉学に励んでいた。エリートの一員もいれば、奨学金を得て奥地からやって来た、どこかの部族の子どももいた。州首相の息子が、ボリウッド俳優の子どもと机を並べていた。実際、私の寄宿舎には、インドのあらゆる経済階層の子どもがいた。そこには信じられないほどの平等があった。記憶しておく価値のある時代である。

現在、この学校の卒業生のリストを見ると、その方針が成功していたことがわかる。

アドビのCEOシャンタヌ・ナラヤン、マスターカードのCEOアジェイ・シン・バンガ、カビウム・ネットワークスの社長兼CEOサイード・B・アリ、トロントのフェアファックス・フィナンシャル・ホールディングスの創設者プレム・ワッツァは、いずれも同校の卒業生だ。そのほか、議会指導者、映画スター、スポーツ選手、研究者、作家など、この田舎の小さな学校出身の著名人がたくさんいる。私はと言えば、さほど成績がよいほうではなかったが、学校も無理やり学業を押しつけようとはしなかった。物理学を勉強したい人は物理学を勉強していた。科学はつまらないから歴史を勉強したいという人は、歴史を勉強していた。競争をあおられ、仲間から強いプレッシャーを感じることもなかった。

HPSで数年を過ごした頃、父が国連の仕事でバンコクへ赴任することになった。父は私ののんびりした態度があまり気に入らなかったらしく、こう言った。「おまえはあの学校をやめて、11年生と12年生はバンコクのインターナショナルスクールに通ったほうがいい」。私はいやだと言い、ハイデラバードを離れなかった。「気は確かか？　どうしてそんなことをする？」と誰もが思ったことだろう。だが私には、ハイデラバードを離れる気など微塵もなかった。当時は、クリケットが私の生活の大半を占めていた。最高の思い出と大きな自信を手に入れられたのも、HPSに入ったおかげだった。

12年生当時の私に夢を尋ねたら、それなりの大学に入り、ハイデラバード代表としてクリケットをプレーし、最終的には銀行に就職することだと答えたに違いない。エンジニアになり西洋に行くことなど考えもしなかった。母はその計画を聞いて喜び、「それはいいじゃない！」と言った。だが父は、私に決断を迫った。「ハイデラバードから出ないとだめだ。さもないと身を滅ぼすことになる」。そうアドバイスするのも無理はない。当時、あのハイデラバードが現在のようなテクノロジーの中心地になると誰が予想しただろう。友人たちと別れるのはつらかったが、父の言うことは正しかった。私の夢はあまりに視野が狭すぎる。もっと幅広い展望が必要だ。

その頃の私には、クリケットに次いで情熱を注いでいるものがあった。それはコンピューターである。15歳の時に父が、バンコクで買ったシンクレアZXスペクトラムというコンピューターをプレゼントしてくれた。それはCPUに、インテルを退社したエンジニアが1970年代半ばに開発したZ80を採用していた。ちなみに、このエンジニアはインテル時代に8080マイクロプロセッサーの開発に携わっていた。そのプロセッサーこそ、ビル・ゲイツとポール・アレンがマイクロソフトBASICの最初のバージョンのために使ったチップである。私はこのZXスペクトラムを手にしたことがきっかけで、ソフトウェアやエンジニアリングについて考えるようになった。そして、こんな夢想もするようになった。もしかしたら、パソコンのテクノロジーが一般の人々に広がっていくかもしれない。インドの片田舎の子どもにプログラムが学べるなら、誰にでもできるはずだ。

私はインド工科大学（ＩＩＴ）の入学試験に失敗した。当時インドで育った中流階級の子どもが何よりもあこがれていた大学である。こうした試験に失敗した経験のない父は、憤慨するどころか、むしろおもしろがった。しかし幸運にも私には、エンジニアリングを追求する道がほかに二つあった。メスラにあるビルラ工科大学の機械工学部、およびマニパル工科大学の電気工学部（ＥＥ）への入学を認められたのだ。私は結局、電気工学を勉強したほうがコンピューターやソフトウェアに近づけるのではないかという直感で、マニパル工科大学を選んだ。偶然にも、その直感は正しかった。この大学に入ったおかげで、シリコンバレーへ、そしてマイクロソフトへとつながる道が開けた。大学時代の友人はみな、起業家精神にあふれ、意欲に満ち、大きな夢を抱いており、彼らから学ぶことはたくさんあった。あまりにも居心地がよかったせいで、数年後には、大学時代のクラスメート８人でカリフォルニア州サニーベールに家を借り、大学時代の寄宿部屋同様の生活を続けたほどだ。だがクリケットに関しては、マニパル工科大学では不十分だった。私は次第にクリケットへの情熱を失い、大学の代表として1試合に出場した後、クリケットをやめた。コンピューターがクリケットに代わり、自分の人生において最も大切なものとなった。マニパル工科大学では、集積回路やコンピューター製作の基礎など、マイクロエレクトロニクスを学んだ。

電気工学の学士課程を修了したら何をするか、具体的なプランは何もなかった。私は母の人生哲学を高く評価している。それは、私の未来やチャンスに対する考え方に大きな影響を及ぼした。母はいつも、自分の好きなことを好きなペースでするのが一番いいと考えていた。自分の好きなことをしていれば、ペースはおのずと決まる。自分が楽しいと思うことを、よこしまな目的に左右されず、心を込めてしっかりとやる。そうすれば、人生に失敗することはない。この人生哲学は、これまでずっと大いに自分のためになっている。私は大学を卒業すると、ボンベイの有名な生産工学研究所に入所するチャンスを手に入れた。その一方で、米国のいくつかの大学にも入学願書を送っていた。当時は学生ビザが下りるかどうかは運任せのようなところがあり、正直に言って私は、申請が却下されることを望んでいた。インドを離れたくなかったからだ。しかし、運命のいたずらかビザが下り、またしても選択を迫られることになった。インドにとどまって生産工学の修士課程に進むか、ミルウォーキーのウィスコンシン大学に行って電気工学の修士課程に進むかである。結局私は、HPS時代の親友がウィスコンシン大学でコンピューター科学を学んでいたことを決め手に、同大学のコンピューター科学の修士課程に入った。今でも、そうしてよかったと思っている。というのも、その学科はとても小規模で、教授が学生の面倒をよく見てくれたからだ。とりわけ、学科長のバイラバン博士と、私の指導を担当してくれたホセイニ教授には感謝している。2人は私に、コンピューター科学最大の難問に取り組む自信を植えつけてくれた。

まだインドにいた頃、地図上でミルウォーキーの場所を指し示せと言われても、私にはできなかっただろう。私は1988年、ちょうど21歳の誕生日にニューデリーをたち、シカゴ・オヘア国際空港に降り立った。迎えに来ていた友人は、私を車に乗せると、大学のキャンパスで降ろしてくれた。その時に印象に残ったのは、静けさだった。何もかもがひっそりとしていた。ミルウォーキーは文明に汚されていない、驚くほど魅力的な街だった。この世の天国かと思ったほどだ。夏のさなか、目に見えるものすべてが美しかった。こうして米国での生活が始まった。

やがて冬になった。南インドの人間なら、ウィスコンシンの寒さに驚くに違いない。私は当時たばこを吸っていたが、たばこを吸うためには外に出なければならない。この大学には世界各地から大勢の学生が集まっていたが、まずはインドの学生が寒さに耐えられなくなり、たばこをやめた。次いで、中国の学生がたばこをやめた。だがロシアの学生は、この程度の寒さなど気にせず、相変わらずたばこを吹かしていた。

もちろん、ほかの学生と同じようにホームシックになった。だが、米国ほど外国人を歓迎してくれる国はない。ほかの国であれば、こんな経歴を手に入れることはできなかっただろう。今では、自分を米国民と呼ぶことに誇りを感じている。だが、こうして振り返ってみると、私の経歴はいかにも型にはまりすぎているように読者には思えるかもしれない。インドの公務員の息子が、必死に勉強して工学の学位を取得し、米国に移住してテクノロジー業界で成功する、というパターンはよく耳にする。しかし、私の場合、話はそれほど単純ではない。このような紋切り型のイメージと違い、実際にはさほど成績はよくなかった。シリコンバレーのエリートを多数輩出しているインド工科大学（IIT）にも入れなかった。私のような人間は、米国以外の国であれば、通っていた大学に見合った役割を与えられるだけだろう。米国だからこそ、自分の能力を証明するチャンスを手に入れられた。それは、これまでの移住者にも、これからの移住者にも言えることだと思う。

ほかの人にもあてはまることだが、さまざまな歴史的変化が重なり、その恩恵を受ることができた私は、大変幸運だった。その歴史的変化とは、インドの独立、米国の公民権運動（それにより米国の移民政策が変わった）、そして世界的なＩＴブームである。インドは独立を機に、国民の教育に多額の予算を注ぎ込んだ。一方米国では、１９６５年の移民国籍法改正により、出身国ごとの移民受け入れ割り当てが撤廃され、技術を持つ労働者が米国に移住して働けるようになった。それまでインド人は、年間１００人程度しか移住できなかった。歴史学者のテッド・ウィドマーが、移民国籍法の施行50周年を記念してニューヨーク・タイムズ紙に寄稿した記事によれば、この法により５９００万人近い外国人が米国に移住したという。しかし、無制限に移住を認めたわけではない。この法では、技術教育を受けた人や、すでに米国で家族が暮らしている人を優先している。つまり私は、知らず知らずのうちに、この法の恩恵を受けていたことになる。こうした変化があったからこそ、１９９０年代のＩＴブームの直前に、ソフトウェアのスキルを持って米国に来ることができたのだ。そう考えると、これほどの幸運はない。

ウィスコンシン大学では前期に、画像処理とコンピューター・アーキテクチャ、そしてＬＩＳＰ（長い歴史を持つプログラミング言語）の講座を取った。最初の課題は、膨大なプログラミング・プロジェクトだった。私はそれまで多少コードを書いたことはあったが、どうひいき目に見てもプログラミングが得意とは言えなかった。米国人には、移住してくるインド人は生まれながらのプログラマーだというイメージがあるようだが、誰にでも初心者の時期はある。ところが課題はたいてい、さあ、このコードを書けと言われるだけだ。当初は大変で、早くプログラミングのスキルを身につけなければと必死だった。だが一度そのスキルを身につけてしまえば、これほど役に立つものはなかった。私はかなり早い時期から、マイクロコンピューターがいずれ世界を変えるだろうと思った。しかし当初は、チップがすべてだと思っていた。大学の友人も大半は、チップ設計を専攻し、メンター・グラフィックス、シノプシス、ジュニパーといった大きな影響力を持つ企業へ就職していった。

だが私はやがて、コンピューター科学の理論的側面に強い興味を抱くようになった。つまり、不確実性の高い状況および有限な時間の中で、いかに迅速な判断を下すかという問題を扱う分野である。その中でも重点的に取り組んだのが、グラフ彩色と呼ばれるコンピューター科学の難問だ。と言っても、クレヨンでグラフに色を塗るわけではない。特定の制約条件を満たしながらグラフの要素に色を割り当てるという、計算複雑性理論に関わる問題を指す。たとえば、こう考えるといい。米国の地図を開き、相接する州が同じ色にならないように色分けするとしよう。この時、何種類の色が最低限必要か。私の修士論文は、非決定性多項式時間における複雑なグラフ彩色問題（つまりNP完全問題）を解く最適なヒューリスティックの開発に関するものだった。言い換えれば、こういう問いに答えるものだ。無限の可能性のある問題について、必ずしも最適とは言えないが、ある程度正しい解を迅速に見つけるにはどうすればいいか。その際に、現段階でできる限り優れた解を出すのか、それとも最適の解を永遠に求め続けるのか。

私は、理論コンピューター科学に心を奪われた。それが、現在のコンピューターの能力の限界を示していたからだ。さらにそこから、数学者でありコンピューター科学者であるジョン・フォン・ノイマンやアラン・チューリングに夢中になり、量子コンピューターに魅了された（量子コンピューターについては、後に人工知能や機械学習について述べる際に説明する）。考えようによっては、これらはCEOになるためのいい訓練になった。CEOも、一定の制約条件の中で迅速な判断を求められるからだ。

ウィスコンシン大学でコンピューター科学の修士課程を終える頃には、現在マイクロソフトが独立系ソフトウェア開発会社（ISV）と呼ぶ企業で働く機会にも恵まれた。修士論文を書きながら、オラクルのデータベース・アプリを開発していたのを覚えている。関係代数が得意だった私は、その頃にはデータベースやSQLのプログラミングにかなり熟達していた。それは１９９０年の初めで、ちょうどテクノロジーの操作が、ＵＮＩＸワークステーションのようなテキストモードから、ウィンドウズのようなグラフィカル・ユーザー・インターフェースに変わりつつある頃だった（訳注＊ワークステーションとは、特定の作業に特化した業務用の高性能コンピューターを指す）。だが当時の私は、マイクロソフトのことなど考えもしなかった。ずっとパソコンを使っていなかったからだ。私はより高性能なワークステーションにばかり目を向けていた。

そのため、１９９０年に大学を卒業すると、シリコンバレーにあるサン・マイクロシステムズに就職した。サンは、マイクロソフトが当時狙いを定めていたワークステーション市場の雄であり、驚くべき才能が集まっていた。創業者のスコット・マクネリーとビル・ジョイ、Ｊａｖａを開発したジェームズ・ゴスリン、当時ソフトウェア開発担当副社長を務め、のちにノベルやグーグルの経営に携わったエリック・シュミットなどだ。

私がサンに在籍していた2年間は、コンピュータービジネスの激動期だった。サンはマイクロソフトのようなグラフィカル・ユーザー・インターフェース（ＧＵＩ）を求め、マイクロソフトはサンのような32ビット高性能ワークステーションやＯＳ（オペレーティングシステム）を求めていた。ここでも私は、適切な時期に適切な場所にいた。サンは私に、電子メールツールのようなデスクトップ・ソフトウェアの開発を命じた。また後には、マサチューセッツ州ケンブリッジに私を派遣し、数カ月間ロータスと協力して同社の表計算ソフトをサンのワークステーションに移植する作業を行わせた。そうしているうちに私は、あることに気づいた。サンは数カ月ごとに、採用するグラフィカル・ユーザー・インターフェース戦略を変更した。それはつまり、自分のプログラムをそのたびに修正しなければならないことを意味する。私は次第に、会社の説明に納得できなくなっていった。いくら驚異的な指導力や能力があったとしても、効果的なソフトウェア戦略を立て、それを堅持することはなかなかできないということだ。

1992年、私はまたしても人生の分岐点にいた。世界を変えるソフトウェアの開発に取り組みたい。その一方で、大学院に入ってMBAを取得したいという気持ちもある。さらに、アヌと一緒に暮らしたいとも思っていた。私はアヌと結婚し、米国に連れてくるつもりでいた。彼女はその頃、マニパル工科大学で建築学の学士課程を終えようとしているところで、米国の私のもとへ来る準備を進めていた。

これまで同様、何の人生計画もなかった。ところがある日の午後、ワシントン州レドモンドのマイクロソフト本社から電話があり、思いがけない新たなチャンスをつかむことになった。また「リフレッシュ」ボタンを押す時が来た。

涼しくなった11月のある日、私は太平洋岸北西地区にあるマイクロソフト本社のキャンパス内に初めて足を踏み入れた。第22棟という名称も見た目も、平凡なオフィスビルだ。建物はそびえ立つベイマツに覆われ、隣接する州道520号線（シアトルとレドモンドを結ぶ、浮橋で有名な道路）からはほとんど見えない。時は1992年、マイクロソフトの株価は急上昇し始めていたが、創業者のビル・ゲイツやポール・アレンが道を歩いていても、当時は気づく人などいなかった。ウィンドウズ3・1が発売されたばかりで、コンシューマー向けテクノロジー製品の中でも重要な位置を占めるウィンドウズ95は、まだ準備段階にあった。それでもその年には、ソニーがCD-ROMを発表し、最初のウェブサイトが公開された（インターネットが大きく広がるまでには、さらに2年の月日が必要だった）。米国最大のケーブルテレビ会社テレコミュニケーションズがデジタルケーブルを導入し、米国連邦通信委員会がデジタルラジオを承認した。パソコンの売り上げは、その頃から華々しい上昇を始めている。今にして思えば、これ以上絶好の入社タイミングはない。マイクロソフトには、テクノロジー

産業に立ち向かい、その産業をリードしていけるだけの資源、才能、展望があった。その頃の私は、故国インドから、ウィスコンシン大学の大学院を経て、シリコンバレーのサン・マイクロシステムズにまでたどり着いていた。そして25歳の夏、マイクロソフトに入ってウィンドウズNTのエバンジェリスト（訳注＊高度化・複雑化が進むITの最新テクノロジーをユーザーにわかりやすく紹介する職種）にならないかという誘いを受けた。ウィンドウズNTは、コンシューマー向けプログラムよりもはるかにパワフルに使えるように設計された、企業向けの32ビットOSである。このNTは、後に展開されるウィンドウズのさまざまなバージョンの基礎となった。最新世代のウィンドウズ10でさえ、NTのアーキテクチャをもとにしている。私は、それまで実際に使ったことはなかったが、サンで働いていた頃からNTの話は聞いていた。マイクロソフトが開発者にNTを紹介する会議にサンの同僚が出席し、その製品について教えてくれたのだ。私はそれを聞いて、これは大変なことになると思った。いずれ世界に大きな影響を及ぼすその会社に入りたくなった。リチャード・テイトとジェフ・ティーパーが私をマイクロソフトに勧誘し、UNIXと32ビットOSがわかる人材が必要だと言ったのは、そんな時だった。だが私は少し迷った。当時はビジネススクールへの入学を考えていたからだ。経営を学べば、これまでのエンジニアリングの教育が完璧なものになる。

それに、投資銀行にくら替えしようかという気持ちもあった。実際、私はすでにシカゴ大学ブース・ビジネススクールのフルタイム・プログラムに入る手続きをしていた。だがティーパーは「すぐにでもうちに来たほうがいい」と言う。そこで私は、両方を取ることに決めた。シカゴ大学はパートタイム・プログラムに変更し、同僚には内緒で、毎週末に飛行機でシカゴへ通った。2年後にMBAを取得できた時には、喜びもひとしおだった。それと並行して平日には、巨大なコンパックのコンピューターを苦労して運びながら、米国全土を飛び回った。製紙メーカーのジョージア・パシフィックや大手石油会社のモービルなどの最高情報責任者らに会い、マイクロソフトの最新のビジネス用OSが他社製品より安定して優れていることを説明し、買い換えを勧めた。シカゴ大学ではハイレベルで知られる財政学の講座を取り、これまで以上に数学を学んだ。スティーブン・カプランやマービン・ゾニスなど、有名な教授が担当していた、戦略、財務、リーダーシップに関する講義は、MBAを取得してからもずっと、私の考え方や知的探求心に影響を与えた。マイクロソフトでの仕事も刺激的だった。入社して間もなく、私は初めてスティーブ・バルマーに会った。スティーブは私の職場に立ち寄り、サンを離れてマイクロソフトに入ってくれたことを称え、実に表現力豊かなハイタッチをしてくれた。以降、スティーブとは、長年にわたり興味の尽きない楽しい会話を繰り返すことになった。当時のマイクロソフトは、ミッションとエネルギーに満ちあふれていた。可能性は無限大だった。

私はウィンドウズNTの仕事を数年続けた後、博識家のネイサン・ミアボルドが設立した新たな先進テクノロジー・グループに配属となった。イノベーションの研究開発拠点としてシリコンバレーにゼロックス・パロアルト研究所が開設されて以降、マイクロソフトはリック・ラシッドやクレイグ・マンディなど、テクノロジーの精鋭を集めていた。私は恐縮しながらも、そのグループへの参加要請を受け入れた。私の役職は、「タイガーサーバー」というコードネームで呼ばれていたプロジェクトのプロダクト・マネジャーだった。ビデオ・オン・デマンド（VOD）（訳注＊視聴者が見たい時に好きな映像コンテンツを見られる）サービスの構築を中心とするプロジェクトである。当時、ケーブルテレビ会社には、VODを支えるテクノロジーやビジネスモデルがなく、ネットフリックスも動画のストリーミング配信を主力にはしていなかった。幸い私は、マイクロソフト本社のすぐ隣に住んでいたため、VODの試験に必要となる驚異的なブロードバンドインフラを存分に利用できた。そのため1994年には（VODサー

ビスが一般に提供されるよりずいぶん前の話だ)、自分のアパートでVODサービスを楽しむことができた。と言っても、15本ほどの映画を見られただけだが、何度も繰り返し見たのを覚えている。開発グループは、非同期転送モード(ATP)のフル・スイッチド・ネットワークを通じてこのサービスを家庭に提供しようとしていた。しかし、間もなくインターネットが誕生したことで、そのアイデアはあっという間に時代遅れになってしまった。

その頃の私は、仕事に集中してはいたものの、とても落ち着いていられる状態ではなかった。マイクロソフトに入社する直前、インドに戻った際に、幼なじみのアヌと結婚の約束をした。彼女の父と私の父はIASの同期であり、家族ぐるみで親しくつき合っていた。実際、アヌの父は私と同じように、クリケットについて話し出したら止まらないほどの大ファンで、今でも会えばクリケット談義に花を咲かせている。高校、大学と、いずれもキャプテンとしてプレーをしていたという。だが、私がいつアヌに恋心を抱いたのかと問われても、それはコンピューター科学者の言うNP完全問題だと言うほかない。さまざまなタイミングや場所が候補に挙がるが、一つの答えに

は絞れない。つまり、複雑だということだ。2人の家族の親密なつき合いは、子どもたちにも引き継がれた。私とアヌは、幼い頃から一緒に遊んだ。高校も大学も一緒だった。わが家でかわいがられている犬は、アヌの家の犬の子だった。私が米国に移住するとアヌに会えなくなったが、インドに里帰りするたびに会った。アヌはその頃、マニパル工科大学の建築学部の最終学年で、ニューデリーでの研修に励んでいた。私たちの家族はある晩、一緒に食事をした。その晩の私は、生涯をともにするのは彼女以外にいないことをかつてないほど確信していた。私たち2人は同じ価値観、同じ世界観を持ち、同じ未来を夢見ていた。それに、いろいろな意味で、すでにアヌの家族は私の家族であり、私の家族はアヌの家族だった。翌日、私はメガネの修理に行かなければならなかったので、彼女につき合ってもらった。用事がすむと、近所にある観光客に人気の古い庭園ローディー・ガーデンを散歩し、何時間も話をした。アヌは建築を学んでいる学生らしく、デリーに点在する歴史的な建造物が好きで、その後、何日もかけて、それらの建物を一緒に見てまわった。子どもの頃に見たことがあるものばかりだが、今回は違って見えた。私たちはパンダラ・ロードで昼食をとり、国立演劇研究所で芝居を楽しみ、カーン・マーケットの本屋で買い物をした。2人はすっかり恋に落ちていた。1992年10月のある日の午後、緑豊かなローディー・ガーデンで私がプロポーズすると、アヌはイエスと言ってくれた。私たちはすぐにフマユン・ロードのアヌの家に戻り、アヌの母親にそれを伝えた。その2カ月後の12月、私たちは結婚した。幸せだった。だが間もなく、移住の手続きで思わぬ問題が発生することになる。

アヌは建築学の学士課程の最終学年にいたため、残りの課程を終えたら、レドモンドの私の家に来る予定だった。1993年の夏、アヌは卒業前の最後の休暇を使って私に会いに行こうとビザを申請した。ところが、申請は却下された。結婚相手が永住権保持者だからだという。アヌの父親は、ニューデリーの米国総領事に面会を求め、米国のビザのルールは米国が支持する家族重視の価値観に反していると主張した。すると、アヌの父の説得と米国総領事の好意により、例外的な措置として、短期観光ビザが認可された。アヌは休暇を終えると、インドの大学に戻って学士課程を終えた。だが、膨大な数の永住権保持者の配偶者がビザを待っていることを考えると、アヌの米国移住がきわめて難しいことは明らかだった。マイクロソフトに移民弁護士がいたので尋ねてみると、アヌが既存の法のもとで米国に移住するには、最低でも5年はか

かるという。私はマイクロソフトを去り、インドに帰ろうかと思った。だが、わが社の弁護士のアイラ・ルービンスタインが興味深いことを教えてくれた。「あなたがグリーン・カード（永住ビザ）を放棄してH1B就労ビザにすれば大丈夫かも」。つまり、永住権を放棄し、一時的な特殊技能者として就労ビザを申請し直せということだ。ジェラール・ドパルデュー主演の映画『グリーン・カード』を見たことがある人は、米国で永住権を取得するのに、ばかばかしいほどの手間がかかることをご存じだろう。一時的なビザのために、誰もが欲しがるグリーン・カードを放棄することなど、普通はあり得ない。だが、H1B就労ビザであれば、当人が米国で働いている間、配偶者を米国に連れてこられる。このような移民法の不条理に文句を言っても始まらない。第一に優先すべきはアヌだ。それを考えれば、心はおのずと決まった。私は1994年6月、デリーの米国大使館に行き、ビザ申請者の長蛇の列をやり過ごすと、グリーン・カードを放棄してH1Bビザを申請したいと受付に申し出た。相手はあぜんとし、「理由は?」と尋ねた。私がおかしな移民政策について話をすると、受付の男は首を振り、新たな用紙を差し出して言った。「これに記入してください」。翌朝、大使館にこのH1Bビザ申請書を提出すると、奇跡的にすべてが順調に運んだ。アヌは間もなく、シアトルの私の家にやって来た。もう帰る必要はない。こうして私たちはようやく一緒に生活し、家庭を築けるようになった。意外なことに、このうわさはすぐ社内に広まった。「おい、あれがグリーン・カードを放棄したやつだ」。すると、ほとんど1日おきに私のもとに電話がかかってきて、移住に関するアドバイスを求められるようになった。かなり後の話になるが、同僚のクナル・バールは、グリーン・カードの許可がまだ下りないうちにH1Bビザが切れてしまい、マイクロソフトを辞職せざるを得なくなった。彼は、インドに戻るとスナップディールという会社を立ち上げ、大成功を収めた。現在では、時価総額10億ドル以上、5000人もの社員を抱える大企業である。皮肉なことに、このスナップディールのようなクラウドベースのオンライン企業が、私の未来にも、マイクロソフトの未来にも、重要な役割を果たすようになる。それはともかく、故国で学んだ数々の教訓は、今も私に影響を与えている。

chapter 2

率いる方法を学ぶ

窓（ウィンドウズ）から雲（クラウド）を見る

私はクリケットのことばかり考えている。どこにいても、心の内には常にあの魅力に満ちたゲームがある。クリケットには、喜び、記憶に残るプレー、ドラマ、追いつ追われつの複雑なゲーム展開があり、無限の可能性がある。

クリケットになじみのない読者のために言っておくと、クリケットは、夏から初秋にかけて、芝で覆われた大きな楕円形のフィールド（オーバル）で行われる国際的なスポーツだ。イギリス連邦の現構成国や旧構成国では、かなりの人気を誇る。野球と同じように、相手の投手が投げるボールを打者が打ち、得点を競い合う。投手はボウラー、打者はバッツマン、内野はウィケットと呼ばれ、野手（フィールダー）はバッツマンをアウトにしようとする。1試合に何日もかかる試合形式もあるが、野球にも

3試合制や7試合制で勝敗を決める場合がある。どちらのスポーツも限りなく複雑だが、ここでは得点を多く取ったチームが勝ちだと言っておけば十分だろう。本書はクリケットのルールを解説するためのものではない。ただし、クリケットとビジネスには共通点がある。

多くの南アジアの人間と同じように、私もいつの間にか、スポーツの中でも最もイギリス的なこのスポーツに夢中になっていた。そしてインド南部のデカン高原で、ほこりまみれになりながらゲームを楽しんだ。

そのフィールド上で、ボウラーやバッツマン、フィールダーとして成功や失敗を繰り返すことで、私は自分自身について多くを学んだ。今でも、クリケットのルールブックに記された言葉の意味、11人の選手の一体的なプレーが持つ魅力について思索にふけっていることが時々ある。

子どもの頃は、公務員である父の仕事の関係で、アーンドラ・プラデーシュ州のさまざまな地区の中心地や、現在はウッタラーカンド州に含まれる丘陵の街マスーリーで暮らしたが、クリケットは今ほど盛んではなかった。現在では、インド・プレミアリーグの10年間のテレビ放映権が、数十億ドルで取引されている。だが私は、その当時からクリケットに夢中だった。きっかけは、ハイデラバードに引っ越した8歳の時だ。私たち家族はサマジギューダ地区の借家に住んでいた。家主のアリ氏は地元出身の、堂々たる体格をした愛想のいい人物で、自分が経営する自動車工場で働いている時はいつも、母校であるオスマニア大学のクリケットチームの帽子をかぶっていた。彼は1960年代に活躍したハイデラバード出身の偉大なクリケット選手の逸話を無数に知っており、ある日、ハイデラバード対ボンベイ（現在のムンバイ）のファーストクラスマッチ（訳注＊各チーム2イニングずつで数日間にわたり行われる形式の試合）に私を連れていってくれた。私はその日、初めて経験するクリケットの大スタジアム、ファテー・マイダンで、クリケットの魅力にすっかり心を奪われてしまった。M・L・ジャイシンハ、アッバス・アリ・ベイグ、アビッド・アリ、ムムタズ・フセインといった選手が、私のヒーローになった。ボンベイ代表チームにも、スニル・ガバスケルやアショク・マンカッドらスター選手がおり、ハイデラバード代表チームを簡単に打ち負かしてしまったが、こちらのチームの選手はほとんど印象に残っていない。私は、M・L・ジャイシンハのフィールド上での存在感に圧倒され、おしゃれに襟を立て、独特な足取りで歩く姿に魅了された。アリ氏がムムタズ・フセインの投げるボールを「ミステリー・ボール」と呼んでいたこと、相手がミディアムペイサー（訳注＊中くらいのスピードのボウラー）の時にはアビッド・アリがかなり前に出てボールを打っていたことは、今でもよく覚えている。

やがて父がまた転勤となり、私はデリーの学校に転校した。その頃、フィローズ・シャー・コートラ・グラウンドで初めてテストマッチ（訳注＊国際クリケット評議会の認定を受けた12カ国の代表チームが参加する格式の高い試合）を観戦した。インド対イングランド戦だったが、両チームの活躍はいまだに忘れられない。イングランドのバッツマン、デニス・アミスとボウラー、ジョン・リーバーが1イニングでインドを完膚なきまでにたたきのめし、私は数週間も悔しい思いをした。アミスは200得点を記録した。初めてテストマッチに出場したリーバーは、あの長い午後の間ミディアムペースで投げていたが、そのボールはこれまで見たこともないほどカーブし、どのインド選手もあっという間にアウトになった。

10歳の時にハイデラバードに戻ると、それからの6年間、ハイデラバード・パブリックスクール（HPS）の選手として、クリケットに情熱を注いだ。ジャイシンハ選手の2人の子どもがこの学校に通っていたこともあり、私たちはクリケットの魅力や伝統に取り囲まれ、取りつかれたようにこのスポーツに没頭した。当時は、HPSの2人の学生選手の話題で持ち切りだった。そのひとりが、プロでも活躍したサアド・ビン・ジャング（インドではクリケットのキャプテンとして有名なタイガー・パタウディのおい）である。彼は南インド地区の代表として、遠征してきた西インド代表チームと対戦し、100点をたたき出した。私はと言えば、最初はBチームでプレーを始めたが、やがてシニアチームに上がり、ハイデラバードのAリーグでプレーした。その頃Aリーグでプレーしていた学生チームは私たちだけで、ほかは銀行などさまざまな企業が後援する社会人チームだった。このリーグの試合には、ランジ・トロフィー・マッチ（訳注＊インドの各地区の代表チームが戦うファーストクラスマッチの選手権）に出場する選手も登場し、あらゆる作戦を駆使した激しい戦いが繰り広げられた。

当時クリケットに感じていた魅力は、クリケットがあまり盛んではない国に住んでいる今でも、私をとらえて離さない（米国も100年以上前には、定期的にオーストラリア代表チームやイングランド代表チームを呼んで試合をしていた）。私にとってクリケットは、いたるところに伏線が張り巡らされ息をつかせぬ展開を見せるロシアの小説のようなものだ。たった一度の目覚ましい攻撃、あるいはたった3球の巧みなボールで、ゲームの形勢が変わってしまうこともある。

このあまりに短すぎるクリケット人生から学んだ原則は三つある。それは、CEOとして現在も活用しているビジネスやリーダーシップの原則と直接関係している。

第一の原則は、おじけづき、ためらってしまうような場面でも気迫と熱意で立ち向かうことだ。私は学生時代のある夏、オーストラリア人選手を数名擁するチームと試合をした。その時、私のチームの監督を務めていた体育教師は、私たちがオーストラリア人のプレーに圧倒されていることに気づいた。実際、戦う前から位負けしていた。それまで外国人選手と対戦した経験がないだけに、オーストラリア人選手が大きく見えた。だが、監督を務めていたその教師は負けん気が強く、アメリカンフットボールのコーチのように私たちを叱咤激励した。私たちのように相手に圧倒されることもなければ、おじけづくこともなく、もっと攻撃的になれとキャプテンを怒鳴りつけた。私はボウラーで、守備はひどかったが、監督はショートレッグのポジションに私を配置した。強打を誇るオーストラリア人バッツマンの背中側のすぐ後ろである。打者から遠くにいれば安心できたのに、監督はわざわざ打者のすぐ近くに私を置いたのだ。すると間もなく、こうした監督の采配が功を奏し、私たちは集中力とエネルギーを高め、競争心にあふれたチームに変貌した。この出来事は、相手には常に敬意を払わなければならないが、恐れはばかってはならないことを教えてくれた。つまり、立ち向かえということだ。

第二の原則は、自分個人の成績や評判よりも、チームを第一に考えなければならないということだ。私がかつて在籍したチームに、剛速球を投げるボウラーがいた。その地域で将来を期待されていた若きクリケット選手のひとりで、南インド地区の19歳未満の選手を対象にした指導セミナーに参加すると、ますます才能を伸ばした。彼の投げるボールは、速さと正確さが卓越していた。バッツマンとしてまるで才能がなかった私は、この選手と相対してネット（野球でいう打撃練習用のバッティングケージ）に入るのがつらかったほどだ。しかしこのボウラーのマインドセットは、自滅型だった。ある試合の最中に、キャプテンがボウラーを彼から別の選手に替えた。すると相手のバッツマンは、そのボウラーの投げたボールを、空へ高々と打ち上げた。ボールは、バッツマンから23〜27メートルほど離れたミッドオフというポジションのフィールダーが楽に取れる場所へ飛んでいく。だがそこを守っていたのは、先ほどボウラーを交代させられて腹を立てていたあの選手だった。彼は、ボールをキャッチするどころか、ズボンのポケットに両手を深々と突っ込み、目の前に落ちるボールをただぼうっと見ていた。彼はスター選手かもしれないが、その行いは信じがたいものだった。そこから得られた教訓は、どんなに優れた才能の持ち主でも、チームを第一に考えなければ害になるということだ。

言うまでもなく、クリケットから学べる教訓や原則は無数にあるが、私にとっての第三の原則は、リーダーシップがきわめて重要ということだ。私がある試合に出場した際、自分の投げるオフスピンボールが対戦相手に散々打ち込まれたことがあった。私は再三にわたりごく平凡なボールを投げては打たれていた。するとキャプテンが、今にして思えば、リーダーシップの手本とも言うべき対応を見せた。私のオーバーが終わる（つまり私が規定の6球を投げ終える）と、キャプテンはボウラーではなかったのに、私に代わってボウラーとなった。そして瞬く間に、相手のバッツマン1人をアウトにしとめた。このような場合、それほど効率よくアウトが取れるのなら、キャプテンがボウラーとして投げ続けるのが普通だ。ところがキャプテンは、すぐに私とボウラーを交代し、私はその後、7人のバッツマンをアウトにした。キャプテンがそんなことをしたのは、きっと私に自信を取り戻してほしかったのだろう。その試合があったのはまだシーズンの初めであり、キャプテンは私がシーズンを通して戦力になることを望んでいた。他人の気持ちがわかる共感力の持ち主だったキャプテンは、私がここで打ちのめされれば、再び自信を取り戻すことが難しくなると考えたのだろう。彼の行動は、リーダーシップがどうあるべきかを示している。つまり、全員からベストを引き出すということだ。この出来事を通じて私は、リーダーが口を出すべきタイミング、個人やチームの自信を高めるべきタイミングについて、深遠にして重要な教訓を学んだ。自分が率いているメンバーの自信を高めること、それこそがリーダーの一番の仕事なのだ。そのキャプテンはのちに、名誉あるランジ・トロフィー・マッチで何年も活躍する立派な選手になった。彼は、きわめて貴重な教訓を教えてくれた恩人である。

人生の初めにクリケットから学んだこうした教訓が、私のリーダーシップのスタイルを形づくった。もちろん、夫として、父親として、マイクロソフトの発展の一端を担った若きエンジニアとして、そして、新事業を構築する責任を担う幹部としての経験も生きている。そのリーダーシップのスタイルとは、これまで通りのやり方でビジネスを行うのではなく、企業の文化に重点を置き、そこから何ができるかを考えるというものだ。現在わが社で進行中の変革の素材になるものも、こうした経験の積み重ねから生まれた。つまり、目標とイノベーションと共感、この三つの化学反応に基盤を置くという原則である。

1996年8月に息子のザインが生まれたことで、妻アヌの人生も私の人生も大きな転機を迎えた。子宮内窒息の後遺症に苦しむ息子の存在により、私たちの人生は、それまで想像もできなかったほど変化した。何よりもまず、人生の問題は、いつも自

分たちが望むように解決できるわけではなく、闘わなければならない場合もあることを知らされた。ザインが集中治療室を出て家にやって来ると、アヌはすぐにそれを実践した。ザインに行わなければならない治療は毎日無数にあった。それからも繰り返し手術を受け、気が遠くなるほどの期間を集中治療室で過ごし、その後も入念な追加治療を受けた。そのたびにアヌは、ザインを優しく車のチャイルドシートに乗せ、病院に連れていった。集中治療室を頻繁に訪れるだけでなく、来る日も来る日も、朝早くからさまざまな医師のもとへ通った。ザインのカルテの束が30センチメートルほどの厚さになる頃には、シアトル小児病院は私たち家族の第二の家となった。私たちはこれまでも、今も、この小児病院のスタッフに心から感謝している。彼らは、生まれてから成人するまでいつもザインを愛し、看護してくれた。

マイクロソフトのCEOに就任した後のある日、私は集中治療室を訪れ、医療機器から聞こえる小さな作動音やアラーム音に満ちたザインの部屋を見渡した。その時ふと、これらの機器の多くがウィンドウズ上で稼働していること、それらがクラウドに接続される機会がますます増えていることに気づいた。クラウドとは、巨大データストレージや高度なデータ処理能力を備えたネットワークのことで、私たちが現在当たり前のように使っているテクノロジーになくてはならないものだ。その経験を通じて私は、マイクロソフトでの私たちの仕事がビジネスを超えていることをはっきりと悟った。現にその仕事が、か弱い男の子の命を支えている。そう考えると、わが社のクラウドやウィンドウズ10のアップグレードに関する今後の判断も、これまでにない重要性を帯びることになる。私はその時、この点を肝に銘じなければならないと思った。

息子の状況に対処するには、私が両親から学んだアイデアの探究心や共感能力を日々発揮する必要がある。私はこれを、家庭でも職場でも実践している。ラテンアメリカ、中東、あるいは米国のスラム街の人々に会う時には、相手の考えや気持ち、意見をいつも理解しようと努めている。共感能力の高い父親であること、相手の心の奥底にあるものを発見したいという気持ちを抱くこと、それがリーダーとしての資質を向上させてくれる。

しかし、1日中オフィスのパソコンに向かっているだけでは、共感できるリーダーにはなれない。共感能力の高いリーダーになるには、世の中に出て、実際の生活が営まれている場所で消費者に会い、私たちが生み出したテクノロジーが人々の日常生活にどう影響を及ぼしているのかを確かめる必要がある。現在、世界中の実に多くの人が、意識することなくモバイル・テクノロジーやクラウド・テクノロジーを利用している。病院や学校、企業、研究機関も「パブリック・クラウド」を頼りにしている。

パブリック・クラウドとは、公的ネットワークを通じてアクセス可能で、プライバシーが保護された大規模コンピューターやデータサービスの集まりを指す。クラウド・コンピューティングのおかげで、膨大な量のデータを分析して、そこから具体的なアイデアや情報を引き出すことが可能になった。つまり、これまでの当て推量や臆測が、データに基づく予測に置き換わった。これは、人間の生活、あるいは企業や社会を変える力を秘めている。

私はCEOとして世界中を旅し、共感とテクノロジーが相互に作用し合っている例をいくつも見た。

たとえば、私が生まれたインドのアーンドラ・プラデーシュ州でも、現在暮らしている米国のワシントン州タコマでも、学校を中退する子どもはきわめて多い。そこで、学校がクラウド・コンピューティングを利用して大量のデータを分析し、中退率の改善に役立てている。問題となっているのは、やる気の不足ではなく、財源の不足だ。この問題解決に一役買っているのがクラウド・テクノロジーで、クラウド・データからの情報をもとに中退する可能性の高い生徒を予測し、彼らに必要な支援が行き渡るように財源を集中的に投入している。

また、ケニアのある新興企業は、モバイル・テクノロジーとクラウド・テクノロジーを活用して、1日2ドル未満で暮らす人々に太陽光発電装置を貸し出す事業を始めた。それまで汚染の原因にもなる危険な灯油を使っていた人も、その装置を借りれば、安全で安価な照明や燃費効率のいいコンロが利用できる。事業の利点はそれだけではない。このサービスのおかげで利用者の信用度が高まり、初めて資金を調達できるようになった。革新的な携帯電話支払いシステムを利用すれば、ケニアに広がるスラム街の住人も、発電により1日40セントの支払いが可能になる。こうしたデータが信用履歴となり、いざという時に融資を利用できる。

ギリシャの大学ではクラウド・データを活用し、消防機関と協力して山火事の予測・防止に取り組んでいる。ギリシャでは2007年、2700平方キロメートル以上を焼き尽くす大規模な山火事が発生し、84人の命が犠牲になった。だが現在の消防機関は、火のまわる速度や勢い、境界線上の火の動き、近くの給水設備の位置、リモートセンサーのデータによる局地的な気象変化の予測などの情報を備えており、早期に火事を見つけ、人命や財産を守ることが可能だ。

スウェーデンでは、研究者がクラウド・テクノロジーを使い、早い段階で正確に読字障害（ディスレクシア）の子どもを発見できるようにしている。読字障害とは、字を読むことに困難がある障害で、数百万もの子どもの学習を妨げている。学校で分析された生徒の目の動きのデータを、30年前に読字障害と診断された人のデータと比較すると、障害を持つ子どもを特定できる。今では、診断の精度が70パーセントから95パーセントにまで上がり、診断に要する時間も3年から3分に短縮した。これにより、生徒本人やその親、学校が早めに対処できるようになり、苦労が軽減した。

日本では、全国に設置された数百ものセンサーからクラウドソーシングにより集めたデータをもとに、福島第一原子力発電所から出る放射線を監視し、食品や移動の安全の確保に役立てた。500個に及ぶリモートセンサーから得られた1300万もの測定値から、米の生産地域ごとに放射能の影響を示す色分け地図が作成されている。

ネパールでは、2015年4月に巨大な地震が発生した。その際、国連の災害救助隊はパブリック・クラウドを利用して学校や病院、家庭に関する膨大なデータを収集・分析し、災害補償や支援物資などが迅速に行き渡るようにした。

現在では、クラウドに接続していない機器を想像するほうが難しい。Office 365（オフィス365）、LinkedIn（リンクトイン）、ウーバー、フェイスブックなどのコンシューマー向けアプリケーションはいずれも、クラウドを利用している。シルベスター・スタローン主演の映画『ロッキー』シリーズの最新作『クリード　チャンプを継ぐ男』に、印象的なシーンがある。ロッキーが自分の教え子のトレーニングメニューを紙にメモする。すると教え子は、スマートフォンでそのメモを写真に撮ると、そのままランニングに行ってしまう。ロッキーは叫ぶ。

「紙はいらないのか？」

すると教え子は答える。

「ちゃんとここにあるよ。クラウドにアップしておいたから」

年老いたロッキーは空を見上げる。

「雲《クラウド》って何だ？」

ロッキーはクラウドを知らないかもしれないが、何百万という人がそれを利用している。

マイクロソフトは、現在の革新的なクラウドベース・テクノロジーの最先端にいる。だがほんの数年前まで、そのような状況はまったく想像できなかった。

2008年、マイクロソフトに暗雲が立ちこめていた。生命線であるパソコンの出荷台数は頭打ちになっていた。しかし、アップルやグーグルはスマートフォンやタブレットの売り上げを伸ばし、マイクロソフトが太刀打ちできない検索やオンライン広告で収益を増やしていた。またアマゾンは、アマゾンウェブサービス（AWS）を静かに立ち上げたが、そこには、収益が見込める急成長中のクラウド・サービス事業の地歩を固めリードしようという狙いがあった。

クラウドが登場した背景には、やむにやまれぬ単純な理由があった。1980年代には、マイクロソフト、インテル、アップルなどに牽引されてパソコン革命が起き、世界中の家庭やオフィスでコンピューターが利用されるようになった。1990年代になると、フロッピーディスクではなくネットワークを通じてデータを共有したいと考える何百万ものユーザーのニーズに応えるため、クライアント／サーバー時代が到来した。しかし、データは増加の一途をたどり、そのうえアマゾンやオフィス365、グーグル、フェイスブックといった企業やサービスが登場したことで、サーバーの保守コストの増加ペースが、サーバーの能力が向上するペースを上回ってしまった。そこへクラウド・サービスが出現したことで、コンピューター活用の経済性はがらりと変わった。クラウド・サービスは標準化されており、コンピューター資源を1カ所に集め、かつては手作業で行っていた保守作業を自動化している。さらに、ユーザー自身の手で柔軟に規模の拡大・縮小ができ、使った分だけ支払えばいい。クラウドのプロバイダーは世界中に巨大なデータセンターを設立し、それを低コストでユーザーに貸し出した。これがクラウド革命である。

アマゾンはいち早く、AWSでクラウドをビジネス化した。彼らは早い段階から、書籍や映画などの小売製品を販売するために自社で使用しているクラウド・インフラが、他社の業務にも役立つことを理解していた。そして、各社が自前でクラウドを構築するよりもはるかに安い価格で、そのインフラを少しずつ他社に貸し出せばいいことに気づいていた。２００８年6月時点で、アマゾンには、クラウド・プラットフォーム向けにアプリケーションやサービスを構築するデベロッパーが18万人いた。一方マイクロソフトには、商業的に利用できるクラウド・プラットフォームがまだ存在していなかった。

　こうした状況すべてが、マイクロソフトを苦しめた。２００８年の大不況の前からすでに、株価は下降を始めていた。さらにその年には、かねての計画通り、ビル・ゲイツがビル＆メリンダ・ゲイツ財団の仕事に専念するためマイクロソフトを去った。去ろうとしていたのはビルだけではなかった。その中でもとりわけ話題になったのが、ウィンドウズ＆オンライン・サービス事業を率いていたケビン・ジョンソンだ。ケビンは、マイクロソフトを離れてジュニパー・ネットワークスのＣＥＯに就任することが決まっていた。そこでビルとスティーブ・バルマーは、その年の株主宛てレターの中で、マイクロソフトの新たな主席ソフトウェア設計者（それまでビルが就いていた役職）に、ロータスノーツの開発者であるレイ・オジーを任命したと発表した。それは、マイクロソフトが新世代のリーダーたちのもとで、オンライン広告や検索といった事業を展開していくことを意味していた。

その株主宛てレターでは、クラウドについて一言も述べていないが、スティーブの名誉のために言っておけば、彼はその分野について幅広い視野を持ち、きちんとした行動計画を練っていた。常に大胆で勇気があり、熱いリーダーとして有名だったスティーブは、ある日、話があると言って私を呼び出した。オンライン検索・広告事業のエンジニアリングの責任者になってほしいという。後にＢｉｎｇ（ビング）として結実することになる事業である。それは、クラウドを利用した、マイクロソフトの最初期の事業の一つだった。

ちなみに検索エンジン事業は、オークション方式の広告を通じて利益を生み出す。広告主は、自社の製品やサービスに合致する検索ワードに入札する。その入札に勝った広告主が、検索結果ページに関連広告を表示できるというわけだ。車を検索した時に、ある販売代理店が検索結果ページの上のほうに表示されていれば、その会社はおそらく広告料を払っている。消費者にも広告主にもそのようなサービスを提供するには、高度な技術が必要でコストもかかる。しかもマイクロソフトの検索分野の市場シェアは低迷していた。それでもスティーブがその分野への投資を決めたのは、マイクロソフトにとって、優れたテクノロジーを構築し、ウィンドウズやオフィス以外の分野で競争力をつけることが必要で、そこにこそ未来があると考えていたからだ。アマゾンが拡大しているクラウド事業に対抗するには、途方もないプレッシャーを覚悟しなければならない。だがスティーブは、その事業を私に託したいと言う。

「だが、よく考えたほうがいい。これが君のマイクロソフトでの最後の仕事になるかもしれない。失敗すれば、パラシュートはないからね。墜落するしかない」。私は当時、それが悪い冗談なのかそのままの意味の警告なのかわからなかった。いまだにどちらかわからない。

警告は受けたものの、私にはその仕事が魅力的に思えた。私はその頃、Microsoft Dynamics（マイクロソフト・ダイナミクス）の新規事業を運営していた。その仕事は、後にノースダコタ州の知事となるダグ・バーガムから引き継いだ。ダグは部下を激励するのがうまく、私がより優れたリーダーになれるよう指導してくれた。また、ビジネスや仕事を社会や生活と切り離して考えるのではなく、より幅広い社会機構の一部、人生の中核として考えるべきだと教えてくれた。ダグから学んだ教訓の一部は今でも、自分がどんなリーダーであるべきかを判断する重要な要素となっている。ダイナミクスのチームを率いるのは理想的な仕事だった。私は初めて、事業を一から十まで運営する機会を与えられ、その仕事に5年近くの歳月を費やしていた。ダイナミクスの事業を推進するため、マイクロソフト内外に築き上げた人脈も数知れない。だがスティーブは、その快適な場所から私を引き抜こうとしている。私はそれまで、コンシューマー向けの事業に携わったことがなく、マイクロソフトがこれまで行ってきた検索エンジンへの取り組みや、クラウド・インフラ構築の初期の試みについて、ほとんど何も知らなかった。そこである晩、職場での長い1日を終えた後に、第88棟に立ち寄ってみることにした。そこには、インターネット検索のエンジニアリング・チームがいる。責任者になるよう求められているチームに共感するには、現場の廊下を歩いて、どんな人たちがいるのか確かめてみるのが一番いい。時間は午後9時頃だったが、駐車場はぎっしり埋まっていた。残業を終えて帰ろうとしている社員が数人いるだけだろうと思っていたが、実際にはチーム全員が席につき、テイクアウトの食事をとりながら仕事をしていた。私は誰とも話をしなかったが、自分が目にした光景に驚かずにはいられなかった。彼らはどうしてこんなに働くのか。第88棟では何か重大なことが起きているに違いない。

その夜のチームの熱心な仕事ぶりを見て、心は決まった。私はスティーブに「わかった。引き受けるよ」と言った。私のパラシュートは何色だったのだろうか。そのパラシュートはもうない。

私は思いがけず新たな世界に入ろうとしていた。そこが、将来のリーダーシップのための、そしてマイクロソフトの将来のための試験場になるとは、当時は思いもしなかった。

それから程なくして、携帯電話から主にアクセスされるクラウドベースのビジネスを構築するには、四つのスキルが欠かせないことに気づいた。

第一に、私は自分が分散コンピューティングシステムに詳しいと思っていたが、クラウドを理解するにはこのシステムの内容を一から学び直す必要があった。分散システムとは、簡単に言えば、ネットワーク化された複数のコンピューター間で互いに通信しながら同時並行的に処理を進行させるシステムである。何十万ものユーザーが一斉に検索欄に文字を打ち込んだとしよう。その検索を、米国西海岸のどこかの一室にあるたった一台のサーバーで処理しようとすれば、サーバーはダウンしてしまう。しかし、ネットワーク化されたサーバー間でその検索処理を均一に分配すれば、膨大な数のコンピューターの計算能力を利用して、適切な検索結果を利用者に瞬時に送り届けられる。さらにアクセス数が増えた時には、サーバーを追加すればいい。この柔軟性こそ、クラウド・コンピューティング・アーキテクチャの核となる特性である。

第二に必要となるのは、コンシューマー向けの製品設計である。優れたテクノロジーが必要なのはもちろんだが、優れた消費者経験も必要だ。つまり、繰り返し試したくなるような経験である。従来のソフトウェア設計では、1年後に製品が市場に出る時に、その製品がどのような存在であるべきかを綿密に考慮した。だが最近のソフトウェア設計では、実験を継続しながらオンライン製品をアップデートしていくことが必要だ。ウェブの設計者は「試作段階」のウェブページを提供する。すると、一部の検索者には旧バージョンのページが、そのほかの検索者には未検証の新バージョンのページが届く。それを見たユーザーの評価をもとに、どちらが効果的かを判断するというわけだ。時には、一見ささいな違いが、大きな差を生み出す。フォントの色やサイズといったわずかな違いが、消費者の意欲に多大な影響を及ぼし、その行動を変化させ、数千万ドルもの利益につながる場合もある。マイクロソフトは、この新たなアプローチによる製品設計をマスターする必要があった。

第三に、新たなオンラインビジネスに見られる市場の二面性を理解し、両面市場を構築していく必要があった。この二面とは、オンラインの検索結果を求める消費者の市場と、消費者に自社の存在を知ってもらおうとする広告主の市場である。現在では、この両面で成功が求められており、それが先ほど述べたようなオークション形式の広告を生み出している。オンラインビジネスではこの両面が等しく大切であり、両方の経験の設計が重要な鍵を握る。当然、検索者を多く引き寄せれば、広告主を引き寄せることも容易になる。だが、適切な検索結果を提供するには、適切な広告を表示することが欠かせない。そのため、オンラインオークションを自力で立ち上げるとともに、検索結果の適合性を高めることが、必須の課題となる。

そして最後に必要なのが、機械学習（ML）の応用である。機械学習とは、データ分析の強化版とも言えるもので、人工知能の基盤となる。私たちは、以下の二つのことを同時に行う方法について理解を深める必要があった。第一に、ウェブを検索している消費者の意図を見抜くこと、そして第二に、ウェブサイトを巡回して、情報を収集・理解することで得られた正確な知識を、消費者の意図と合致させることである。

結局ビングは、現在マイクロソフトに浸透しているクラウド中心の大規模サービスを構築するための教育の場となった。私たちはビングを開発しただけでなく、マイクロソフトの未来を支える基盤テクノロジーを構築した。ビングの開発を通じて、スケーラビリティ（拡張性）、実験主導の設計、応用機械学習、オークションベースの価格設定について学んだ。これらのスキルの習得は、自分たちの重要なミッションであるだけでなく、現在のテクノロジー産業全体で強く求められているものだ。

マイクロソフトは当時、検索事業でかなりの後れを取っており、グーグルに対抗できる製品をまだ出せずにいた。だが私は外に出て、フェイスブックやアマゾン、ヤフー、アップルの幹部と会い、発表間近いわが社の検索エンジンを売り込んだ。取引をしたかったのはもちろんだが、これらの企業が自社製品の鮮度を保つためにどう対処しているのかを知りたいと思ったからだ。その鍵は、一にも二にも俊敏さ《アジリティー》にあった。わが社は、スピード感、敏捷性、たった一度だけでなく毎日のように消費者経験に気を配る活動性を身につける必要があった。短期的な目標を設定してそれを繰り返し達成し、より現代的な速いペースで製品を送り届けなければならない。

そこで、定期的に意思決定者全員を集め、作戦会議を開くことにした。2008年9月、私は検索エンジニアを招集して第1回目の会議を開いた（私たちは深く考えもせず、その会議を「検索チェックポイント＃1」と呼んだが、もっと創造性豊かな名前にすべきだったかもしれない。後にこの名称が固定化され、今ではその番号が何百にも達している）。そして、新たな検索エンジン、新たなブランドとして、2009年6月にビングを公開することを決定した。私はこの経験を通じて、切迫感を生み出すこと、そして、新たな分野での共通の目標に向けて異なるスキルや経歴を持つリーダーを動員することを学んだ。また、すでに成功している企業の場合、新たなスキルを学ぶことだけでなく、古くからの習慣を捨て去ることも重要だと思った。

その頃、マイクロソフトの全オンライン・サービスの責任者としてチー・リューを採用したことで、私の学習ペースは一気に高まった。チーはそれまでヤフーの幹部を務めており、シリコンバレーのどの企業も欲しがる逸材だった。私はある日の午後、現在AI&リサーチ部門の責任者を務めるハリー・シャムとスティーブと一緒にベイエリアに行き、チーと話をした。やがて会社に戻ってくると、スティーブは私にこう言った。「彼がどうしても必要だ。だが君が彼のもとで働きたくないのなら、問題だな」。私はチーに会った時、彼を雇えば私もたくさん学べることがあるし、マイクロソフトの利益にもなると思った。そのため、それが私の昇進の妨げになるとしても、チーをマイクロソフトに迎え入れることにためらいなく賛成した。このオンライン事業に携わっている間に、チーのもとで働き、彼から多くを学べば、自分もスキルアップできる。そのチーは後に、私がCEOになってから最初の数年間、経営執行チームの重要なメンバーとなった。その後マイクロソフトを離れたが、今でも信頼のおける友人であり相談相手である。

やがてヤフーが検索エンジンとしてビングを採用し、私たちはヤフーとともに米国の全検索の4分の1を担うまでになった。苦闘していた開発当初は中止すべきとも言われていた検索エンジンは、市場シェアを徐々に広げ、今ではマイクロソフトに数十億ドルもの利益を生み出す事業となった。だが、検索エンジン事業の重要性はそれだけにとどまらない。この事業のおかげで、マイクロソフトのクラウドへの移行が大いに促進された。

マイクロソフトでは、同じ問題をターゲットにしたプロジェクトがよその部署でも進められることがよくあり、それが内部抗争を生み、派閥の温床にもなった。2008年以来レイ・オジーは、「Red Dog（レッドドッグ）」というコードネームで極秘にクラウド・インフラ製品を開発しようとしていた。すると間もなく、古くからマイクロソフトを取材している記者メアリー・ジョー・フォーリーが、レッドドッグのエンジニアの求人広告を見つけ、このプロジェクトこそ、アマゾンのAWSに対抗するものだと推測する記事を書いた。

私はビングを担当していた頃に、レッドドッグ・チームと会い、両チームの協力を模索した。だが、すぐに気づいた。レッドドッグを担当しているのは、ウィンドウズ・サーバーやSQLサーバーなどの製品を考案・開発してきたことで名高い、サーバー&ツール事業部（STB）であり、ビング・チームとはまるで世界が違う。STBは、オフィス事業部やウィンドウズ事業部に次ぎ、社内で3番目に収益の高い事業部だった。しかも、分散システムについて深い知識を持つ専門家の集まりだ。だが、ＳＴＢとビング・チームを比較してわかったことがいくつかあった。ＳＴＢには、大規模クラウド・サービスの運用から生まれるフィードバックループがない。また、既存の顧客基盤へのサービスを最大化することにこだわり、新たなクラウド・サービスの世界について積極的に学ぼうとしていない。そもそもレッドドッグは、ＳＴＢの主流の指導層から見れば、いわば片手間の仕事にすぎなかった。

２０１０年の暮れ、レイ・オジーは長いメールを社内に送信し、辞職を告げた。そのメールにはこうあった。「どんな大企業でも、変革は内部から生まれなければ定着しない。これは反論の余地のない事実だ」。レッドドッグはまだ揺籃期にあり、ほとんど利益を上げていなかったが、マイクロソフトの変革は内部から生まれるという点でその言葉は正しかった。スティーブはすでに、マイクロソフトは全社を挙げてクラウドに取り組み、研究開発に投じる87億ドルの大半をクラウド・テクノロジーに集中させると宣言していた。しかし、クラウド関連のテクノロジーへの取り組みが始まろうとしていたものの、マイクロソフトのクラウド・プラットフォームにはまだ明確なビジョンがなかった。売り上げの見通しなどは言うまでもない。

ちょうどその頃、スティーブから私に、ＳＴＢの責任者になってほしいという要請があった。結果的にはこのSTBが、現在のクラウド&エンタープライズ事業部に発展することになる。私はこの知らせを受けてから1週間もしないうちに、その仕事に就いた。スティーブは、クラウドへの移行をもっと早める必要があると感じていたのだろう。自ら先頭に立ち、オフィス事業からクラウド事業への移行を積極的に推進した。また私たちにも、自分と同じくらい果敢にクラウド・インフラに挑戦するよう求めた。始まったばかりのクラウド事業を私が引き継いだ2011年1月、アナリストの推計によれば、同事業のトップを走るアマゾンは、すでにクラウドで数十億ドルの売り上げがあった。一方マイクロソフトは、先頭集団のどこにもその姿はなく、クラウド・サービスの売り上げは数百万ドルレベルだった。アマゾンは当時、AWSの売上高を公表していなかったが、紛れもなくトップに君臨し、マイクロソフトなどものともしない巨大なビジネスを築き上げていた。2011年4月、アマゾンのCEOジェフ・ベゾスは株主への年次レターの中で、急成長するクラウド事業を支えるコンピューター・サイエンスや収支の概要を意気揚々と述べた。ベイズ推定、機械学習、パターン認識、確率的意思決定について説明した後、こう記している。「アマゾンのエンジニアは、データ管理を進歩させた。それが、アマゾンウェブサービス（AWS）が提供するクラウド・ストレージ&データ管理サービスを支えるアーキテクチャの出発点となった」。アマゾンは革命を主導していたが、わがマイクロソフトは人員の招集さえしていない。私がマイクロソフトに入社した頃、マイクロソフトはエンタープライズ（企業向け）市場で後れを取っており、その首位の座を奪い取ろうと必死だった。私たちはまたしても大きく出遅れていた。

マイクロソフトは当時、どこからどう見てもモバイル革命のチャンスを逃しつつあったが、クラウド革命のチャンスを逃すつもりはまったくなかった。私はビング・チームと仕事ができなくなることを寂しく思ったが、マイクロソフトを大きく変えるクラウド事業を率いることにわくわくしていた。２００８年から２０１１年にかけての3年間、クラウドを学び、そのインフラや操作性、経済性を試してきた。それは、一ユーザーとしてであって、プロバイダーとしてではない。だがその経験は、スピード感を持ってこの新たな役職をこなすうえで大いに役立った。

しかし簡単にはいかなかった。サーバー＆ツール事業はもはやビジネス面での成功のピークに達しており、将来性を欠いていた。だがその組織は、クラウド事業の重要性をめぐり、異なる意見の間で絶えず揺れ動いていた。チームのリーダーたちは、ある時には「確かにクラウドは重要だ」「クラウドを推進すべきだ」と言う。だが、そう言ったそばから、「いや、私たちはサーバー事業に重点的に取り組まなければならない」と自分を戒める。ＳＴＢは、ウィンドウズ・サーバーやＳＱＬサーバーで、マイクロソフト内やテクノロジー業界内に地位を築いてきた。そのような意識が妨げとなり、時代とともに革新・成長していくことができないでいた。

私がＳＴＢを引き継いだ直後、会社がこんな声明を発表した。「ナデラのチームが、クラウドへの事業変革を主導し、ビジネスコンピューティングの未来へのロードマップとビジョンを提供する役割を担うことになった」。スティーブは、一夜で変革はできないと言っていたが、時間がないのも事実だった。

私は、目指すべき目標についてかなりいいアイデアを持っていた。だが私の本当の仕事は、ＳＴＢのリーダーたちに、一緒に誇りを持ってその目標に取り組みたいと思わせることにあった。私には私なりの考えがある。だがこのチームには、コンピューターに対して複雑で難しい要求をしてくる企業顧客に対応してきた経験がある。私は、この組織の知識を土台にして仕事を進めていきたかった。そこでまずは、自分が率いるチームから学ぶことにした。そうすれば、チームも私に敬意を払ってくれるかもしれない。そういう関係がなければ、魅力に満ちた新たな領域へ、一緒に力強く踏みこんでいくことはできない。

リーダーシップとは、選択を行い、選択を実行するためにチームを結集させることだ。だが、インド政府の高官を務めた父も言っていたように、一丸となった組織をつくることほど難しい仕事はない。私はその点についてこう考える。チームを率いる際に、意見の一致を求めるべきか専横的に命令すべきかという選択は間違っている。どんな組織をつくるにしても、まずは、トップダウンでもボトムアップでも進歩や発展を推進していける明確なビジョンや文化を持つべきだ。

私はビジネススクールに通っていた頃、『マクリーンの川』で有名な作家ノーマン・マクリーンの小説『マクリーンの渓谷　若きスモークジャンパー（森林降下消防士）たちの悲劇』（訳注＊水上峰雄訳、集英社、1997年）を読んだ。13人の森林降下消防士が亡くなった1949年の悲劇的な森林火災と、その後の調査を題材にした物語である。私はその時、この本ではあまり注目されることのない部分から教訓を学んだ。それは、自分のチームとは一刻も早く、背景や状況、情報、信頼を共有する関係を構築せよ、ということだ。この小説に登場する消防士のリーダーは、自分たちが火の手から逃れるためには、こちらから火をおこすしかないことを知っていた。だが、誰もリーダーに従おうとしなかった。リーダーは、部下を窮地から救う術を知っていたのに、リーダーシップを発揮するのに必要な、部下と同じ価値観や背景知識を共有できていなかった。その結果、リーダーは炎から逃れられたものの、部下13人の命が犠牲になった。

私は同じ過ちを犯さないと心に決めた。

あの消防士のリーダーと同じように、自分のチームがこれまでとは異なる戦略を受け入れるよう説得しなければならない。売り上げに多大な貢献をしてきた大規模なサーバー&ツール事業から、小さな売り上げしかないクラウド事業に軸足を移すよう納得させなければならない。そのためには、チームのメンバーとコンテキストを共有する必要がある。私は、かつてのビング・チームからメンバーを連れてくるのはやめにした。変革は内部から、中心から起こすことが重要だ。変革を持続させるにはそれしかない。

私が引き継いだチームは、チームというより個々の人間の集まりでしかなかった。詩人のジョン・ダンは「人はひとりでは生きていけない」と述べているが、ダンがこのチームの会合に参加していたら、そうは思わなかったかもしれない。チームを構成する各グループのリーダーは、一国一城の主のようで、それぞれが自分の城にこもって仕事をしている。そんな状態がずいぶん前から続いていた。私にはそれをまとめる求心力もなく、さらに悪いことに多くのリーダーが、自分こそが私の役職に就くべきだと思っていた。彼らは不満をあらわにした。おれたちはこれだけの金を稼いでいる。

クラウドが多少評判になったからといって、そんなものにわずらわされたくはない。

この手詰まり状態を打開するため、私はＳＴＢの管理者チームのメンバー全員と個別に会い、意向を探り、質問しては耳を傾けた。私たちが目指すべきはクラウド中心の戦略だという点で一致する必要があった。私たちの製品やテクノロジーを、顧客企業の敷地内に置かれたプライベート・サーバーのためだけではなく、クラウドのためにも最大限利用しなければならない。ただし、いくらクラウド中心とはいえ、サーバー事業の強みを生かし、プライベート・サーバーとパブリック・クラウドの両方を求めている顧客に、両者を組み合わせたハイブリッドな解決策を提供することはできる。そうすれば、他社との差別化を図ることも可能だ。

こうした新たな枠組みを示すと、議論の中身が変わり、クラウドへの全員一致した取り組みを阻む障害が取り除かれていった。私は、企業顧客のニーズを満たす独創的な方法を探り、革新を生み出す道が新たに開けてくるのを感じた。

その頃レッドドッグはWindows Azure（ウィンドウズ・アジュール）に名称変更していたが、あいにくまだ苦戦中だった。クラウド・コンピューティングへの新たなアプローチで、一気にライバル企業を追い抜こうとしたが、市場の意見に耳を傾ければ、まずは現在のニーズに応えなければならないことは明らかだった。レッドドッグ・チームに当初から参加し、現在はアジュールの最高技術責任者を務めるマーク・ルシノビッチには、アジュールを発展させていくための明確なロードマップがあった。だが、そのロードマップを実行するには、チームにさらなる資源を投じる必要がある。

今こそ、副次的なプロジェクトだったアジュールを、STBの中心に据える時だった。どんな事業であれ、最終的には人が最大の資産になる。そこで私は、マイクロソフトの熟練エンジニア、スコット・ガスリーを筆頭に、最適なチームの編成に取りかかった。スコットはそれまで、企業開発者向けの優れたテクノロジーの開発に数多く携わり、リーダーシップを発揮してきた。その彼を、アジュールのエンジニアリングのリーダーに指名し、アマゾンウェブサービスに対抗するマイクロソフトのクラウド・プラットフォームの構築を推進した。

そのほか、会社の内外からさまざまな人材を招聘した。.NET（ドットネット）やVisual Studio（ビジュアルスタジオ）を開発した主要リーダーのひとり、ジェーソン・ザンダーには、アジュールの中核インフラの開発を先導してもらった。また、ビッグデータ研究者として高い評価を受けるヤフーのラグ・ラマクリシュナンや、データベース会社カウチベースを共同設立したジェームズ・フィリップスをわが社に引き抜いた。さらには、モバイルのデバイス管理を推進するため、ジョイ・チックやブラッド・アンダーソンが持つ専門知識を大いに利用した。こうしたリーダーシップのもと、私たちは、ウィンドウズ、iOS、アンドロイドの機器を保護・管理するのに必要なテクノロジーを企業顧客に提供する最初の重要な一歩を踏み出した。ジュリア・リウソンは、ビジュアルスタジオ開発者ツール事業を引き継ぎ、ビジュアルスタジオを、プラットフォームやアプリを問わず、どんな開発者にも最適なツールに進化させてくれた。

そして、こうした世界レベルのエンジニアの働きを、世界レベルのビジネス・プランニングやビジネス・モデリングで支えた。まずは、オフィス・チームの沼本健をSTBに招き入れた。それまでオフィス・チームの重要メンバーとして、オフィス製品をクラウドベースのサブスクリプション型製品に移行する戦略を立て、それを実現してきた人物である。沼本はSTBのビジネス部門のリーダーとなると、クラウド・サービスの消費量を計測する機器や、顧客に製品を提示する新たな方法を開発し、それをもとに新たなビジネスモデルの構築に着手した。

私は当初から、アジュールをデータ機能やAI機能で差別化する方針を決めていた。ラグの率いるチームは、エクサバイト（訳注＊10の18乗バイト）規模のデータを保存・処理できるデータプラットフォームを設計・構築していた。またマイクロソフトでは、ビングやXbox用キネクト、スカイプ翻訳などの製品の一環として、機械学習機能やAI機能を開発していた。私はこうした機能を、アジュールの一部としてサードパーティ開発者が利用できるようにしてほしいと要望した。

アジュール開発のために採用した人材の中でもキーマンと言えるのが、アマゾンから引き抜いたジョゼフ・シロシュだ。ジョゼフは、これまでずっと機械学習の開発に熱心に取り組んできた男で、マイクロソフトの新たな役職でもその情熱をいかんなく発揮した。今ではわが社のクラウドは、膨大のデータを保存・計算できるだけでなく、そのデータを分析し、そこから学習することもできる。

機械学習（ML）の実用的価値は巨大で、驚くほど多種多様だ。たとえば、マイクロソフトの顧客であるエレベーター・エスカレーター製造会社ティッセンクルップの場合を考えてみよう。アジュールやアジュールMLを使えば、エレベーターやエスカレーターが保守作業を必要とする時期を事前に予測できる。それによって、稼働停止時間を削減し、顧客に新たな価値を提供することが可能になる。保険会社のメットライフはどうだろうか。こちらもクラウドと機械学習を駆使すれば、一晩で膨大な保険数理計算を行い、翌朝にはきわめて重要な財務問題に対する回答が得られる。そのため、インフルエンザの突発的な流行や例年よりも被害の多いハリケーンシーズンなど、保険をめぐる状況の劇的な変化にも迅速に対応できる。

データから学習するこの機能は、エチオピアにいようがオハイオ州エバンストンにいようが、データ科学の博士号を持っていようがいまいが、誰でも利用できるようにすべきだ。マイクロソフトは、1980年代にパソコンを大衆に普及させたように、このアジュールで機械学習を世間に広めようとしていた。

私の場合、顧客と直接会い、はっきり表明されるニーズやまだ顕在化していないニーズから学ぶことが、製品イノベーションの鍵となる。顧客と会う時には、一緒に学べるように、たいていはほかのリーダーやエンジニアを一緒に連れていく。たとえば、以前ベイエリアで新興企業数社と話をした時には、リナックスOSをサポートするニーズがあることがわかった。アジュールではすでに、それに向けた初期段階の作業を始めてはいた。だが、そのミーティングが終わる頃には、スコット・ガスリーら出席したメンバー全員が、リナックスに対するサポート体制を本格的に構築していかなければならないことを痛感した。そして、建物を出て駐車場に着く頃には、そのための決定を下していた。

そう聞くと、単なる技術上の問題だと思うかもしれないが、そこにはマイクロソフトの文化に関わる重大な問題が絡んでいる。マイクロソフトは長らく、リナックスを始めとするオープンソース・ソフトウェアを敵視していた。だが、もはやそんな態度に固執している余裕はない。私たちは、顧客の条件に応じてニーズを満たさなければならない。いや、それ以上に、後ろ向きの視点ではなく、もっと未来志向の視点でビジネスチャンスを考える必要がある。私たちはそれを機に、この製品の名称をウィンドウズ・アジュールからマイクロソフト・アジュールに変更した。このクラウドがウィンドウズだけのものではないことを明らかにするためだ。

クラウド事業を発展させるためには、適切なテクノロジーが必要なのはもちろんだが、世界的な大企業の難しいニーズに応えられるようなサービスを運営する必要もある。マイクロソフトはすでに、ビングやオフィス365、Xbox Liveなどの大規模サービスを展開していたが、アジュールにより、さらに多くの企業の毎日の業務を休みなく支援することになった。

チームは、私が言う「現場第一主義」文化を受け入れてくれた。こうした文化は、重要なテクノロジーの進歩に劣らず重要だ。スカイプで呼びかけさえすれば、エンジニア数十人に現場の顧客対応チームが加わり、全員が一致協力して問題の解決にあたった。そして、このような事例があるたびに、根本原因分析を徹底的に行い、絶えず向上心を持って学習できるようにした。私も時々、こうした呼びかけに参加し、エンジニアの活動を見守った。リーダーに発破をかけるためではなく、目下の問題を解決する行動を促し、そこからの学習を推進するためだ。

現在、マイクロソフトのクラウド事業は200億ドル規模に達しようとしている。私たちは、マイクロソフトを時価総額上位の企業に押し上げたパッケージ製品にとらわれず、クラウド・プラットフォームのアジュールや、オフィス365（人気の高いオフィスのオンライン版）などのクラウド・サービスに、大きなビジネスチャンスを見いだしてきた。そして現在も、こうした新製品の開発や性能向上に取り組み、サービスプロバイダーとして新たな力を身につけ、リナックスなどのオープンソースのOSにも対応しながら、顧客のニーズに絶えず目を向けている。

私はこのクラウド事業から、その後何年も役立つことになるさまざまな教訓を学んだ。その中でも一番重要なのが、以下の教訓だ。リーダーは、外部のビジネスチャンスと内部の能力や文化、およびそれら相互の関係に目を向け、そのチャンスがありきたりなものになる前に対応しなければならない。この教訓は、科学というよりもはや芸術の域の話だ。そのため、いつもきちんと実践できるとは限らない。だが、それをどの程度の割合で実践できるかが、ビジネスにおけるリーダーの寿命を決める。CEOになった私がさらに大きな難題に対応できたのも、この教訓のおかげだ。

chapter 3

新たなミッション、新たな機運

マイクロソフトの魂を再発見する

2014年2月4日。その日CEOとして初めて正式に紹介されることになっていた私は、初日に社員に伝えたいメッセージを盛り込んだスピーチの練習をしようと、朝早く出勤した。このメッセージのもとになったのは、CEOの選考過程で取締役会が提示したいくつかの質問に答えるために、前年の感謝祭の休暇中に作成した10ページほどのメモだった。私はこの日までの間、テキサス州のデル本社やシリコンバレーのヒューレット・パッカード本社に向かう車中で、そのメモの推敲を重ねた。取締役会の質問に答えるには、さまざまな自己分析が必要だった。私にはどんなビジョンがあり、どのような戦略でそれを達成するのか。私にとって成功とはどんなもので、そのためにどこから手をつけるべきか。それから数カ月がたった今、私は自分が書いた文章の内容やこれまでの日々を思い返した。

　次期ＣＥＯの選考には時間がかかった。スティーブが辞任の意向を表明して世間を驚かせたのは、２０１３年8月。会社の大規模な再編を主導した直後、フィンランドのスマートフォン・メーカー、ノキアの携帯電話事業を72億ドルで買収すると発表する直前のことだった。その年の秋、新聞記者たちは後継指名される人物を推測し、さまざまな名前が飛び交った。フォード・モーターのＣＥＯアラン・ムラーリーのような社外の人間なのか、スカイプのトニー・ベイツやノキアのスティーブン・エロップなど、マイクロソフトが買収した企業の幹部なのか。選考対象になった私たちマイクロソフトの一部の社員はその頃、取締役に向けて自分の考えを書面で表明するよう求められた。

　私はそのメモを書く際、20年以上勤務した経験から思ったことだけでなく、辞任するＣＥＯスティーブ・バルマーが以前語ってくれた話にも触れた。スティーブは私に、本来の自分になれと励ましてくれた。つまりは、ビル・ゲイツら上層部の人間を喜ばせようとするな、ということだ。そして「勇敢であれ、正しくあれ」と言った。マイクロソフトを設立したのはビルとポール・アレンだったが、そのマイクロソフトを育てたのはビルとスティーブだった。ビルが１９８０年、スタンフォード大学のビジネススクールに通っていたスティーブを、マイクロソフト初のビジネスマネジャーに採用したのは有名な話だ。スティーブは、情熱的なリーダーであり、セールスマンであり、マーケターだった。一方のビルは、テクノロジーに関する優れた先見の明の持ち主だった。膨大な本を読み、「シンク・ウィーク」（訳注＊ゲイツは年に1週間、完全に業務を離れ、経営に関する重要なテーマを考察する週を設けていた）を実践することで、マイクロソフトを誰もがうらやむ大企業に成長させた。この2人は、史上最も偶像視されるビジネスパートナーとなり、コンピューター事業のパイオニアとして、マイクロソフトを時価総額世界一の企業にした。偉大な製品を生み出しただけでなく、現在世界各地でグローバル企業を経営している幹部を何百人と育て上げた。私もそのひとりだ。2人は私に、年を追うごとに責任ある仕事を与えてくれたばかりか、マイクロソフトの製品がコンピューター愛好家の生活だけでなく、社会全体、経済全体にも影響を与えられることも教えてくれた。

私は2人が築き上げたものに身も心も捧げていたが、スティーブは私に、それに惑わされないよう注意した。これまでに確立された主義や信条など放り捨てるよう勧めた。スティーブは、この会社が変わらなければいけないことを誰よりも知っていた。根本的な変化が起こることを願い、私心なくCEOの座を退こうとしていた。そして、内部の人間である私に、また一から始めなさい、ブラウザーのリフレッシュボタンを押し新たなページを読み込むようにと述べた。マイクロソフトの歴史の新たなページである。そのため私は、取締役へのメモの中で「マイクロソフトの再生《リニューアル》」を求めた。わが社は、ユビキタス・コンピューティングや環境知能をもっと受け入れる必要がある。これからの人間は、多種多様なデバイスや感覚を巻き込んだ経験と関わる。その経験はいずれも、クラウドの中の知能に支えられるとともに、データが生まれる場所、人間とのやり取りが行われる場所にある知能に支えられることになる。だが、企業文化を最優先に考え、会社の内外に信頼を築かない限り、こうした再生はできない。過去の成功に頼って生きていくことは簡単だ。現在は業界盟主の座を脅かされているとはいえ、かつては並ぶ者のいない存在だった。その当時の事業を利用し、短期的な利益を上げることはできる。だが、わが社のアイデンティティーに忠実にイノベーションを行えば、長期的に価値あるものを生み出せる。

私は、Xbox開発チームの職場であるスタジオDの外の駐車場に車を止めた。本社キャンパスのこのあたりの建物は、1992年に入社した当時は存在さえしなかったが、今ではどこに目を向けても低層のオフィスビルが幾重にも並んでいる。これから1時間にわたり、このスタジオDの3階分に及ぶガラス張りの吹き抜け空間は、インターネット配信される全社会議に招かれた社員であふれ返ることだろう。私は、そこに集まる社員が希望とともに疑念も抱いていることを知っていた。その理由は、業界地図をいくつか見ればわかる。パソコンの売り上げは、数十年にわたり全世界で着実に増加を続けたが、その後は伸び悩み、現在では減少に転じている。今や1四半期のパソコンの出荷台数が7000万台前後なのに対し、スマートフォンの出荷台数は3億5000万台以上に達している。これはマイクロソフトにとって悪いニュースだ。パソコンが売れなければ、マイクロソフトへのロイヤルティーも支払われないからだ。さらに悪いことに、パソコンの売り上げ減少だけでなく、18カ月前に発売されたウィンドウズ8への関心も薄れつつあった。その一方で、マイクロソフトが参入に失敗し、主導権を握り損ねたスマートフォン市場の爆発的発展を反映し、アンドロイドやアップルのOSが急成長していた。その結果、長らく優良な投資先と見なされていたマイクロソフトの株価は、ここ数年間、足踏み状態を続けている。

社内でも事態は切迫していた。その年、恒例の社員の意識調査の結果、大半の社員が、会社が正しい方向に進んでいるとは思わず、自社のイノベーション能力に疑問を抱いていることが判明した。当時、私の主席補佐をしていたジル・トレイシー・ニコルズは、私にそれを実感させるため、新たに集めた数百人の社員の意見を伝えてくれた。変化のさなかにある組織の雰囲気をリアルタイムで把握できるようにという配慮からだ。それを見ると、この会社は病気にむしばまれていた。社員が会社に愛想をつかし、不満を抱いていた。壮大な計画や偉大な理念にもかかわらず、敗北を喫し、後れを取っていることにうんざりしていた。大きな夢を抱いてマイクロソフトに入社したのに、上層部への対応や税務処理、会議での口論しかしていない。社員はもはや、社外の人間しかこの会社を立ち直らせることはできないと思っていた。社内のCEO候補とうわさされる人物については、私を含め、誰ひとり彼らの心には響かなかった。

CEO発表2日前の事前会議の場で、私はジルと、この失望した優秀な人たちを奮起させる方法について熱心に語り合った。私はその時、彼らが非難をするばかりで自分の責任を投げ出していることに少々いら立っていた。するとジルは私を遮って言った。「あなたは気づいていない。彼らも本当はもっと仕事がしたいと思っている。でも、それができずにいるのよ」。つまり、最初の仕事は社員に希望を抱かせることだ。それが変革の第一歩となる。まずは内部から始めなければならない。

時間をもとに戻そう。私は写真撮影のためステージに立った。間もなく広まったのは、この時の写真だ。そこには、ビル・ゲイツとスティーブ・バルマー、そして私の笑顔が写っている。マイクロソフトの40年の歴史の中で、CEOを務めたのはこの3

人だけだ。しかし、私がそれよりも鮮明に覚えているのは、私のスピーチを待つ聴衆の中に何百といるマイクロソフト社員の目だ。そこには期待や興奮、活力とともに、不安や若干の不満が現れている。彼らも私と同じように、世界を変えようと勇んでマイクロソフトにやって来たのだろうが、今ではその行き詰まりに不満を感じ、ライバル企業に移籍しようとしている。何よりも悲しいのは、マイクロソフトは魂を失ったと多くの社員が感じていることだ。

まずはスティーブが、感動的な激励のスピーチを行った。続いてビルが話をした。ポーカーフェイスで意味深長なジョークを言うセンスは健在で、室内を見渡し、この部屋でのウィンドウズフォンのシェアが高いことに驚いたふりをしてみせてから、本題に入った。ビルは簡潔に、目の前にある課題やビジネスチャンスを説明した。「私はソフトウェアの魔法を信じてマイクロソフトを設立したが、現在はかつてないほどのビジネスチャンスがあると思う。職場や家庭のためにソフトウェアで実現できる魔法は、すぐ手の届くところにある。わが社には、ウィンドウズ・プラットフォーム、現在推進中のクラウド、オフィスというすばらしい強みがある。だが課題もある。世間には、クラウドでおもしろいことをしている人がたくさんいる。モバイルも頻繁に活用されている。わが社もその一端を担っているが、わが社が求めているほどの規模ではない」。そしてビルは私を呼び出した。

拍手がやむと、私は時間を無駄にすることなく、すぐさま同僚やチームメイトに行動を呼びかけた。「この産業は伝統を尊重しない。イノベーションを尊重する。モバイルファースト、クラウドファーストの世界でマイクロソフトを発展させることが、私たち全体の課題だ」。その日、私が強調したいテーマがあったとすれば、それは、マイクロソフトが消えてしまったら世界からなくなってしまうものを発見しなければいけないということだ。私たちは自分に問いかけなければならない。「この会社は何のためにあるのか?」「私たちの存在理由は何か?」。私は、今こそわが社の魂を再発見する時だと告げた。わが社が唯一無二の存在になるには、それが必要だ。

私のお気に入りの本の一つに、1970年代のテクノロジー企業データ・ゼネラルを題材にしたトレイシー・キダーの『超マシン誕生』(糸川洋訳、日経BP社、2010年)がある。その中でキダーは、テクノロジーとはそれを開発した人々の魂の集合体以外の何ものでもないと述べている。テクノロジーは魅力的だが、それ以上に魅力的なのが、それを設計した人たちの深いこだわりだ。では、会社の魂とは何か。それは、宗教的な意味での魂ではない。会社の性に最も合ったもの、内なる声、会社の能力を生かすための指針を与えてくれるものだ。では、わが社はどんなことに鋭敏な感性を発揮してきたか。そう考えると、マイクロソフトの魂とは、人に力を与えることだ。個人の生活だけでなく、個人がつくる組織、つまり学校、病院、企業、政府機関、非営利団体などの仕事を支えることである。

スティーブ・ジョブズは会社の魂についてよく理解していた。かつてこう述べたことがある。「設計は、人間の創造物の根本となる魂であり、その魂は、製品やサービスを幾重にも覆う外層となって表れる」。私も同意見だ。アップルは、コンシューマー向け製品の優れた設計を内なる声とし、モチベーションとする限り、自社の魂に忠実であり続けるだろう。だが、わが社の魂は違う。マイクロソフトは、あらゆる人、あらゆる組織に力強いテクノロジーを提供する企業、テクノロジーを世間一般に広める企業だという魂を取り戻す必要がある。私は、マイクロソフトのホログラフィック・コンピューターであるHoloLens（ホロレンズ）を初めて装着した時、Minecraft（マインクラフト）のプレーがどれだけ楽しくなるかというだけでなく、大企業が設計にどう使えるか、学校や病院でどう生かせるかを考えた。

これは何も、わが社が魂を失ってしまったということではない。再生、復興が必要だということだ。1970年代、ビルとポール・アレンは、企業のすべてのデスクとすべての家庭にコンピューターを置くことを目標に、マイクロソフトを立ち上げた。

それは、まるで夢のように大胆不敵な目標だったが、2人はそれを実現した。テクノロジーを普及させ、個人でも扱えるものにした。いったい、設立時の目標を達成したと言える企業がどれだけあるだろうか。マイクロソフトが世界中にテクノロジーを普及させてくれなければ、私が米国の一流企業のCEOになることもなかっただろう。

だが世界は変わった。今こそ私たちが世界観を変える時だ。

「世界観」は、認知哲学に根差す興味深い言葉だ。簡単に言えば、政治や社会、経済の垣根を越えた、世界の全体的な見方を指す。現在、私たち全員が共有している経験と、CEOになる前に問いかけていた疑問（わが社の存在理由は何か）を結びつけて考えると、私はテクノロジーに関する自分の世界観を変えざるを得なくなった。当時は、マイクロソフトのどのリーダーも自分の世界観を変えつつあった。私たちはもはや、パソコン中心の世界にはいない。コンピューターが至るところに存在する世界、あたり一面に知能が存在する世界に変わろうとしている。これはつまり、コンピューターが周囲を観察し、データを収集し、そこから知見を得られるようになるということだ。生活や仕事どころか、世界のデジタル化がかつてないほど進んでいる。ますますネットワーク化するデバイス、クラウドによる驚くべきコンピューター処理能力、ビッグデータからの知見、機械学習による知能が、それを支えている。私はこれらすべてをまとめて、マイクロソフトは「モバイルファースト、クラウドファースト」にならなければならないと主張した。パソコン中心でもなければ、フォン中心でさえない。私たちが思い描くべき世界とは、デバイスに縛られないモバイルな人間経験が重視され、クラウドがそれを可能にし、新世代の知的経験を生み出す世界である。わが社があらゆる事業を通じて展開していく変革は、マイクロソフトやその顧客が、この新たな世界で成長・発展するのを支援するものでなければならない。

ライバルをうらやむ気持ちを変革の動機にすれば簡単かもしれない。確かに、アップルのiPhoneやiPad、グーグルの低価格アンドロイド携帯やタブレットは、わが社の羨望の的になっている。だが、ライバルをうらやむこうした気持ちは、後ろ向きであり、外部の刺激によりもたらされるものであって、内部から湧き出るものではない。そのため、それをもとに、真の再生の道をどこまでも突き進むことはできない。

また、競争にかける熱意で意欲を奮い立たせることもできるかもしれない。マイクロソフトは、競争心をもとに一致団結することで有名だ。しかし、マスコミはそんな話を好むかもしれないが、私のやり方ではない。羨望の気持ちや闘争心ではなく、目的意識や仕事への誇りを抱いて会社を率いていくのが、私のアプローチだ。

私を含む経営執行チームは、市場にはマイクロソフトだけが入り込めるすき間があると認識していた。ほかのライバル企業は、それぞれの製品をモバイルだと考えている。一方マイクロソフトは、人間経験をモバイル（移動可能）なものととらえ、その理念をクラウド・テクノロジーで実現していこうと考えていた。このモバイルとクラウドという二つのトレンドが、わが社の変革の基盤となった。その証拠に、マーケティングの責任者であるクリス・カポセラが、私のスピーチをもとに、マイクロソフト・クラウドのこんなコマーシャルを制作している。スペインのサッカーチーム、レアル・マドリードが攻勢に出て、ゴールに突進していくと、グラミー賞を受賞したヒップホップアーティストのコモンが視聴者にこう語りかける。

「私たちはモバイル・テクノロジーの世界に生きている。だがモバイルなのはデバイスではない。あなただ」

このコマーシャルは、幅広い視聴者に向けて制作されたものだが、わが社の核となるもの、失われかけていた魂を私たち社員に思い出させる役目も果たした。マイクロソフトはかつて、大容量のコンピューター機器を手頃な価格で提供することで、パソコン革命を主導した。だがグーグルが、無料のアンドロイドOSを提供してウィンドウズの価値を低下させると、マイクロソフトはそれに素早く対応できなかった。2008年には、リナックスベースのアンドロイド携帯が市場を席巻し、現在では10億台以上の現役のデバイスで、このＯＳが稼働している。

今振り返ってみると、私がＣＥＯに就任する5カ月前、２０１3年9月に発表されたノキア買収は、この敗北を知らしめる、さらなる手痛い一例となった。わが社は、モバイル・テクノロジーの波に乗り損ねた後、それに追いつくのに必死だった。一方ノキアは、１９９０年代にモトローラを抜いて世界最大の携帯電話メーカーとなったが、当時はアップルのiPhoneやグーグルのアンドロイド携帯に押され、業界第3位に転落していた。そこで２０１2年、ノキアのＣＥＯスティーブン・エロップは、巻き返しを図る危険な賭けに出て、ノキアのスマートフォンの主要ＯＳにウィンドウズを採用すると発表した。ノキアとマイクロソフトは奮闘した（ヨーロッパの一部の国では2桁の市場シェアを獲得した）。だがそれでも、業界第3位という地位は変わらず、アップルとグーグルに大きく水をあけられていた。買収の背景には、ノキアのエンジニアリング・設計能力とマイクロソフトのソフトウェア開発能力とを結びつけ、ウィンドウズフォンの成長を加速させて、デバイスのエコシステム全体を強化したいという思惑があった。ウィンドウズがモバイル分野でiＯＳやアンドロイドに追いつくには、大規模かつ劇的な行動が必要だった。

マスコミはこのアイデアを酷評し、マイクロソフトの幹部会も抵抗を示した。ノキアを完全買収する交渉がまだ行われていた夏の間に、スティーブ・バルマーは、直属の部下にあたる経営執行チームのメンバーを対象に、この取引の賛否を問う投票を行った。チームがこの問題についてどう考えているのかを知りたかったのだろう。私はと言えば、反対に1票を投じた。私はスティーブを尊敬しているし、市場シェアを伸ばして信頼できる第三のエコシステムを構築したいという考え方も理解できる。しかし、わが社が新しい発想で取り組まない限り、携帯電話の世界に第三のエコシステムが必要だとは思えなかった。

私がCEOになって数カ月後、ノキアの買収契約が成立した。わが社のチームは、新たなデバイス、新たなOSで新たな経験を生み出そうと、ウィンドウズフォンのリニューアルに必死に取り組んだ。だが、失地を回復するには遅すぎた。マイクロソフトは結局、ライバル企業の後ろ姿を追いかけているだけだった。数カ月後、私は、買収が完全に失敗したことと1万8000人近くの人員を削減する計画を公表せざるを得なくなった。その大半が、ノキアのデバイス&サービス事業の買収に関わる人員である。これまで仕事に懸命に身を投じてきた数多くの優秀な社員が仕事を失うと思うと、胸が張り裂けそうだった。

ノキアの買収からリーダーとして学べる教訓は山ほどある。市場シェアの小さい企業を買収するのは、常にリスクを伴う。わが社に最も必要なのは、モバイルコンピューティングに対する独自の斬新なアプローチだった。それなのに間違った方向へ進んでしまったのは、自分たちの最大の強みはすでにマイクロソフトの魂の中にあることに気づけなかったからだ。それは、ウィンドウズのための新たなハードウェアを考案し、コンピューターをもっと身近なものにし、デバイスやプラットフォームにとらわれないクラウド・サービスを提供することにある。携帯電話事業に参入するのであれば、他社と明確に差別化できるものがなければならない。

私たちは結局、この重要な知見を徹底的に追求することにした。開発の焦点を絞り、企業を念頭にウィンドウズフォンの開発を進めた。たとえば、企業顧客に好評のコンティニュアム機能だ。これは、携帯電話をパソコン代わりに利用できる機能である。また、モバイル市場への参入を進めるため、デバイスにかかわらずオフィスを稼働できるようにした。今にして思えば、情熱と才能を秘めた携帯電話部門の人材を解雇したことが、悔やまれてならない。

まだCEOになったばかりの頃、私はバニティ・フェア誌の取材を受けるため、ビ

ル・ゲイツと一緒に隣の建物へ向かいながら、話をしたことがあった。ビルは、取締役会には残るが、会長職は退くことになった。今後は、妻のメリンダと共同設立したビル&メリンダ・ゲイツ財団の仕事に専念することになるが、ソフトウェアやマイクロソフトに対する情熱は相変わらずだった。ビルは歩きながら、書類とウェブサイトの区別をあいまいにする新たな製品について熱心に語った。私たちは、静的な文書ではなく、ウェブサイトのような豊かな双方向性を備えた文書を実現するアーキテクチャについて、さまざまなアイデアを出し合った。するとたちまち話はあちこちにそれ、可視化データ構造やストレージ・システムに関する意見が飛び交った。その時ビルは、ふと私を見てほほ笑み、ソフトウェア・エンジニアリングの話を楽しいと言った。

私は、マイクロソフトの魂を再発見する取り組みの一環として、ビルに業務に戻ってもらい、製品やサービスの技術構想にもっと深く関わってほしいと思った。ソフトウェア製品に関するビルとプログラマーとのやり取りは、マイクロソフトではもはや伝説と化している。ダグラス・クープランドが1994年に発表したコミカルな小説『マイクロサーフス』(江口研一訳、角川書店、1998年)には、マイクロソフトのプログラマーに対するビルの影響力の大きさがユーモラスに描かれている。マイケルという開発者が、自分のコードをチェックしていたビルから罵倒の言葉が並ぶメールを受け取り、午前11時に自分のオフィスに閉じこもってしまう。そのフロアの社員は誰も、ビルから個人的に罵倒されたことはない。「そのエピソードはある種の魅力を伴い、私たちは少なからず嫉妬心を燃やした」。だがマイケルを心配する仲間は、午前2時半になると、24時間営業のスーパーで「平べったい」食べ物を買い、扉の下のすき間からそれを差し入れる。この誇張された物語は、私がつくりたいと望む企業文化を正確に表現してはいない。だが、創業者を製品開発の輪の中に戻せば、社員に刺激を与え、競争力を高められることは間違いないだろう。

CEOに就任して最初の数カ月の間、感謝祭の日に記した取締役会へのメモでも約束したように、私はあらゆる人から話を聞くことに多大な時間を割いた。それぞれの部署のリーダー全員と話をし、パートナー企業や顧客と会わなければならない時には、こちらから出向くようにした。こうして話を聞いたのは、まだ答えを探しあぐねていた二つの疑問が念頭にあったからだ。第一の疑問は、わが社の存在理由は何か、というものだ。この質問への答えは、今後数年のマイクロソフトの方針を定めるうえで欠かせないものとなる。第二の疑問は、次に何をするのか。映画『候補者ビル・マッケイ』の最後にこんなシーンがある。ロバート・レッドフォード演じる主役の男が選挙に勝ち、顧問を部屋に連れ込んで尋ねる。

「これから何をすればいい?」。私は手始めに、話を聞くことにした。

私はすぐに、会社のあらゆる部門、あらゆる地位の社員数百名に話を聞いた。一部の社員を抽出し、匿名で意見を述べられるような場を設けたこともある。耳を傾けるのは、私の毎日の仕事の中でもとりわけ重要な意味を持っていた。それが、今後数年の私のリーダーシップの基盤となるからだ。こうして話を聞いてみると、マイクロソフトの存在理由は何かという第一の疑問については、誰もがはっきりとした意見を声高に主張した。私たちは、人に力を与える製品を開発するために存在する。社員の誰もが、そのような意味を仕事に吹き込もうとしている。また、ほかの意見も聞いた。社員は、CEOが重大な変化を起こすことを期待しつつも、常に世界を変えていきたいというマイクロソフトの当初の理想を大切にすることを望んでいた。あるいは、意欲を奮い起こせるような、明確で具体的なビジョンを求めていた。事業の進み具合を、もっと頻繁にわかりやすく教えてほしいという要望もあった。エンジニアたちは、ライバル企業の後を追うのではなく、再びライバル企業を率いる存在になりたいと言った。自信を高めたいとも語っていた。わが社は、最先端の人工知能など、シリコンバレーのマスコミが称賛するようなテクノロジーを持っているのに、それを誇示してはいなかったからだ。彼らが心から望んでいるのは、停滞から抜け出すロードマップだった。たとえばグーグルは、人工知能実験を派手に宣伝して話題を呼んでいるが、マイクロソフトも、公にしていないだけで、世界レベルの音声・視覚認識技術や先進的な機械学習技術を持っている。だが、私が構想している真の挑戦とは、以下のようなものだ。自社のテクノロジーを使い、自社のアイデンティティーを証明する事業を行い、顧客に独自の価値を付与するにはどうすればいいか。

ここからどこへ向かえばいいのかという第二の疑問については、マイクロソフトの新CEOとして、最初の1年間に以下のことを早急かつ適切に行う必要があると確信した。

○わが社のミッション、世界観、ビジネスやイノベーションのアンビション（野心をもって注力する領域）について、定期的にはっきりと伝える。
○トップからボトムへ企業文化の変革を推進し、適切な場所に適切なチームを置く。
○パイを増やし、顧客を喜ばせられるような、意外性に富む新たなパートナーシップを築く。
○次に起こるイノベーションやプラットフォームの変化をいつでもとらえられるようにする。モバイルファースト、クラウドファーストの世界に向けてビジネスチャン

スを見直し、切迫感を持って実行を推進する。

○時代を超えた価値を支持し、万人のために生産性と経済成長を取り戻す。

このリストは、成功への公式を提示しているわけではない。現在でさえマイクロソフトは、まだ変革のさなかにある。このアプローチが今後どんな影響を及ぼすかは、私たちにもわからない。

しかし、2014年の夏から2015年の夏にかけて、私たちは着実なペースで変革を推進した。それまでの数カ月間、好奇心に駆られて社員の声に熱心に耳を傾けてきたが、もはや自信と信念を持って改革を実践する時だった。私がマイクロソフトで得た初めての役職は「エバンジェリスト」だった。これはテクノロジー業界ではよく耳にする言葉で、ある規格や製品の普及を推進する人を指す。だが私は、CEOになった今でも、わが社の魂を再発見するのに必要な考え方を伝道する「エバンジェリスト」だった。会社のミッションとは、さまざまな意味でその魂を表現することである。私はまず、そこから始めた。

世界190カ国以上の国々に10万人を超える社員を抱える組織で、会社の理念への忠誠心を高め、その理念を現実のものとするため、私たち幹部はミッションと文化を明確に結びつけることに決めた。そして、わが社のミッション、世界観、アンビション、文化を1ページの文書にまとめた。すぐに膨大なパワーポイント資料を作成したがるわが社にとっては大変な作業だ。だが、これはむしろ易しいほうだった。難しいのは、それを修正したりせず、そのままにしておくことだ。私はスピーチをするたびに、単語を変えたり、文章を追加したり、あれこれ手を加えたくなったが、いつもこう考え直した。「完全であるより一貫しているほうがいい」

私がCEOに就任する前の数年間、経営陣はこの巨大企業の存在意義や戦略について、なかなか的確に説明できないでいた。だが私たち社員には共通の理解が必要だ。私たち幹部が考え出したこのシンプルな枠組みであれば、社員もこれらの理念に命を吹き込んでいける。

CEOとしての最初の数年間の仕事はすべて、変革の弾み車を回すことにあった。もちろんそのためには、定期的なコミュニケーションが欠かせないが、私や経営執行チームの側でも規律や一貫性が必要だった。私たち幹部は社員を奮い立たせ、変革を推進しなければならない立場にあったため、常に自分にこう言い聞かせた。「来年の終わりに、ミッションを追求していないという理由で告訴され、裁判にかけられた時に、有罪を宣告されはしないか?」。気の利いたことを言うだけでは足りない。私を含め、幹部全員がそれを実践しなければならない。そして社員もまた、幹部がわが社のミッション、アンビション、文化を強化・推進していく様子を見て、同じことを始める必要がある。

三つのアンビションを設定したことで、チームの組織の仕方や、業績の報告の仕方が決まった。またミッションを明確にしたことで、私がどこを訪れ、そこで誰と会えばいいのかも明らかになった。私の旅行日程は、その地域の学校や病院を訪ねるところから始まる場合が多かった。コロンビアやニュージーランドでは先住民の儀式を楽しみ、彼らが代々歴史や伝統を引き継いでいくために、どのようにマイクロソフトのテクノロジーを利用しているのか、成長というものをどう考えているかを学んだ。そのほか私たち幹部は、棚上げされていた製品やプロジェクトにゴーサインを出したり、ライバル企業に新たなパートナーシップを呼びかけたり、意外な場所に姿を現したり、製品設計において利用しやすさを最優先したり、絶えず世界を飛び回ってわが社の社員やパートナー企業、顧客とコミュニケーションをとったりした。

マイクロソフトの新会計年度が始まって間もない２０１４年7月10日木曜日の午前6時2分、私は全社員に宛てて一種の宣言文をメール送信した。そんな時間に送信したのは、米国ではどの時間帯の地域でもその日の仕事が始まる前に、外国では週末に入る前に、受信箱に届いているようにするためだ。わが社はグローバル企業であり、常にそれを考慮する必要がある。「イノベーションを加速するため、私たちはわが社の魂、わが社独自の核を再発見する必要がある。マイクロソフトだけが世界に貢献できる点、もう一度マイクロソフトが世界を変える方法を、誰もが理解し、実践しなければならない。私たちの目の前には、かつてないほど大胆で冒険的な仕事がある。マイクロソフトは、モバイルファースト、クラウドファーストの世界で生産性を追求するプラットフォーム企業になる。再び生産性を向上させ、世界中のあらゆる人、あらゆる組織に、これまで以上に多くのことを実行・達成する力を与える」

私はこの宣言文の中で、私たちにとって生産性の追求とは、文書やスプレッドシート、スライドだけにとどまらないと記し、こう続けた。私たちは、ますます広がり続けるデバイス、アプリ、データ、ソーシャルネットワークの海を泳いでいる人々の支援に取り組む。予測性能が高くて便利な、個人用ソフトウェアを構築する。顧客を、職場や学校でも私生活でもテクノロジーを利用する「デュアルユーザー」と考える、と。私はさらに、このメールに標的の画像を挿入し、その中心に「職場・私生活でのデジタル体験」と記し、それをわが社のクラウド・プラットフォームやコンピューター機器で囲んだ。インターネット、センサー、モノのインターネット（ＩｏＴ）に接続する人は、間もなく30億人に達する。だが、パソコンの売り上げは停滞している。だからこそ私たちは、ニーチェの言う「現実に直面する勇気」を「ビジネスチャンスに立ち向かう勇気」に変換する必要がある。市場の縮小を思い悩むのではなく、数十億ものコネクティッド・デバイスをわがものにしなければならない。

すると社員はすぐに反応した。最初の24時間だけで、世界各地のあらゆる部署、あらゆる地位の社員数百名の声が届いた。そこには、プログラマーも、設計者も、マーケターも、顧客サポート担当者もいた。いずれも、世界中の人々にこれまで以上に多くのことを達成する力を与えるという言葉に励まされ、それをどう日常の仕事に生かせばいいかが理解できたと述べていた。有益な提案やアイデアを提供してくれる人も多かった。その中でも私のお気に入りは、もっと従来の考え方に挑戦せよ、というものだ。箱型のテレビやケーブルテレビ用チューナーが消えつつあるのに、なぜXboxは箱型なのか。ビデオゲームやロボット工学で利用されている動作検知テクノロジー、キネクトに翼や車輪を装備し、落とした鍵や財布を取りに行けるようにしたらどうだろうか。そして多くの社員が、ここ数年は不満ばかりだったが、今は新たなエネルギーを感じると記してくれた。私はその気持ちを無駄にしないと心に決めた。

このメールのコピーは、マイクロソフトを取材対象にしているマスコミにも提供された。すると、各社はすぐに反応し、私が率いるマイクロソフトの未来について、それぞれの見解を表明した。ニューヨーク・タイムズ紙は、進行中の企業文化改革を中心に取り上げた。ワシントンポスト紙は、「無駄のない行の間に文学作品の引用を押し込む才覚」を楽しんでくれた。ブルームバーグは、マイクロソフトが生産性に焦点を絞り、企業の世界でもコンシューマーの世界でも成功しようとするなら、「言葉どおりの製品を提供する必要がある」と警告した。その通りだ。私たちは、ただ顧客に使われるだけの製品ではなく、顧客に愛される製品を提供しなければならない。

核となる存在理由やビジネスのアンビションを表明するのは、第一ステップとしてはいい。だが私には、これらの変革を一緒に主導してくれる適切な仲間が必要だった。数週間後には、長らくクアルコムの幹部を務めていたペギー・ジョンソンを、ビジネスデベロップメント部門の責任者として幹部チームに加えた。刺激的な新製品や新サービスを買収したり、それらと提携したりする取引をまとめる役目だ。実際、就任から数週間もしないうちに、人気オンラインゲームのマインクラフトを買収した。このゲームは後に、わが社のクラウドやデバイスとの関わりを強めることになる。それからまた数週間後には、わが社のグローバル・コンサルティング&サポート事業を指揮していたキャサリーン・ホーガンを、来るべき企業文化改革のパートナーとして最高人材活用責任者に任命した。世界的な経営コンサルタント会社マッキンゼーやオラクルに在籍した経験のある人物だ。さらに、かつてオフィス部門を率いていたカート・デルベーンを説得し、最高戦略責任者としてわが社に復帰してもらった。それまでカートは、オバマ政権の求めに応じ、国民健康保険サイトHealthcare.govの準備に携わっていた。また、2人の人間にマーケティングを監督させることにし、その全体を管轄する役職にクリス・カポセラを選んだ。そして、私のエンジニアリング・パートナーとして一緒にクラウド事業を築き上げたスコット・ガスリーに、わが社の急成長株であるクラウド&エンタープライズ事業を率いてもらうことにした。

だがこうした改革は、これまでの一部の幹部が離れることを意味する。彼らもみな優秀な人材だが、新たな経営執行チームは、共通の世界観を持つまとまりのあるチームでなければならない。優れたソフトウェアにせよ、革新的なハードウェアにせよ、持続可能な組織にせよ、どんな偉業を成し遂げるにも、一体的な考え方、あるいは意見の一致が必要だ。これは何もイエスマンが必要だということではない。討論や話し合いは欠かせない。お互いのアイデアをさらに改善していくことが重要だ。私は常に、相手に率直な意見を述べるよう求めている。「私が行った顧客区分ごとの調査結果によると……」「そのアイデアとは相いれない価格設定手法があるんだが……」。大学時代のような古きよき討論には、すばらしい価値がある。だが、そこには質の高い合意がなければならない。私たちには、お互いの問題に耳を傾け、対話を推進し、効果を発揮する経営執行チーム（SLT）が必要だ。単なる寄せ集めではなく、誰が見ても自分の代表と言えるチーム、ミッション、戦略、文化において足並みのそろったチームである。

私はこのSLTを、一種のスーパーヒーロー軍団と考えている。各リーダーは、共通の利益に役立つ独自のスーパーパワーを持って会議に参加する。たとえば、エイミーはわがチームの良心であり、私たちが誠実に行動し、約束したことに責任を持つよう客観的な目で監視する。カートは、戦略や業務からあいまいさを排除する。テリー、スコット、ハリー、あるいは最近入ったラジェシュ・ジャーやケビン・スコットといった製品リーダーは、製品計画を細かく調整する。幹部レベルの戦略で1センチメートルのずれがあると、製品チームがそれを実行する際には1キロメートルものずれになるからだ。ブラッドは、絶えず変化する法的・政治的環境の中でチームの舵取りを行い、重要な国際問題や国内問題に、適切に対処する。キャサリーンは社員の声を、ペギーはパートナー企業の声を、クリス、ジャン＝フィリップ・クルトワ、ジャドソン・アルソフは顧客の声を絶えず届ける。彼らはまさに、変革を持続させる真のヒーローだ。

だが、ミッションを具体化し、必要な企業文化を築くには、このＳＬＴだけでなく、さらに幅広い範囲にわたるリーダーを巻き込む必要があることは、チームの誰の目にも明らかだった。私の記憶によれば、マイクロソフトではそれまで毎年、１５０人程度の上層幹部を集めて慰安を兼ねた研修を実施していた。本社から車で2時間ほどのところにある辺ぴな山あいの場所に行き、静かで居心地のいいホテルに泊まり、そこで会社の戦略について共通の理解を育んでいた。こうした研修は、アイデアとしてはいい。各チームが製品計画を発表し、世界に先駆けて最新の革新的テクノロジーを実演してみせる。そして、たき火のそばで食事をしながら仕事仲間と歓談し、旧交を温める。だが私は、この企画のある点にいら立たしい思いをしていた。この研修では、あらゆる才能、あらゆる能力、あらゆるＩＱの人が一堂に会し、深い森の中でお互いに一方的な話をしているだけだった。はっきり言ってしまえば、話のほとんどが、お互いのアイデアにけちをつけているようにしか思えなかった。これでは意味がない。今こそ「リフレッシュ」ボタンを押し、実験を試みるべきだ。私たち幹部は、上層のリーダーたちを改革に十分に参画させるため、いくつかの試みを行った。このリーダーたちを、私たちの目標に巻き込まなければならない。目標達成には彼らの支援が必要だ。

第一に、前年にわが社が買収した企業の創業者を慰安研修に招いた。マイクロソフトの新たなリーダーとなった彼らは、使命感が強く、革新的で、当初からモバイルファースト、クラウドファーストの世界を見据えている。彼らが持つ外部の新鮮な視点から学べることはたくさんある。それなのに、こうしたリーダーの大半は、マイクロソフトでの地位の関係上、慰安研修に行く「資格」がなかった。さらにこの研修には、わが社に買収された企業の管理職も、その上位にいる経営陣も参加できない。ごく上層にいるリーダーだけのための慰安研修だった。彼らを研修に招き入れる私の決定は、さほど評判がよかったわけではない。だが新たに参加したメンバーは、自分たちが歴史を打ち破ろうとしていることも知らないまま、目を輝かせてやって来た。そして疑問を投げかけたり、自分の遍歴を伝えたりして、私たちの改革を後押ししてくれた。

第二に、かなりの不評はあったものの、この慰安研修の間に顧客訪問を組み込んだ。それを聞くと、参加者は少なからずあきれた表情をし、不平を述べた。どうして慰安旅行の最中に顧客と会わなければいけないのか。顧客とは普段から会っている。顧客が何を必要としているか知らないとでも思っているのか。だが私たち幹部は、そんな皮肉にも負けず、初日の朝に会議室に全員を集めると、10チームほどに分けてバンに乗せた。各バンには、この顧客訪問を取り仕切る緊張気味の営業マネジャーを中心に、マイクロソフトの最上層の研究者、エンジニア、販売担当者、マーケター、財務担当者、人事担当者、業務担当者が乗り合わせるようにチーム分けした。一緒に仕事をするのは初めてという人ばかりである。バンはそれぞれ、ピュージェット湾を越えて別々の方向へ進み、学校や大学、大企業、非営利団体、新興企業、病院、小企業などの顧客のもとへ向かった。そこでリーダーたちは、相手の声に耳を傾け、一緒になって学ぶことで、同じ仕事仲間として新たな関係を築いた。部署同士のいがみ合いを乗り越え、マイクロソフトが世界でミッションを果たしていく新たな方法を発見した。この経験を通じて、さまざまな部署の人材から成る多様なチームには、顧客の問題を解決する大きな力があることをあらためて知った。

この実験的な慰安研修の中で最も意味があったのは、企業文化改革に関するオープンで率直な対話にリーダーを巻き込んだことだろう。最高人材活用責任者であり、企業文化改革における私のパートナーでもあるキャサリーン・ホーガンは、改革にはこの参加者たちの意見を聞き、賛同を得る必要があると確信していた。そこで、リーダーたちがシアトル地区の顧客を訪問する長い1日を終えてホテルに戻ってくると、今度は無作為に、およそ10人ずつ17のグループに分けた。そしてグループごとにディナーテーブルにつかせ、現在の会社の文化やそれを発展させていくためのアイデアについて意見を交換させた。SLTの中には、これではリーダーを巻き込んだという実績をつくるだけで、何の効果もないのではないかと考える幹部もいた。リーダーたちは疲れているうえに気難しい。親しい仲間と集まってゆっくりしたいと思っているかもしれない。企業文化などCEOや人事の仕事だと言うだろう。

だがそれはまったくの間違いだった。議論は夜遅くにまで及んだ。それぞれが自分のチームを率いる中で経験したことを語り合って認識を共有し、誰もが希望する企業文化をつくり上げる方法について意見を出し合った。

翌朝、キャサリーンと各グループのリーダーは私と一緒に朝食をとり、昨晩の意見交換から学んだこと、その場から生まれた意義深いアイデアを報告してくれた。彼らは情熱にあふれ、改革に積極的で、あふれんばかりのエネルギーに満ちていた。結局私は、こうしたアイデアに刺激を受けて慰安研修を終えた。だがそれ以上に重要なのは、参加したリーダーたちが改革に対し、積極的な支援を表明してくれたことだ。この機運を逃してはならないと考え、私たち幹部は各グループのリーダーを文化顧問に任命した。わが社のあらゆる部署で文化改革を積極的に支援する上級リーダーであり、信頼のおけるアドバイザーである。変革は内部から起こりつつあった。

2015年の夏になる頃には、SLTは真に団結し、この会社にも再生の機運が芽生えてきた。かつてないほど野心的なバージョンとなるウィンドウズ10の発売が、間近に迫っていた。サーフェス・プロ3が発売され、コンシューマーも企業もノートパソコンとして使えるタブレットを望んでいたことが証明されようとしていた。またその頃には、iPhone を含め、あらゆるデバイスにオフィスが提供され、クラウドベースのオフィス365は1000万人近い契約者を獲得していた。さらに、アマゾンに対抗するマイクロソフトのクラウド・プラットフォーム、アジュールも急速な成長を遂げていた。私が全社員にメールを送ってから数カ月後には、そのメールに示した考えをSLT内部でさらに練り上げ、積極的に会社のミッションステートメントを変えていくことに決めた。まだまだ先は長いが、変革は着実に進行していた。

慰安研修の直後、私は1週間ほど外遊し、中国での重要な会議を皮切りに、アジア各地を回る予定になっていた。当時、私は毎週末に母と電話で話をしていた。しかしその週の土曜日はちょうど移動の最中にあたるため、飛行機に乗る前に電話をかけることにした。その日はちょうどウガディだった。インドの実家がある地域の元日である。私はすっかり忘れていたが、母がそれを知らせ、今年もよい年になりますようにと言ってくれた。空港に着くのが遅れたため、ゆっくり話すこともできず、私たちはその週にあったことや現在の様子などを手短に話し、いつものように電話を終えた。電話の最後には、母が現在の仕事に満足しているかと尋ね、私が満足していると答えるのが常だった。しかし、なんという巡り合わせだろう。飛行機が着陸する2時間前、私はアヌから気になるメールを受け取った。私が現地に着いたかどうか尋ねるメールだ。悪い予感がした。要領を得ないやり取りの末、やがて母が突然他界したことがわかった。私は動揺を隠せないまま旅行をキャンセルし、急いでハイデラバードへ向かった。だが、後に私はこう思うようになった。親の死はつらいが、母はいつも私の心の中にいる。これからもずっとそこにいる。母から学んだ落ち着きや心配りは、いまだに周囲の人々や世界との関係を築くのに役立っている。

それからしばらくの間、私は自分の人生における母の役割について考えた。母は、私が何をするにしても、そこに満足感や意味を見いだすことを絶えず望んでいた。その年の春の間ずっとそれを考えながら、わが社の新たなミッションや文化を世界中の社員に広める準備に没頭した。そして同年7月、私は楽観的意識を新たにしてフロリダ州オーランド行きの飛行機に乗った。毎年7月、全世界からおよそ1万5000人に及ぶ顧客担当の社員が集まって会議を開き、最新の戦略や構想を聞いたり、開発中の新製品の実演を見たりする。この会議は私にとって、進行中の改革の状況を伝え、それに社員を巻き込む絶好の機会だった。

会場には、大勢の社員のエネルギーが充満していた。私は舞台裏に立ち、新たなミッションに沿って企業文化を変えていかなければいけないことをどう伝えようかとリハーサルを繰り返した。マイクロソフトの人間は、スピーチをする時に、パワーポイントで作成した膨大な量のスライドを駆使することで悪評を受けている。だが私は、スライドやメモに頼りすぎるのが好きではない。頼らないほうが、考えていることや感じていることを、自由によどみなく伝えられる。ビルとポールが40年前に採用した「すべてのデスクとすべての家庭に1台のコンピューターを」というミッションは、実際にはミッションというより目標だった。当時においては胸躍らせる刺激的な目標である。私はそれについて考えれば考えるほど、そもそもパソコンをつくろうという動機はどこから生まれたのだろうかと思った。あのアルテアという原始的なコンピューター上にBASICインタプリタを移植するためのコードを書き始めた時、その背後にどんな考えがあったのか。そこには、人に力を与えたいという思いがあった。それはまだ、わが社のあらゆる取り組みの動機になっている。世界中のあらゆる人、あらゆる組織に、これまで以上に多くのことを達成する力を与えたい。私はステージに立つとこう言った。わが社は人に力を与える仕事をしている。その人とは、米国西海岸の新興企業やIT通のユーザーだけでなく、世界中のあらゆる人を指す。彼らがこれまで以上に多くのことを達成できるようにするのが、わが社の役目である。それが、わが社の判断基準、わが社の情熱の源となり、他社と差別化する要素となる。私たちは、ほかの人が何かをつくり、何かを実現するのを支援する。

それが、わが社のミッションの核心だ。だが、その会議に参加していた社員もパートナー企業（アクセンチュア、ベスト・バイ、ヒューレット・パッカード、デルなど）も、さらに具体的な話を望んでいた。わが社がどんな事業に優先的に取り組むかを知りたがった。そこで私は、そのミッションを実現するために、相互に関連する三つのアンビションを中心に、わが社のあらゆる資源を活性化することを宣言した。

第一に、プロダクティビティとビジネスプロセスを再構築しなければならない。単に個人向けの生産性向上ツールをつくるだけの態勢を改め、コラボレーション、モバイル性、知性、信頼の4原則をもとに、インテリジェントなコンピューティング環境の設計を始める必要がある。人間はまだ重要な仕事を個人でしているが、いずれはコラボレーションが新たな標準になる。そのためわが社は、チームに力を与えるツールを開発していく。また、あらゆる人が、どこにいようと、どんなデバイスを使っていようと、生産的でいられるよう支援する。データやアプリ、設定など、あらゆるコンテンツが、どのような環境でも利用できるのが望ましい。さらに知性は、驚くほど力を増幅させる。爆発的にデータが増える中で成功を収めるには、知性を用いた分析、サービス、手段で、最も希少な資源である時間を節約することが必要になる。そして最後に、信頼は、わが社が行うあらゆる事業の土台となる。だからこそ、事業の質を決めるセキュリティーやコンプライアンスに多額の投資を行っている。

第二に、インテリジェントなクラウド・プラットフォームを構築する。これは、第一のアンビションと密接に関連している。現在ではどんな組織であれ、クラウドベースの新たなインフラやアプリケーションを必要としている。膨大な量のデータに先進分析技術や機械学習、ＡＩを適用し、予測能力や分析能力を向上させられるようなインフラやアプリケーションである。インフラについては、世界中に独自のデータセンターを何十と設置し、グローバルな大規模クラウド・プラットフォームを提供するという約束を果たしていく。そのために、これから数年にわたり、毎年数十億ドルを投じてインフラを増強する。いずれ顧客は、クラウド・プラットフォームの容量についても、透明性や信頼性、セキュリティー、プライバシー、コンプライアンスの複雑な要求についても心配することなく、ソリューションの規模を拡大できるようになる。また、わが社のクラウドをオープン化して、幅広いアプリケーション・プラットフォームや開発者ツールをサポートし、選択の機会を提供する。さらに、サーバー製品を開発し、真にハイブリッドなソリューションをサポートすることで、わが社のクラウドの優位性を高める。だが、インフラだけでこうした成長を推進していくわけではない。アプリケーションに知性を組み込む。視覚・音声・テキスト認識サービスや提案サービス、顔や感情の検知サービスを提供する。また、開発者がアプリケーション内のAPIを使い、見たり、聞いたり、話したり、周囲の世界を分析したりするソリューションでユーザー経験を向上させられるようにする。この知的クラウドを通じて、新興企業にも中小企業にも大企業にも、こうした機能を普及させていきたい。

第三に、革新的なパーソナル・コンピューティングを実現し、ウィンドウズが必要だという消費者の意識を、ウィンドウズを選びたい、ウィンドウズが好きだという意識に変えていかなければならない。クラウド・コンピューティングを通じてビジネスや社会を変えていこうとしているように、組織や個人がより生産的になれるよう職場に革命をもたらす必要がある。ウィンドウズ10は、わが社のすべての製品価値を途切れなく提供するサービスという新たなコンセプトで発売された。この最新バージョンでは、声で質問する、ペンで絵を描く、顔認識や指紋などの生体認証によって重要な情報を守るなど、より自然な革新的方法でデバイスと情報をやり取りできる。そうした経験がユーザーを中心に設計されているため、パソコン、Xbox、スマートフォン、Surface Hub（サーフェス・ハブ）、マイクロソフト・ホロレンズ、Windows Mixed Reality（ウィンドウズ・ミックスド・リアリティ）など、わが社の全デバイスの間をユーザーは途切れなく移動することが可能になった。

これからの変革には、社員やパートナー企業に参画してもらうと同時に、ウォール街にも協力してもらう必要があった。最高財務責任者のエイミー・フッドは、私たち幹部が企業文化改革の舵取りをしていかなければならないことをよく把握しており、経営数字への細かい配慮が求められる時に、なくてはならないパートナーとなった。彼女の仕事は、実に重要な意味を持っていた。最初の証券アナリスト会議の前には、エイミーが会社のミッションやアンビションを、投資家が耳を傾けてくれそうな言葉や目標に書き換えてくれた。たとえば、200億ドル規模のクラウド事業を構築するといった目標である。投資家が求めており、四半期ごとに追跡しているのは、まさにそういう情報だった。パソコンやスマートフォンのシェアの低迷で守勢だった私たちは、それを機にマインドセットを「攻撃的」に切り替えた。私たちは、それていた軌道を修正し、わが社の未来をこの手につかもうとしていた。

マイクロソフトの魂を再発見すること、ミッションを見直すこと、投資家や顧客がわが社の成長に手を貸してくれるようなアンビションをまとめること、これらは、次期CEOは私だと最初に聞かされた時から、最優先事項として考えてきたことだった。もちろん、戦略をきちんと立てることも当初から念頭にはあった。だが経営学の権威であるピーター・ドラッカーは「文化は戦略に勝る」と述べている。私はオーランドでのその日のスピーチの締めくくりに、今後最も重要で最大のハードルとなるテーマを取り上げた。すなわち、マイクロソフトの企業文化の改革である。

意外なことに、1万5000人の人々で天井近くまで埋め尽くされたアリーナ会場が静まり返った。まぶしい舞台照明のせいで何も見えず、気分が落ち着かない。オーランドのステージに立ちながら、私はそう感じた。のどをふさぐ小さな塊が大きくなっていくような気がする。これから話そうとしているのは、マイクロソフトの再生にとって重要な話だが、きわめて個人的な話でもあった。

「最後にわが社の文化について話をしたいと思う。私にとってはそれがすべてだ」

ビルとスティーブは、社員に向けたこの毎年恒例のスピーチを何度も行ってきた。ビルは未来を見つめ、テクノロジーのトレンドやマイクロソフトがそれをどう率いていくかを予測した。スティーブは社員を叱咤激励し、興奮の渦に巻き込んだ。一方の私は、スピーチの前半を使って、再発見した会社の魂に根差す新たなミッションを宣言した。また、一連の新たなアンビションについて概要を述べた。だが、感謝祭の休暇中に取締役会に向けて書いたメモにも記したように、真の改革は企業文化の改革にかかっている。

「文化」という言葉は、漠然としていてあいまいかもしれない。文芸評論家のテリー・イーグルトンは、鋭い洞察力を見せた書籍『Culture（文化）』の中で、文化とは「一種の社会的無意識」であり、その概念は多面的だと述べ、きわめて的確に文化の意味を四つに分けている。だが、その中で組織に最も関係が深いのは、「男女が毎日表明・実践している価値観、習慣、信念、象徴的行為」という意味だろう。文化は、習慣的になり、まとまりや意義のあるものになった行為で構成される。イーグルトンが暮らすアイルランドでは郵便箱がみな緑色に塗られているが、郵便箱は文明を示し、その緑色は文化を示しているという。私は文化を、個人のマインドセット、私の目の前にいる人々のマインドセットで構成される複合的なシステムだと考える。文化とは、ある組織の考え方や行動の仕方だが、それを形成するのは個人である。

私自身の生活で言えば、インドの両親やシアトルの家族の言葉や日課、マインドセットが文化にあたる。それが私を形成し、いまだに私を導いている。また、ハイデラバード時代の個性豊かな同級生と共有した、学習に対するマインドセットもそこに含まれる。彼らが後に、政府や企業の要職、スポーツや芸能の指導的立場に身を置くことになったのも、そのマインドセットのおかげだ。私はこれらすべての要素から、好奇心を追いかけ、自分の能力の限界を押し広げるよう教えられた。そして今、過去の成功の重荷に苦しんでいるマイクロソフトには、こうしたアプローチが決定的に重要だと考えるに至った。

その年の初めにアヌが、キャロル・ドゥエック博士の著書『マインドセット「やればできる!」の研究』（今西康子訳、草思社、2016年）を私にくれた。それは、自分ができると信じれば失敗を克服できるというテーマの本だった。著者は「自分が採用した考え方は、人生に甚大な影響を与える」と記し、こう述べている。人間には学習者と非学習者がおり、固定マインドセット（Fixed Mindset）は自分を制限し、成長マインドセット（Growth Mindset）は自分を前進させる。生まれ持った能力は、出発点にすぎない。情熱、努力、訓練次第で、その能力を高められる（ちなみにドゥエックは、成長マインドセットを持てないビジネスリーダーがかかる病気を「CEO病」と呼び、それについても説得力のある筆致で解説している）。

だが妻は、私の成功を願ってその本をくれたわけではなかった。2人いる娘の1人が学習障害と診断された。その娘の成功を考えてのことだった。診断を受け、私たち夫婦は娘を助ける方法を探った。まずは内面的なところから始め、娘に配慮を示すとともに、障害について学んだ。次いで行動を起こし、カナダのバンクーバーに、娘と同じような学習障害を持つ子どもを専門とする学校を設立した。結局、私たち家族は5年にわたり、バンクーバーとシアトルで別れて暮らすことになった。バンクーバーで娘に専門の教育を受けさせ、シアトルでザインの世話を続けた。

それは、さまざまな形での別離を意味した。夫と妻、父と娘、母と息子が離ればなれになった。私たちは二つの国で二つの生活を送った。アヌは週末になると、雨や雪、暗闇にも負けず、何千キロメートルも離れたシアトルとバンクーバーの間を車で往復した。翌週末には私が同じように往復し、そんな生活を5年間続けた。試練の時だったが、アヌも娘2人もカナダですばらしい友人に恵まれた。私たち家族は、この経験を通じて、こうした苦境はどこにでもあることを知った。バンクーバーの学校には、カリフォルニアはおろか、オーストラリアやパレスチナやニュージーランドから、さまざまな問題を抱えた家族が集まっていた。私はその時、苦境がどこにでもあるのなら、共感もどこにでもあるということに気づいた。子どもや大人、親や教師への共感もあれば、彼ら相互の共感もある。共感は、地域や身分を問わず、普遍的な価値を持つ。職場でも、家庭でも、米国でも世界中のどこでも、あらゆる場所の問題に対処するために欠かせないものだ。これもマインドセットであり、文化である。

私は、世界中の販売担当者を集めたオーランドでの会議でスピーチをしながら、子どもたちへの共感、自分のスピーチを聞いている人々への共感が、胸を満たし、感情を満たすのを感じていた。

「私たちは誰でも大胆なアンビション、大胆な目標を持ち、新たなミッションを担うことができる。だがそれが可能なのは、私たちの文化を実践し、文化を伝える時だけだ。私にとって、この文化は静的なものではない。動的な学びの文化である。実際、わが社に新たに生まれつつある文化は、『成長マインドセット』と表現できる。なぜなら、社員一人ひとりが、難題に立ち向かい乗り越えようとするマインドセットを持つことによって、個々が成長し、その結果、会社も成長できるからだ」

私はさらに、仕事仲間に語りかけた。私の言う成長とは業績のことではない。社員個人の成長のことだ。一人ひとりが、自分の役割の中で、自分の生活の中で成長していけば、企業としても成長していく。妻アヌと私は、すばらしい子どもたちに恵まれた。私たち夫婦は子どもたちの特殊なニーズを学ばなければならず、そのおかげで私たち夫婦のすべてが変わった。「私は、他人への共感を高める旅に出た。そしてその旅を通じて、人間への共感を新たなアイデアと結びつけることに深い意義を見いだした。そうすれば、この世界に多大な影響を及ぼし、この上ない満足感を手にできる。私がマイクロソフトで働いているのはそのためだ。私は、あなた方一人ひとりにも同じ考え方にもとづいて仕事をしてもらいたい」

わが社の文化は、それぞれが自分の情熱に気づき、その情熱を追求するためのプラットフォームとしてマイクロソフトを利用するというものでなければならない。私の場合、障害を持つ人々がこれまで以上にテクノロジーを利用できるようにしたい、さまざまな方法で彼らの生活の改善を支援していきたいという情熱を追い求めることで、この上ない満足感が生まれる。

私は、前任者のスティーブ・バルマーが毎年この会議でしていたように、行動への呼びかけでスピーチを締めくくった。だがその呼びかけは、スティーブの時とは雰囲気も目的もまるで違うものとなった。私は社員に対し、自分の内なる情熱を見つけ、それを何らかの方法で、マイクロソフトの新たなミッションや文化と結びつけるようにと語った。そうすれば、会社を変え、世界を変えられるだろう、と。だが、CEOという立場にいる人なら、そのような目標もたやすく想像できるだろうが、マレーシアのマーケターやテキサス州の技術サポート担当者は、そうはいかない。こうした社員の世界は狭い。そんな大それたミッションなど現実的ではなく、達成はとうてい不可能だと思い、私が提示した目標におじけづいてしまうかもしれない。果たして、この目の前にいる社員たちに私の気持ちは通じたのだろうか、それとも彼らは私のスピーチに心を動かされず、当惑しているだけなのだろうか。

私は不安に押しつぶされそうになり、最後のスライドを飛ばしてそそくさとステージを下りた。するとジルが、私の楽屋の方向ではなく、会場への出入り口を指さして言った。「社員と一緒に見て」。会場に、その年の業務の進捗状況のほか、ミッションに沿った広範なビジネスチャンスを紹介するビデオが流れ始めると、私は通用口から会場の中へそっと滑り込んだ。照明の落ちた会場内では、誰も私に気づかない。みなスクリーンに集中している。私は、その会場にどれほどの興奮が沸き上がっているだろうかと社員を眺めた。誰もがスクリーンを一心に見つめ、中には涙をそっと拭っている人もいる。私はその時、私たちが間違った方向に進んでいないことを確信した。

chapter 4

企業文化のルネサンス

「知ったかぶり」から「学びたがり」に変わろう

それから数日後、私はケニアのナニュキという場所にある出荷用コンテナの中にいた。そこは、太陽光発電を利用したインターネットカフェだった。わが社のパートナー企業であるマウィング（スワヒリ語で「雲《クラウド》」を意味する）ネットワークスが、この集落に低コストのインターネットサービスを提供している。学校に通う子どもやその親がネットで情報にアクセスできるようになると、わずか1年で子どものテストの成績が劇的に向上した。

私はこのカフェの中で、クリス・バラカという人物と話をした。ここでネットを利用し、ライター兼教師として生計を立てているという。また、農作業を終えてこのカフェに立ち寄り、農作物の価格をチェックしている農民の姿も目にした。その場にいるのはわずか10人程度だった。私がウィンドウズ10の世界発売イベントの一環としてその場にいることなど、誰も知らない。ウィンドウズ10は、マイクロソフトの戦略の核となる製品だった。

20年前のウィンドウズ95の発売時には、高額の著作権料を支払ってローリングストーンズの『スタート・ミー・アップ』という曲をテーマソングに採用し、メディアをあおり、深夜0時から発売イベントを展開した。それをきっかけに、ソフトウェア販売はどんどん派手になっていった。ライバル企業同士が、相手に負けまいと惜しみなく発売イベントに資金を注ぎ込み、躍起になって消費者の購買意欲を刺激した。しかし当時はそれでもよかったが、今は違う。今のマイクロソフトには、時代を反映し、新たなミッションや文化に沿った新たな製品販売戦略が必要だ。コミュニケーション担当のフランク・ショーは、当初とびきり派手な発売イベントを提案した。ウィンドウズのカラフルな光のロゴで、シドニーのオペラハウスを照らし出す華やかなショーだ。フランクは、これまでのようにニュースで取り上げてもらうためには、パリやニューヨーク、東京などで、メディアの注目を集める刺激的なイベントを行う必要があると考えていた。だが私には、こうしたアプローチがいいとは思えなかった。むしろこの機会に、これまでとは違うマイクロソフトを見せたい。私は幹部を集めて会議を開き、どうすべきかを考えた。その会議の休憩中、コーヒーを飲みに行くと、ざわざわとした声の中から、あるメンバーのこんな会話が聞こえてきた。「ケニアでウィンドウズ10を発売すべきだよ」。ケニアには、わが社の顧客も社員もいれば、パートナー企業もある。インフラを整え、スキルを高め、デジタルへの転換を通じて他国を追い越そうとしている前途有望な国だ。

ウィンドウズ10の発売は、一製品だけの問題ではない。わが社のミッションに関わる問題だ。わが社が世界中のあらゆる人に力を与えようとしているのであれば、地球の反対側に行ってなぜそれを実現しようとしないのか。私は廊下の先にあるフランクのオフィスに向かい、「いちかばちかやってみよう」と言った。わが社は、低コストの高速インターネット接続技術を開発している。「TVホワイトスペース」(テレビ放送用電波の空き周波数帯域)を活用した革新的なテクノロジーを使い、ナニュキのような貧しい農村とウェブとをつなぐ技術である。それを生かせば、ただウィンドウズ10を紹介するだけでなく、世界中のあらゆる地域に住んでいる人、あらゆる社会経済的地位の人にウィンドウズ10が役立つことを示すこともできる。フランクはしばらく考えた後、私の意見に同意してくれた。わが社の新たなミッションや文化を証明するのに、東アフリカ以上にいい場所があるだろうか。そこには、テクノロジーで社会を変え、経済成長を生み出すための課題もあれば、チャンスもある。そんなところで発売を祝っても、これまでのような取材はないかもしれないが、あらゆる顧客の状況を把握したいというわが社の熱意を示すことはできる。遠いアフリカの村の農民にとってテクノロジーは、極貧から希望を見いだす手がかりとなるはずだ。このように、わが社の新たな文化から生まれるマインドセットに従えば、相手の声に耳を傾けられるようになる。こちらが話をする時間が減り、多くのことを学べる。

では、この成長マインドセットにより何がわかったのだろうか。このケニアでのイベントから学んだのは、ケニアのような国を開発途上国と呼び、米国のような国を先進国と呼ぶのは、あまりにも単純すぎるということだ。どちらの国であれ、わが社の高度な製品を扱えるほどテクノロジーの知識がある顧客もいれば、スキルのほとんどない潜在顧客もいる。もちろん、国ごとに両者の割合は異なるだろうが、国を単純に開発途上国と先進国に分けて考えるのは間違っている。ケニアでのウィンドウズ10発売は、わが社のさらなるグローバル化を推し進めるとともに、貴重な教訓も与えてくれた。

私は、CEOのCは「culture（文化）」のCだと考えたい。CEOは、企業文化の管理人《キュレーター》だ。オーランドで社員に語ったように、耳を傾け、学び、個々の情熱や才能を会社のミッションに生かす文化があれば、その企業は何でもできる。そのような文化を生み出すのが、CEOとしての私の最も重要な仕事だ。そのため私は、ウィンドウズ10発売時のような公開イベント、スピーチ、メール、ツイート、社内サイトへの投稿、毎月社員に提供している質疑応答の時間など、あらゆる機会を利用して、精力的に学習していく文化の実践を社員に奨励していくことにした。

もちろん、企業文化を真に変革するには、CEOの呼びかけだけでは足りない。マイクロソフトのような大成功を収めた巨大企業の場合はなおさらだ。組織の文化というものは、解体し、変更し、理想的な形に固定化しようとしても簡単にはできない。そのためには、計画的な取り組みが必要であり、どんな文化にすべきか具体的なアイデアがなければならない。また、社員の心をつかみ、彼らをこれまで慣れ親しんだ安全地帯から引き離す、劇的で具体的な行動も必要だ。

かつてのマイクロソフトの文化は柔軟性に欠けた。社員はほかの社員に対し、自分は何でも知っており、そのフロアの中で最も優秀な人間だと絶えず証明しなければならなかった。期日に間に合わせる、数字を達成するといった責任を果たすことが何よりも重視された。会議は型どおりで、すでに会議の前に詳細が余すところなく決まっていた。直属の上司よりも上の上司との会議はできなかった。上層幹部が組織の下のほうにいる社員の活力や創造力を利用したい場合には、その人間の上司を会議に呼ぶだけだった。階級や序列が幅を利かせ、自発性や創造性がおろそかにされていた。

私は、自分が入社した頃のマイクロソフトの文化をもとに、企業文化改革を進めた。その際に重視したのは、以下の三つの点において成長マインドセットを毎日行動で示すことだ。

第一に、できる限り顧客のことを考えた。わが社の事業の核には、まだ漠然としている顧客のニーズ、満たされていないニーズを優れたテクノロジーで満たそうとする好奇心や熱意がなければならない。そのためには、これまで以上に深い洞察力と共感力で顧客のニーズを吸い上げる必要がある。これは絵に描いた餅ではなく、社員全員が毎日実践すべきことだ。顧客と話す時には、その声に耳を傾ける。楽をするためではなく、傾聴によって顧客のニーズを予知することができる。それが成長マインドセットである。初心に返って顧客やその事業について学び、ニーズを満たすための手段を提供する。イノベーションでユーザーを驚かせ、喜ばせる一方で、飽くなき熱意を持って外部から学び、その学んだことをマイクロソフトに持ち帰ることも必要だ。

第二に、積極的にダイバーシティー（多様性）とインクルージョン（訳注＊多様性を尊重し受け入れる包括性）を追求すれば、会社はベストの状態になる。ミッションで述べているように、世界全体の役に立とうとするなら、わが社も世界全体を反映したものでなければならない。社員の多様性を絶えず向上させ、わが社の思考や意思決定に、幅広い意見や視点を取り入れることが必要になる。そのため、どんな会議の席でも、ただ耳を傾けるだけでなく、ほかの人に話を促し、全員が意見を表明できるようにした。多様性を受け入れれば、それぞれが自分の偏見を修正し、進んで態度を変え、社員全員の総合的な力を利用できる。違いを重視するだけでなく、それを積極的に探し出して、内に取り込む。そうすれば、アイデアを改善し、製品を向上させ、顧客のニーズにいっそう応えられるようになる。

そして最後に、マイクロソフトは一つの会社（One Microsoft）であって、派閥の集合体ではないということだ。縦割りの組織は、イノベーションや競争の妨げでしかなく、その壁を乗り越えていかなければならない。マイクロソフトは、一つのミッションのもとに個々の人間が団結した家族のようなものだ。しかしその目的は、組織の中に閉じこもって慣れ親しんだ仕事だけをこなすことではない。むしろ安全地帯から出て、顧客が必要としているものを進んで提供することだ。一部の企業は、これを簡単にこなしている。たとえば、オープンソースの精神を持って生まれたテクノロジー企業などがそうだ。あるグループが生み出したコードなどの知的財産を公開し、その会社の内外のほかのグループが、自由に精査・改善できるようにしている。そのため私も社員に対し、コードをわがものとするのではなく、顧客のシナリオをわがものとするようにと言っている。小企業と公的機関とでは、コードの書き方も変える必要があるからだ。団結する力があってこそ、わが社の夢は現実味のあるもの、達成可能なものになる。ほかの人のアイデアを足場とし、さまざまな壁を越えて協力し、統一のとれた一つの会社として、マイクロソフトの最上の部分を顧客に提供できるようにしなければならない。

顧客を第一に考え、多様性を受け入れ、団結した一つの会社として活動する。こうして成長マインドセットを行動で示すことが、ミッションを実践し、世界を真に変えていくことにつながる。要するにこれが、私がマイクロソフトに植えつけ、普及させようとした具体的な文化だ。私はことあるごとに、こうした考えについて話をした。これまでの慣習や態度を改め、この成長マインドセットを生き生きと実現するための機会を探し求めた。そして、こうした企業文化改革の一環として、話し合いに社員の声や経験を取り入れようと、彼らに発言の場を与えた。私は社員たちに、この企業文化を「サティアの問題」だとは考えてほしくなかった。彼ら自身の問題、マイクロソフトの問題として考えてほしかった。

マイクロソフトには、毎年恒例の「ワンウィーク」というイベントがある。全社員が参加して交流を図り、ほかの社員の仕事を学んだり、刺激を見つけたり、共同でプロジェクトに取り組んだりする。私たち幹部は、学ぶ文化への移行を促進するため、毎年このイベントの間にハッカソンを開催することにした。成長マインドセットを行動で示すのに、ハッカソンほどふさわしいものはない。プログラマーのサブカルチャーの中では、制約を克服して難題を創造的に解決するハッキングは、古くからの伝統となっている。最初の年には、83カ国から集まった1万2000人を超える社員が、このハッカソンに参加した。テーマは、ビデオゲームにおける性差別をなくす、障害者がもっと利用しやすいコンピューターを開発する、製造業のサプライチェーン業務を改善するなど、3000以上に及んだ。

その中に、会社のさまざまな部署の社員で構成され、読字障害の子どもの学習成果向上をテーマに掲げていたチームがあった。このハッカソンは、ワンノートやウィンドウズといった製品担当や研究担当の部署から、深い知識や情熱を持った社員が集まり、一致団結して行動を起こす格好の舞台となった。そのチームはまず、読字障害にまつわる研究成果を調査し、視覚的混雑と呼ばれる問題を追求することにした。そして、あるソフトウェア・エンジニアを中心に、文字の間隔を広げて単語を読みやすくする方法を考案した。しかし、それだけでは終わらなかった。さらに読解力を高められるように、強調表示したテキストを読み上げる没入型の音読機能を開発した。そしてこうした成果をもとに、単語を文節ごとに分け、動詞と従属節を強調表示するツールを製作した。チームはそれを読字障害の生徒や教師に提供し、意見を求めた。すると、ある教師から、生徒の読解力が向上したという返事があった。そのクラスには、1分間に6単語しか読めない男の子がいた。読解力が上がることもあるが、その状態を維持できないらしい。ところが、このチームが開発したツールを試してみると、すぐに変化が表れた。読みの速さが飛躍的に上昇し、課題に進んで取り組めるようになった。ほんの数週間のうちに、1分間に読める単語数が、6単語から27単語に増えたという。そのほか、読解力が大幅に向上し、上級の読解クラスに進んだ生徒もいた。現在、ハッカソンのプロジェクトから生まれたこの機能は、Word（ワード）やOutlook（アウトルック）、Edge（エッジ）など、基幹製品の一部にも組み込まれている。

今では、毎年恒例のグロース・ハック（訳注＊ユーザーの声を分析し、ユーザーの数を増やしたりユーザー体験を向上させたりする仕組みを製品の中に組み込むこと）は、マイクロソフトの伝統になりつつある。毎年、エンジニアやマーケターなど、あらゆる職種の社員が、科学コンテストの準備をする学生のように、ワンウィークのグロース・ハックに向けて母国で準備を行う。そして当日にはチームを組んで、それぞれが情熱を感じられる問題に取り組み、同僚からの1票を求めてプレゼンテーションを行う。参加者たちはこのイベントの間、ハッカナードやコーダパルーザと呼ばれるテントに集まり、ドーナツやチキン、ベビーキャロット、エネルギーバー（訳注＊手軽に食べられる栄養補助食品）、コーヒー、あるいはビールを何百キログラムも消費しながら、創造力を燃え立たせる。開発が終わったあとは、プログラマーもアナリストもカーニバルの客引きに早変わりし、誰彼かまわず自分のチームのプロジェクトをアピールする。それに耳を傾ける人の中には、丁寧に質問してくる人もいれば、激しい議論や難題を浴びせてくる人もいる。そして最後に、スマートフォンからの投票を集計し、それぞれのプロジェクトを評価し、勝者を祝う。中には、会社の新たな取り組みとして予算がつくプロジェクトもある。

このように私は、マイクロソフトの文化改革を最優先にしているため、よく改革の進み具合はどうかと尋ねられる。だが、それに対する私の返答は、いかにも東洋的と言えるかもしれない。私はこう答えたい。かなりの進歩を示しているが、どこかの段階でこの取り組みを終わらせるべきではない、と。これは、始まりや終わりが決まった取り組みではない。会社のあり方だ。実のところ自分自身についても、以前からそういう考え方をしている。私は、自分の欠点を知るとわくわくする。それを指摘してくれた人から、知恵をプレゼントされたような気になる。だから社員には、毎日を振り返って自分にこう問いかけてほしい。今日、自分はどこで固定マインドセットを示したか。どこで成長マインドセットを発揮したか。

CEOである私も、この質問を自分に問いかけなければならないことに変わりはない。私の経営判断の一つひとつについて、マイクロソフトが成長マインドセットへ転換するのに役立っているかどうかという観点から精査する必要がある。

固定マインドセットの判断とは、従来の路線をさらに強化するような判断である。これまでは、ウィンドウズの新バージョンを発売する際、既存のウィンドウズのユーザーにアップグレードの費用を払ってもらっていた。だが、ウィンドウズ&デバイス部門の責任者であるテリー・マイヤーソンは成長マインドセットに従い、しばらくの間ウィンドウズ10のアップグレードによる収入をあきらめ、無償で提供することにした。するとウィンドウズ10は、わずか1年あまりで数億人のユーザーを持つ、かつてないほど人気の高い新バージョンとなった。そのユーザー数はいまだに増え続けている。顧客に対し、ウィンドウズが好きだという気持ちを抱いてほしい、きわめて安全性の高い個人向けデバイスを手軽に使ってほしいと願った結果だった。

ノキア買収は残念ながら資産の評価を引き下げる結果になったが、今になって思えば、ノキアから学んだことはたくさんあった。このフィンランドのスマートフォン会社の買収により、社員数や売り上げは増えたものの、結局は競争の激しい携帯電話市場を勝ち抜くことはできなかった。だがそれでも、ハードウェアの設計、組み立て、製造がどういうものかという点では多くを学べた。

スウェーデンのゲーム開発会社モヤンと同社のビデオゲーム、マインクラフトを買収したのも、成長マインドセットを象徴している。このゲームは、モバイル・テクノロジーやクラウド・テクノロジーに携わる社員に、新たな活力と熱意を生み出した。また、教育ソフトウェア分野に新たなビジネスチャンスを切り開くことにもなった。

マインクラフト買収の経緯から、成長マインドセットの鍵を握るいくつかの要素が浮かび上がってくる。それは、ほかの社員が見習うべき洞察力や情熱を持つ人材への権限委譲と、その人から学ぼうとする姿勢である。マインクラフトの事例でその人材にあたるのは、Xbox部門を率いるフィル・スペンサーだった。フィルは、ゲーマーにとって世界一魅力的なプラットフォームを提供したいと考えていた。また、レゴブロックでつくったような仮想空間に新たな世界を考案・構築するマインクラフトには、熱心なプレーヤーたちの巨大なコミュニティーがあることも知っていた。

教室でプレーを認められているビデオゲームというのは珍しい。だがマインクラフトは、認められているどころか、各地の教室で求められている。ものづくり、コラボレーション、探検を奨励している点が、教師から好評を博している理由だ。このゲームはいわば、仮想の砂場と言える。たとえば、湿地を含む河川の生態系をつくるというカリキュラムがあった場合、マインクラフトでそれができる。川に流れが必要なら、マインクラフトの論理関数を使い、それを実現させることも可能だ。多人数参加型なので、デジタルの世界で市民のあり方も学べる。教室の12人の生徒に家を建てるという課題を出せば、数分でチームを決め、仕事に取りかかる。まるで未来の職場を先取りしているかのようだ。

フィルのチームは、このゲームの開発会社モヤンと良好な関係を築き、マインクラフトを、モバイル機器や家庭用ゲーム機など、さまざまなデバイスに対応させた。私がCEOになる以前、まだマイクロソフトとモヤンとの関係が始まったばかりの頃、フィルはマインクラフトが買収先を探していることを知り、その買収を提案した。だが、当時のフィルの上司はこの話を進めようとはしなかった。これほどはっきりと上司から拒否されれば、たいていはひるんでしまう。だがフィルはあきらめなかった。彼にはこんな確信があった。この人気ゲームは、今後も規模を拡大し、成長を続けていくに違いない。それをわが社のエコシステムに加えれば、次世代のゲーマーと深い関係を築ける。わが社のクラウドを利用すれば、このゲームを世界の隅々にまで広めることも可能だ。

フィルはモヤンとの良好な関係を維持し、信用を築いた。するとある日、フィルのチームに、モヤンがまた買収先を探しているというメールが届いた。モヤンは、わが社のさまざまなライバル企業に声をかけ、取引をまとめようとしたようだが、結局その話をマイクロソフトに戻してきた。その当時、フィルはXboxの責任者に、私はCEOに就任したばかりだった。フィルは私に買収の再考を促した。私は、このゲームを開発した小企業の一体感や創造性を保持したまま、マイクロソフトが持つ強みをゲームに提供できるのではないかと考えた。そこで私たちは、25億ドルでモヤンとマインクラフトの買収に踏み切った。現在マインクラフトは、パソコン、Xbox、モバイルにおいて記録的な売り上げを誇るゲームとなっている。途方もない数の消費者が、このゲームに飽くことなく夢中になっている。この取引が最初に提案された頃にはまだ、ビル・ゲイツもスティーブ・バルマーも取締役を務めていたが、2人は後に笑いながら、当時はどう判断したらいいかわからず、買収が賢明な決断だとは理解できなかったと述べた。今では、わが社の誰もがそれを理解している。

これが成長マインドセットである。成長マインドセットは、個人に権限を与えるよう促す。強い抵抗があったとしても、ひとりの人間、一つのチームの判断で行動できるようにする。

私は、企業文化改革の進み具合を外部の人間から質問される時にはあいまいな返事をしているが、マイクロソフト内で目に見える変化が起きていることは容易にわかる。ソフトウェア会社の文化を理解したければ、その会社のさまざまな部署のエンジニアが出席する会議に参加してみるといい。そこには、良質な製品の開発に情熱を傾けるきわめて優秀な人々がいるが、彼らは顧客が望んでいるもの、必要としているものに耳を傾けているか。コードを書く時に、多様な意見や可能性を受け入れているか。別々の部署で働いていたとしても、同じ一つのチームとして行動しているか。こうした質問の答えが、私たちが必要としている文化の指標になる。つまり、成長マインドセットを行動で示す、顧客を中心に据える、多様性を受け入れる、一つの会社として行動する、ということだ。

2012年に世界中のマイクロソフトのトップエンジニアを集めて開催した会議のことは、いまだに忘れられない。この会議は、WH:iPSの一環として開催された。WH:iPSは、Windows High-Powered Summits（ウィンドウズ幹部サミット）の略で、製品の改善や問題の解決に向けて、コードベース（訳注＊一つのアプリケーションを構成するコード群）を超えて協力し合う場を提供している。だがこの会議は、残念なことに高い当事者意識とプライドが災いし、単なる非難の応酬になってしまった。まずある開発者が、顧客からウィンドウズ上で稼働するアプリケーションに問題があると聞き、その問題に対処するため、ウィンドウズのコードベースの一部を用意したと述べた。だがウィンドウズの開発者は、その修正コードを受け入れようとも、確認しようともしなかった。すると議論はたちまち言い争いになり、非難合戦となった。これは、私たちが求めている文化ではない。

しかし、それから数年後にＷＨｉＰＳに参加してみると、まったく違う話し合いが聞けた。ある開発者が、動画を取り込んだり、動画のスクリーンショットを取ったりする方法を発見したと述べた。静止画を取り込めるだけの既存のスニッピングツールに比べると、大きな進歩だ。小さなコード片ながら、デザイナーやエディターに与える影響は大きいに違いない。だが、２０１２年の時と同じように、この修正はまだ、このウィンドウズのコードに組み込まれていなかった。成長マインドセットでは、この「まだ」という言葉が重要な意味を持つ。

ウィンドウズの責任者テリー・マイヤーソンは、言い争いや中傷合戦が始まる前に、この話し合いに割って入った。

「その修正をもう一度送ってくれ。あとは私たちがやるから」

2012年当時も、企業文化改革の機運はあったが、私たち幹部が改革の道筋をつける必要があった。ダムを壊し、改革の流れを起こさなければならなかった。だが今では、ダムを壊さなくてもそれが起こり始めていた。

企業文化改革の鍵は、個人に権限を与えることにある。私たちはよく、事を起こそうにも自分ひとりにできることなどあまりなく、むしろほかの人が自分に代わって行動すべきだと考える。だが、ほかの人には自分より権限があるという思い込みは捨てなければならない。私はかつて、社員との質疑応答の際にいら立ちを感じたことがあった。その時、ある社員がこう尋ねた。「どうして携帯電話から印刷できないのか?」。私は丁重にこう答えた。「できるようにすればいい。君にはその権限がある」

また、こんなこともあった。マイクロソフトの製品に、社内の対話を促進するヤマー(Yammer)という企業向けソーシャルメディア・サービスがある。そのヤマー上のチャットで、ある社員グループが、使いかけの牛乳パックがいくつもオフィスの冷蔵庫に残っていると文句を言っていた。誰かが8オンスの新品の牛乳パックを開け、コーヒーや紅茶に少しだけ入れ、後はほかの人が使い切るだろうと思って、そのパックをカウンターの上に残しておく。しかし、ほかの誰かが開け、変なにおいがし始めている牛乳など、誰も使いたがらない。だから使いかけの牛乳パックがたまってしまうというわけだ。ヤマーでこの話題が持ち上がっているのを見て、私は社員向けのビデオメッセージを利用し、これこそ固定マインドセットのユーモラスな一例だと言って大笑いしてみせた。

企業文化の改革は難しい。痛みを伴う場合もある。改革を阻む根本的な要因となるのは、未知への恐れだ。重大な問題についてはっきりした答えがないと、不安になる。たとえば、私たちが絶えず自分に問いかけているこんな問題について考えてみよう。未来のコンピューター・プラットフォームとはどんなものか。これまでの数十年間はウィンドウズがパソコンの人気プラットフォームだったが、私たちも今では新たな時代を思い描いている。クラウドが、一つの感覚、一つのデバイスにこだわらない経験を提供できる強みを生かし、人間がその時にいる場所に応じて、個人の嗜好に合った新たなコンピューター経験を生み出すことだろう。わが社では、複合現実、人工知能、量子コンピューターを組み合わせ、究極のコンピューター経験をつくり出そうと日夜努力している。2050年には、この三つのテクノロジーのうち、どれがコンピューティングの世界を支配しているのか、それとも、現在は想像もできない新たな革新的テクノロジーが現れるだろうか。

テクノロジーがこれから進む道を正確に予測できる人がいるとは思えない。しかし成長マインドセットがあれば、不確定要素を見込んで、それにうまく対応できる。未知への恐れがあると、さまざまな道に迷い込んでしまう。思考停止に陥って行き詰まることもある。そんな時にはリーダーが、どうすべきかを知っていなければならない。必要なのは、恐怖や思考停止に負けず、革新していくことだ。自ら進んで不確定要素に立ち向かい、危険を冒す必要がある。そしてどこかで過ちを犯し、失敗に気づいた時にはすぐに行動を起こすことも忘れてはいけない。それは、鳥が飛び方を学ぶのに似ているかもしれない。鳥も、飛び方を学び始めた頃は、ばたばた羽ばたいたり地面を走り回ったりを繰り返している。飛んでいる姿は美しいが、飛び方を学ぶ姿は美しくない。

飛び方を学ぶ姿がどれほど美しくないかを知りたければ、報い（karma）に関する私の談話を検索してみるといい。それは、ある年の秋、アリゾナ州フェニックスでの出来事だった。私は、女性のコンピューター技術者が集まる世界最大の祭典、グレース・ホッパーに出席していた。わが社が必要とする文化を構築するうえで、ダイバーシティーとインクルージョンは欠かせない。だが、会社としてもコンピューター産業としても、取り組みは不十分だった。ある報告によると、2015年には米国の専門職の57パーセントを女性が占めているが、コンピューター関連の専門職となると25パーセントしかいない。これは由々しき問題だった。コンピューター関連の仕事は増え続けているので、このまま何も行動を起こさなければ、問題は悪化する一方だ。私は一企業のリーダーとして、夫として、2人の幼い娘の父親として、コンピューター業界が女性を確保しないのは賢明ではなく、間違っていると思う。だが私はその日フェニックスで、とんでもないことを言ってしまい、恥ずかしいどころか、自分を厄介な状況に追い込んでしまった。登壇して話を始めた当初は、大喝采を受けた。私は、供給面での問題を言い訳にしてはならないと言い、本当の問題はいかにより多くの女性が組織の中に入れるようにするかにあると述べた。話はインタビュー形式で進んだ。インタビューしていたのは、ハーベイ・マッド大学の学長を務めるコンピューター科学者で、以前マイクロソフトの取締役だったこともあるマリア・クラーベ博士だ。クラーベ博士はインタビューの終盤に、昇給を望んでいるのに言い出しにくい女性に向けて、何かアドバイスはないかと尋ねた。実にいい質問だった。きちんと認められることも適切な報酬を受け取ることもないまま、この業界を去っていく女性が多いからだ。しかし私の返答は、その質問とは逆にいいものとは言えなかった。

私は何と答えようかしばらく考えていた間に、マイクロソフトの昔のプレジデントから聞いたこんな言葉を思い出した。人事システムは、長期的には効率的だが、短期的には非効率的だ。これはつまり、立派な仕事をしていれば、いずれは認められ、それにふさわしい報酬が与えられるが、すぐに認められるとは限らない、ということだ。そこで私はこう答えた。「それは実際のところ、昇給を要求できるかどうかという問題ではなく、いずれシステムが自分にふさわしい昇給を認めてくれると信じられるかどうかという問題だと思う。そう信じていれば、昇給を要求しなくても、すばらしい力を発揮できるのではないだろうか。まじめに仕事をしていれば報い（karma）はある。いずれ自分に戻ってくる。長期的には効率的なシステムが解決してくれる」

するると、私がこの上なく尊敬しているクラーベ博士が、やんわりと反論した。「あなたとは意見が合わないことはあまりないのに、この点では意見が合わないわね」。聴衆の中からぱらぱらと拍手が起きた。博士はその機会に自分の意見を述べた。それは、聴衆の女性に向けたものだったが、明らかに私の考えを正そうとしていた。私にはそれが忘れられない教訓となった。博士は、かつて自分が上司から、どれだけの給与をもらえば十分なのかと聞かれた時の話をした。その時は、公平でさえあればいいと答えたが、自分の希望を主張しなかったため、結局は公平と言える給与をもらえなかった。この苦い経験を教訓に、博士は聴衆の女性に、家に帰ったらまずは適切な給与がどれぐらいなのかを把握するようにと勧めた。その後、私たち2人はハグをし、温かい拍手に包まれてステージを去った。しかし、それで終わりというわけにはいかなかった。ソーシャルメディアや国際ラジオ、テレビ、新聞報道などを通じ、受けて当然の痛烈な批判が、瞬く間に押し寄せた。主席補佐はわざわざ、その時の写真を掲載したあるツイートを読み上げてくれた。

「サティアの広報担当者が女性だったら、すぐにでも昇給を要求してほしい」

この会議からは学ぶことも多く、大いに刺激を受けた。だがそれよりも、コンピュータ一業界のあらゆる階層で女性の雇用数を増やすという私自身の決意、マイクロソフトの決意を伝える重要な機会を台なしにしてしまった自分が腹立たしかった。自分のふがいなさが情けなかった。しかしその一方で、この機会を利用し、こうしたプレッシャーのもとで成長マインドセットをどう実践すべきかを行動で示そうと心に決めた。数時間後には、全社員にメールを送り、ビデオを見るようにと伝えた。そしてその中で、あの質問への答えがまったくの誤りであったことを即座に認めた。「より多くの女性をテクノロジー業界に採用し、給与格差を是正するわが社の取り組み、この業界の取り組みを心から支援したいという私の気持ちに間違いはない。男性も女性も、同じ仕事をしていれば同じ給与を受け取るべきだ。自分には昇給を求める価値があると思っている女性へのアドバイスについては、博士のアドバイスが正しい。自分が昇給に値すると思っている人は、申し出てほしい」。数日後に開催された全社員を対象にした定例の質疑応答の場でも、私は謝罪した。私はこれまで、かつての上司から聞いた言葉に従っていた。しかしそのような考え方は、意識的にせよ無意識的にせよ、排除や偏見を助長する。偏見に対して無抵抗を勧めるような考え方は間違っている。リーダーは、偏見を根絶し、誰もが自分の希望をきちんと主張できるような文化の形成に努めなければならない。私がフェニックスに行ったのは現状を学ぶためであり、その通り目的は達成した。しかし、それよりも勉強になったのは、私が深く尊敬する女性たちから聞いた、これまでに職場で経験した偏見に関する話かもしれない。女性たちは、頻繁に笑顔を求められ、男同士のグループから疎外され、出産して休暇を取るか、出世の階段をしゃにむに上っていくかの難しい選択を迫られている。こうした過去の痛ましい経験をけなげにも話してくれた。私はそんな話を聞きながら、母が私のために数々の犠牲を払っていたことを思い出した。また、アヌが無念にも前途有望な建築家としてのキャリアをあきらめ、20年以上もの間ずっとザインや2人の娘の世話をしてきたことに思いを巡らせた。私がマイクロソフトでこれほど出世できたのも、アヌのおかげだった。

グレース・ホッパーでのあの出来事以来、マイクロソフトはこの分野の改革を積極的に推進してきた。多様性の受け入れの進捗度と役員報酬を連動させ、多様性の拡大プログラムに資金を投じ、性・人種・民族による給与格差がないことを具体的なデータを公表して証明した。私はある意味では、あの公開フォーラムの場で失態を演じてよかったと思っている。そのおかげで、自分が持っていた無意識の偏見に気づくことができた。また、私生活や職場で出会う偉大な女性たちにあらためて共感できるようになった。

このエピソードは、私自身の移民としての経験について考えるきっかけにもなった。米国に移住してからは、インド人に対するさまざまな中傷を耳にしたが、私はそれをまるで気にかけなかった。そんな態度でいられたのは、インドの特権階級の家に生まれ、多数派の中で育ってきたからだろう。一部の権力者たちがテクノロジー業界にはアジア人のCEOが多すぎると言っていた時も、彼らの無知を無視していた。しかし今では、インド人の第二世代が、米国で少数派《マイノリティー》として生活している。私の子どもやその友人たちだ。私の経験と子どもたちの経験とは違う。子どもたちはいずれ、人種的な中傷を耳にし、こうした偏見や無知にさらされることになる。そう考えると、とても心中穏やかではいられない。

chapter 4
企業文化のルネサンス

私がマイクロソフトに入社した頃には、インド人のエンジニアやプログラマーの間に暗黙の了解があった。これだけ会社に貢献しているにもかかわらず、バイスプレジデントに昇進した者はまだひとりもいない。つまり、会社の役員として認識される役職に就いた者はいないということだ。私たちインド人は、ある程度の地位までは行けるが、その先へは行けない。実際、あるインド人社員はかつて上級幹部（ずいぶん前にマイクロソフトを退社している）から、昇進できないのはなまりのせいだと言われたことがある。時代遅れなうえに、こちらを見下したような考え方だ。それは1990年代のことであり、私はこれほどの最先端企業の中にも、そんな偏見があると知って驚いた。進取の気性に富む人々が創業し、運営していた企業だけに、なおさら意外だった。周りを見れば、数多くのインド人エンジニアや管理者が優れた業績を上げている。そのことはよく知られているのに、確かにインド人のバイスプレジデントはひとりもいない。私を含め、幹部職に昇進するインド人がわずかながら見られるようになるのは、2000年以降である。

インドの文化から得た知恵なのか経験から得た知恵なのか、私たちインド人は、おとなしくまじめに仕事をしていれば、いずれはいいことがあると思っていた。当時の同僚に、私の生涯にもキャリアにも大きな影響を与えた人物、サンジェイ・パルタサラティがいた。インドにいた頃には面識がなかったが、サンジェイは、クリケットの19歳未満の南インド地区代表チームの一員として、私の学校のキャプテンのもとでプレーをしたことがあったという。私たちはマイクロソフトで出会うと、たちまち意気投合した。クリケットとテクノロジーという共通項があれば、話題に事欠くことはない。その彼は、私にこう言った。可能性は無限にあるという信念を心に秘め、出世の階段を上るためではなく、意義のある仕事をするために、一生懸命働かなければいけない、と。当時はまだわからなかったが、自分を部外者だと感じている人が成功するには、見識ある経営者のもとでひたむきに働くことが必要だ。経営者は、社員に厳しい要求をしてもいいが、それと同時に社員と心を通わせ、やる気を起こさせるにはどうすればいいかを理解しなければならない。また社員は、おとなしくまじめに働くのはいいが、それにより評価され、より大きな責任を与えられるのを期待する権利もあることを忘れてはいけない。重要なのは、この両者のバランスである。

私自身の経験や同僚の話から、今では私も、自分とは違う人たちが働いている会社で働き、自分とは違う人たちが暮らす場所で暮らすのがいかに大変かを知っている。自分が心から共感できる模範的な生き方、働き方をどのように見つければいいのか。本当の自分を隠さなくても成功できるよう手を貸してくれる指導者や支援者はどこにいるのか。職場を見ると、マイクロソフトを含め、現在のテクノロジー産業の多様性は、理想にはほど遠い。職場以外に目を向けても、マイノリティーは疎外されていると感じることが多い。たとえば、ワシントン州のキング郡（レドモンド、ベルビュー、シアトルが含まれる）の住民は、70パーセントが白人だ。アフリカ系米国人は7パーセント未満、ラテンアメリカ系米国人は10パーセント近くしかいない。そのためマイクロソフトには古くから、似たような背景や関心を持つ少数派の社員が、社員リソースグループというコミュニティーをつくる伝統がある。アフリカ系米国人社員のコミュニティーであるブラックス・アット・マイクロソフト（BAM）、女性社員のコミュニティーであるウィメン・アット・マイクロソフトなどだ。現在では、主要な社員リソースグループが七つ、さらに細分化されたネットワークが40ある。こうしたグループは、オンラインで話ができる場の提供、人脈づくりのイベントの開催、メンターによる助言や職能開発、地域への働きかけを行い、職場の内外のコミュニティーとの結びつきを促す。だが、それ以上に重要なのが、メンバーの生活を支援する役割だ。2016年には、米国で悲劇的な暴力事件が続けて発生し、アフリカ系米国人の罪のない命が失われた。この事件によりアフリカ系米国人社員の間に動揺が広がると、BAMが団結を呼びかけ、サポートした。フロリダ州オーランドのゲイのナイトクラブで銃乱射事件が起きた時には、性的少数者の社員リソースグループであるGLEAMがメーリングリストを利用し、メンバーが安心して不安や恐れを訴えられる場を提供した。私たちはみな、話を聞いて支えてくれる文化を望んでいる。

私は先に、文化とは漠然としたあいまいな言葉かもしれないと述べた。だからこそ私たち幹部は、希望する文化を細心の注意を払って定義した。何から何まで調査するのもそのためだ。こと人間に関しては、データが完璧な指標になるとは言えないが、調査できないものは監視もできない。わが社では、定期的に社員の意識調査を行い、その意向を探っている。

文化の育成に3年間、集中的に力を注いだ結果、励みとなる変化が見られるようになった。アンケートによると社員は、会社が正しい方向に向かっている、長期的な成功へ向けて正しい選択をしていると感じていた。また、別の部署と一緒に仕事をする機会が増えたとの回答もあった。こうした意見はまさに、私たち幹部が望んでいたものだ。

しかし、さほど喜ばしくない傾向もいくつか見られた。バイスプレジデントやグループのリーダーが、人材の活用や育成を優先しているかという質問については、この文化育成プロジェクトが始まる以前よりも状況が悪化していた。いくら楽観的な社員でも、自分に何の成長もなければやる気を失ってしまう。私は、明確なミッションを設定し、一人ひとりに権限を与える文化を思い描いてきた。それは社員や上級幹部には伝わっている。だが一つ伝わっていないところがあった。中間管理職である。

これには少々がっかりしたが、今にして思えば、そのような結果になるのも無理はない。オーランドでスピーチをした際、その暗い会場に座って話を聞いていた社員たちの世界は、自分たち幹部の世界ほど広くないと述べたことを思い出してほしい。CEOという立場にいれば、企業文化を俯瞰的に眺めることができる。それに比べ、日常的な業務の真っただ中にいる中間管理職は、亀裂のような狭いすき間から企業文化をのぞき見ているにすぎない。ハーバード・ビジネス・レビュー誌の調査によると、社内の上級幹部が有望なリーダーの育成に充てる時間は、全労働時間の10パーセントにも満たないという。上級幹部でさえ社員の潜在的な可能性を伸ばそうとしていないのであれば、大半の社員は成長など望めそうもない。

私はこの結果を知ると、150人ほどの上級幹部が集まる会議の場を利用し、いくつかエピソードを交えながら、彼らに期待することを伝えた。最初に取り上げたのは、マイクロソフトのある管理職の話だ。この人物は最近、私のもとへやって来て、自分が成長マインドセットという新しいアイデアを大いに気に入っていること、それが実践されるのを切に望んでいることを私に伝えてから、こう述べた。「私は、成長マインドセットを持っていない人を5人知っている」。この管理職は、ほかの人について愚痴を言う新たな手段として、成長マインドセットというアイデアを利用しているにすぎない。それは、私が思い描いていた理想とはまったく違う。

私は、その場にいる有望なリーダーたちにこう言った。あなた方がバイスプレジデントになり、この文化改革を主導するパートナーとなったら、もう愚痴は終わりだ。コーヒーがまずいとか、いい人材が足りないとか、ボーナスをもらえなかったとか言っていてはいけない。

「リーダーになりたいなら、肥だめの中にバラの花びらを見つけることだ」

とても美しい言い回しとは言えないかもしれない。だが私は、その場にいる人たちに、つらいことばかりに目を向けるのではなく、意味のあることに目を向け、ほかの人にもそうするよう教えてほしいと思った。現実には制約があり、今後も制約がなくなることはない。しかしリーダーは、その制約を乗り越えるために闘い、自ら行動しなければならない。組織や企業によって考え方は違うだろうが、マイクロソフトではほかの社員の上に立つ人に私が期待することは三つある。それが、わが社のリーダーシップの原則である。

第一に、一緒に働く人に明確な指針を与える。これは、リーダーが常に心がけるべき基本事項の一つだ。明確な指針を与えるには、複雑な集合体をまとめなければならない。それはつまり、数多くのノイズの中から真の信号を識別し、内部や外部のさまざまな声から一つのメッセージを紡ぎ出す、ということだ。私は、その部署の中で一番優秀な人物の話など望んでいない。それよりも、それぞれが知性を持ち寄り、それを駆使してチーム内で認識を深く共有し合い、行動方針を決めることを望んでいる。

第二に、自分のチームだけでなく、会社全体に活力を生み出す。自分の部署に専念するだけでは不十分だ。リーダーは、よい時も悪い時も、楽観的な考え方を広め、創造性を刺激し、熱意を分かち合い、成長を引き起こすよう努めなければならない。社員一人ひとりが最高の力を発揮できるような環境を整え、組織やチームを日ごとに強くしていく努力が必要だ。

第三に、自ら行動し、成功を実現させる方法を見いだす。これは、人々に愛され労働意欲を刺激するイノベーションを推進し、長期的成功と短期的勝利のバランスをとり、国境に左右されないグローバル思考で解決策を模索することでもある。

私は、この三つのリーダーシップの原則が気に入っている。マイクロソフトの文化を変えるのは、私でもなければ、私と緊密に連携するわずかばかりの経営執行チームのメンバーでもない。この会社の全社員だ。膨大な数の中間管理職もまた、一緒に働く社員を成長させていけるよう毎日全力を尽くさなければならない。

私は、ほかのリーダーのことを真剣に考え、彼らのさらなる向上を支援していくのが自分の仕事だと考えている。リーダーというのは、孤独な仕事かもしれない。騒々しい声に悩まされることもある。反響の大きなソーシャルメディアなどを通じて表舞台に立てば、その場で喜んでもらえそうな決断をしたくなる。だがリーダーは、その瞬間のツイートや明日のニュースなど考慮せず、一時的なものの向こう側を見据えなければならない。私は、自分自身や周囲のリーダーに、道理にかなった判断や内に秘めた強い信念を期待している。よく考えて決断を下せ。ただし、最初から誰もがその決断に従うとは思うな。

会社のあらゆるチームのリーダーが、互いに強いパートナーシップを結ぶべきだ。だがこうした成長マインドセットは、社内に限らず対外的にも必要だ。過去10年で市場勢力図は激変した。現在では、これまで友好的な関係にあった企業とも、かつて敵対関係にあった企業とも、まったく新しい形でのパートナーシップが求められている。

chapter 5

フレンドか、フレネミーか？

必要になる前にパートナーシップを築く

私がジャケットのポケットに手を突っ込み、iPhoneを取り出すと、会場にはハッと息をのむ音が聞こえ、あちこちでしのび笑いが起きた。最近の記憶を探ってみても、マイクロソフトのCEOがアップルの製品を見せたことは一度としてない。ライバル企業の営業会議の場であればなおさらだ。

「これは実にユニークなiPhoneだ」。セールスフォースの年次マーケティング会議で私がそう話を始めると、場内は静まり返った。セールスフォースは、オンライン・サービス事業において、マイクロソフトと提携しながらも競合関係にある。「私はこれを、iPhoneプロと呼びたい。マイクロソフトのソフトウェアやアプリケーションがすべて利用できるからだ」

後ろの巨大スクリーンに、そのスマートフォンの拡大画面が現れた。そこに一つずつ、アプリのアイコンが表示されていく。アウトルック、スカイプ、ワード、エクセル、パワーポイントといったマイクロソフトの定番製品、あるいはダイナミクス、ワンノート、ワンドライブ、スウェイ、パワーBIといった新たなモバイル・アプリケーションのiPhone版だ。聴衆は拍手喝采した。

アップルは、古くからわが社最大のライバル企業だった。そのアップルが設計・開発したiPhone上でマイクロソフトのソフトウェアが稼働するのを私が実演する。その光景は聴衆を驚かせ、新鮮味さえ与えた。マイクロソフトとアップルは一般的に、激しい競合関係にあると思われている。そのため、わが社が1982年からマック向けのソフトウェアを開発してきたことに、大半の人が気づいていない。現在の私の優先事項の一つは、マイクロソフトが成長を続けていけるように、わが社の数十億に及ぶ顧客が、どんなスマートフォン、どんなプラットフォームを選ぼうと、そのニーズを満たせるようにすることにある。そのためには、時には旧来の敵と和解したり、意外な相手と新たな協力関係を築いたり、長期的な関係を見直したりすることも必要になる。わが社はこれまでの経験を通じて、顧客のニーズを一心に追求できるまでに成熟してきた。その過程で、共存と競争を両立させる方法を学んだ。

前章で、正しい文化を構築する重要性について述べた。健全な協力関係を築くのは往々にして難しいが、必ず相互に利益がある。私たちがつくろうとしているのは、そのような関係を望み、生み出していく文化だ。スティーブ・バルマーは、この協力関係の重要性について、三つの「C」を使ってわかりやすく教えてくれた。三つの同心円が描かれた標的を思い浮かべてほしい。一番外側の円は「構想（concept）」だ。マイクロソフトやアップル、アマゾンは、消費者をわくわくさせるような製品のアイデアを持っているかもしれない。だが、それだけで十分だろうか。構想に関するビジョン、新たなアイデアやアプローチに満ちた夢や空想があったとしても、「能力（capabilities）」という第二の円がなければ何もできない。その会社には、構想を自社だけで実現できるだけの技術スキルや設計スキルがあるだろうか。それがなければ、新たな構想、新たな能力を抵抗なく受け入れられる「文化（culture）」が必要になる。これが第三の円だ。つまり、イノベーションを引き起こす製品、顧客を喜ばせる製品を常に開発していくためには、賢明なパートナーシップがなければならない。ライバル企業とも話し合える文化があれば、より優れた構想が生まれ、より幅広い能力を獲得できる。ひとりで考えるよりも2人以上で考えたほうがいい。

数年前からアップルには、わが社の能力や文化と新たなパートナーシップを結べば、さまざまな利益が得られるのではないかという構想があった。一方、その頃ＣＥＯに就任したばかりの私もまた、ｉＯＳやアンドロイドなど、あらゆるデバイスでオフィスを利用できるようにしたいと思っていた。実はわが社では、しばらく前からｉＯＳ版やアンドロイド版のソフトウェアの制作を進めており、適切な発表のタイミングを探していた。それを通じて、会社の内外にはっきりと、デバイス中心ではなく、ユーザーのニーズを中心にイノベーションを展開していくことを宣言したかった。結局わが社は、私がＣＥＯになってまだ2カ月にもならない2014年3月に、ｉＯＳ版オフィスを提供すると発表した。

するとまもなくアップルから、わが社のオフィス・チーム宛てに謎めいたメールが届いた。機密保持契約に署名のうえ、クパチーノの本社で話がしたいという。これは、知的財産を守らなければならない秘密主義のこの業界では、ごく標準的な手続きである。こうして何度か会合を重ねるうちに、アップルの狙いがはっきりしてきた。マイクロソフトと協力し、新製品の iPad プロでオフィス365を最大限活用できるようにしたいらしい。アップル側は、最近のマイクロソフトには開放的な雰囲気があると述べた。そして、わが社を信頼しており、新製品の発表イベントにはぜひ一緒に参加してほしいとも語った。

この申し出については、社内で白熱した議論が交わされた。当初、一部の製品ラインを担当するリーダーは、ライバル企業との連携に不安を表明した。扉の向こうから反対意見が聞こえてきたこともあった。こうした問題の妥当性を判断する場合、ゲーム理論を利用する方法がある。数学的モデルを用いて協力や対立の状況を明らかにする理論である。世の中には、それを持ち出し、提携は一方が得をすれば、もう一方は損をするというゼロサム・ゲームでしかないと主張する人がやたらといる。しかし私はそうは思わない。提携は適切に行えば、あらゆる人のパイを増やすことになる。顧客はもちろん、提携した双方の利益になる。結局私たちは、アップルと提携すれば、オフィスの真価をあらゆる人に提供できるようになると考えることで、意見の一致を見た。アップルも、iOSを通じてオフィスのすばらしさを伝えられるよう、できる限りのことをすると言ってくれた。これでマイクロソフトは、アップル向けの開発会社のリーダーとしての地位をいっそう強固なものにできるかもしれない。

発表イベントの当日、アップルのワールドワイド・マーケティング担当上級副社長のフィル・シラーは、iPad Pro の発表の準備をしながら聴衆をからかった。

「幸運なことに、ある会社の開発者に来てもらい、一緒になって職場の生産性を向上させる仕事に取り組むことができた。マイクロソフト以上に生産性に通じている企業があるかな?」

会場に苦笑いが起きた。

「そう、この人たちは生産性についてよくご存じだ」

紹介を受け、オフィスのマーケティング責任者であるカーク・ケーニヒスバウアーが登壇した。そして、マイクロソフトがこれまで以上にiPad対応に力を注ぐことを明らかにした。

古くからのライバル企業と協力すれば話題にはなる。しかし私は、こうした広告的価値を求めて提携を進めたわけではない。確かに消費者は、ライバル企業が提携したというニュースに関心を寄せる。しかし、PRを唯一の目的に、優れたパートナーシップを築くのはきわめて難しい。私にとって提携とは(ライバル企業との提携の場合は特に)、会社の中核事業を強化するものでなければならない。それは結局、顧客への付加価値提供につながる。プラットフォーム企業であれば、自社のプラットフォームに価値を追加できる企業と、新たな取り組みを行うということだ。

こうした提携では、かつてのライバル企業と手を結ぶ場合もあれば、意外な相手と新たな関係を築く場合もある。たとえばわが社は、グーグルと協力し、アンドロイド・プラットフォームでのオフィス利用を推進した。フェイスブックとも提携し、同社のアプリケーションをどんなウィンドウズ製品上でも利用できるようにした。また、同社の傘下にある企業が開発したオキュラス・リフト向けに、わが社のマインクラフトのゲーム・アプリケーションを移植した。ちなみにオキュラス・リフトとは、わが社のホロレンズと注目度を競い合っている仮想現実機器である。さらにアップルと手を結び、企業内での iPhone の利用性能を向上させる取り組みも進めている。ウィンドウズに対抗してリナックス・プラットフォームを提供するレッドハットとも協力し、レッドハットを利用している企業が、わが社のアジュールを通じて世界中に存在するデータセンターを活用し、グローバルに事業を拡大していけるよう支援している。レッドハットとの提携は、アップルやグーグルとの提携ほど世間の注目を浴びなかったかもしれない。だが、ステージ上に立った私の肩越しに「Microsoft ♡ Linux（マイクロソフトはリナックスを愛している）」というスライドが表示されるのを見て、あるアナリストは、灼熱の地獄も凍りつくとはこのことだ（起こり得ないことが起きた）と述べている。

こうした提携は、特定の製品やサービスで競合関係にある企業と、時には不安を伴いながら行われる場合もある。わが社はアマゾンと、クラウド市場で激烈な競争を繰り広げている。それは紛れもない事実だ。しかしだからと言って、マイクロソフトとアマゾンがほかの分野で協力できないわけではない。たとえばアマゾンのファイヤー・タブレットは、その検索エンジンにわが社のビングを採用している。

私たちは現実に向き合わなければならない。ビング、オフィス、Cortana（コルタナ）といった優れた製品を持っていたとしても、ほかの企業が独自の機器やサービスで市場に強力な地位を築いているのであれば、それを傍観していてはいけない。それぞれの製品を相手の人気プラットフォーム上でも利用できるように、賢明な形で提携する方法を見いだす必要がある。

今日のようなデジタル革命の時代には、どんな産業のどんな企業とでも提携できる可能性がある。タクシー産業や娯楽産業を考えてみるといい。タクシー利用者のうち、待ち時間が10分未満で利用できる人は37パーセントしかいないのに、ウーバーの利用者は、その割合が90パーセントに及ぶ。また、従来のビデオレンタルでは1時間あたり1・61ドルのコストがかかったが、ネットフリックスのようなストリーミング配信では、1時間あたり0・21ドルしかかからない。これは、デジタル革命の中でも効果が顕著な例だが、同じようなことはどの産業でも起こりつつある。わが社の推計では、これからの10年間でこの革命の経済効果は2兆ドルに達する。

今では企業は、この革命の波に乗って存在意義と競争力を維持することに重点を置いている。私たちは、マイクロソフトがそんな企業のパートナーになることを望んでいる。企業がデジタル革命の波に乗るために、優先的に行わなければならない取り組みは四つある。第一に、データを利用して顧客経験を改善し、自社の顧客基盤を強化する。第二に、社員に権限を与え、新たにデジタル化された仕事の世界で、モバイル生産性の向上やそのための協力関係を追求していけるようにする。第三に、販売、生産、財務などの事業プロセスの自動化・簡略化など、事業を最適化する。そして第四に、自社の製品・サービス・事業のモデルを改革する。

こうしてあらゆる企業がデジタル化しつつあるが、そのプロセスは、自社の製品に知性を与えることから始まる。専門家の推計によれば、2020年に稼働している「インターネット接続機器」は200億〜300億台に及ぶという。それは、各企業が独自にデジタル革命を推進する膨大なチャンスがあることを意味する。実際、ゼネラル・エレクトリックは、プレディックスというプラットフォームで本格的なデジタル企業となった。これは、マイクロソフトと共同で開発したプラットフォームで、産業機器をインターネットに結びつけ、これらの機器からのデータを分析し、リアルタイムで知見や情報を提供する。またトヨタは、コネクテッドカー（訳注＊情報通信端末としての機能を有する自動車）部門を立ち上げ、乗用車やトラックをデジタル時代にふさわしい次世代の乗り物に変える取り組みを進めている。いわば、ほかの車や都市インフラと通信できる動くデジタル・プラットフォームとしての車だ。さらにロールスロイスは、故障を予測し、使えない期間を最小限に抑えるビッグデータ・プラットフォームとなるエンジンの設計を推進している。

わが社が戦略的提携に重点を置いたのは、これが初めてではない。過去にマイクロソフトが行ってきたことを、わが社の魂を検証する過程で再発見したにすぎない。創業者のひとり、ポール・アレンは、新たなコンピューターの力に、もうひとりの創業者、ビル・ゲイツは、ソフトウェアの力にそれぞれ目を向けていた。そんな２人が一つになったことで、魔法が生まれ、コンピューターを大衆に普及させることができた。私はこう思うことがある。ビルとポールがマイクロソフトを創業していなければ、世界はどうなっていただろうか。独立系ハードウェア・メーカーや独立系ソフトウェア開発会社、システム・インテグレーターなどの企業は存在しただろうか。さらに、わが社の当初の事業モデルは、パートナー企業とのパートナーシップに基づいていた。その中には、アドビやオートデスクといった独立系ソフトウェア開発会社、ＥＡスポーツなどのビデオゲーム・メーカー、デルやＨＰ、レノボといったハードウェア・メーカー、ベスト・バイなどの小売企業があった。あのグーグルも、パソコン用のブラウザーがなければ存在しなかっただろう。グーグルはマイクロソフトの協力を得て、インターネット・エクスプローラー用のツールバーを開発し、そのサービスを目につきやすいもの、利用しやすいものにした。こうしたパートナーシップを経て、マイクロソフトが普及させたパソコンは、数十億ドル規模の無数の企業を支えた。そして、そのプロセスを通じてマイクロソフトは、百万単位で顧客を増やしていった。

私はCEOになった時、この連携能力が成功の鍵だということをこの会社が忘れているような気がした。同じ問題は、どんな大企業にも起こりうる。いったん成功すると、成功をもたらした習慣を忘れてしまう。わが社もまた、提携力を鍛え直す必要があった。テクノロジー産業を新たな目で見つめ、顧客が使用しているのがアップルの機器であろうが、リナックス・プラットフォームであろうが、アドビ製品であろうが、顧客にさらなる価値を提供する手段を見つけなければならない。

幸い、こうした考え方は私のDNAにも組み込まれていた。私が1992年にマイクロソフトに入社して最初に与えられた仕事は、まさに連携だった。その頃マイクロソフトは、32ビットOSであるウィンドウズNTの開発を進めていた。しかし、それを顧客に利用してもらうために必要となるバックエンド・アプリケーションの大半は、ウィンドウズではなく、UNIXベースのミニコンピューター向けに開発されていた。

そのため、ウィンドウズNTのエバンジェリストだった私の最初の仕事は、これらのアプリケーションをパソコンのアーキテクチャに移植することだった。当時、企業向け製品の信頼を獲得していなかったマイクロソフトには、信頼を勝ち得るために行わなければならない仕事が山ほどあった。私たちは、わが社のパソコン・プラットフォーム向けにアプリケーションの試作品を開発すると、それを持参して製造・小売・医療関係の顧客を回った。そして、ミニコンピューター上で安定して動く大がかりなアプリが、パソコン上でも支障なく、あるいはそれ以上に快適に動作することを証明してみせた。顧客は、これまでおもちゃ扱いしてきたパソコン上で、自社の重要なアプリがグラフィカル・ユーザー・インターフェースを通じて稼働するのを見て、驚きの声を上げた。

私は、初期の製品設計の一つが成功を収めた時のことをはっきりと覚えている。現在、小売業界では販売時点情報管理（POS）機器が普及し、テクノロジー業界では実入りのいい市場となっている。しかし以前は、レジやスキャナーなどの小売周辺機器を、バックエンドの会計・在庫システムと連動させるソフトウェア規格がなかった。そこで私は同僚と協力して規格や仕様を作成し、ウィンドウズがPOS市場に参入できるようにした。こうして私たちは何もないところから、主要なエンタープライズ事業を築き上げた。

確かに、連携には課題もある。長らく協力関係にある企業との間でさえそうだ。時には、古くからの関係を見直すことも必要になる。たとえば、デルとの関係を見てみよう。デルは古くからマイクロソフトと協力関係にあり、ウィンドウズ・パソコンを何億台と出荷してきた。ところが２０１２年、マイクロソフトが初めて独自のハードウェア製品、サーフェス・シリーズの設計・生産を決定すると、マイクロソフトとデルの関係は単なるパートナーとは言えなくなった。ある面ではパートナーだが、別の面では直接のライバルとなったからだ。その後、両社の関係はさらにあいまいなものになった。デルが、マイクロソフトが注力してきたクラウド事業に狙いを定め、クラウド・テクノロジーの主要メーカーであるＥＭＣを買収した。それは、いまだに類例のないほど高額なテクノロジー企業買収となった。しかし、こうした事態を経てもなお、デルとマイクロソフトは、相互に利益のある分野で提携を続けている。デルは自社のノートパソコンにウィンドウズを搭載し、グローバルな流通オペレーションを通じてマイクロソフトのサーフェスを販売している。最近では、サーフェスの人気ぶりを見て、タブレットとしてもノートパソコンとしても使える自社製品の開発を始めた。こうした動きは、ＨＰなど、ほかの企業にも見られる。

しかしマスコミは、マイクロソフトとデルの長年続いた関係が危機に瀕しているのではないかと疑った。私はCEOに就任した後、テキサス州オースチンで毎年開催されている、マイケル・デルが報道陣や株式アナリストの質問に答える戦略デーという催しに参加した。それはちょうど2015年、デルがEMCを買収した直後のことだった。そのためブルームバーグ・ニュースのエミリー・チャンは当惑したような表情で、マイケルと私に両社の関係を尋ねた。「あなた方は仲間（フレンド）なのか？　それとも仲間に見せかけた敵（フレネミー）なのか？」。私はシンプルな質問にシンプルに答えた。「私たちは、同じ顧客のために争い、同じ顧客のために尽くす旧来の仲間だ」。だが、もう少し掘り下げた説明が必要だろう。

1990年代のマイクロソフトは、控えめな言い方をすれば、あまりパートナーにしたくない企業との評判を獲得していた。米国司法省がマイクロソフトに対して起こした反トラスト訴訟の文書や証言を見ると、そこには、素早い動きで競争相手に激しく対抗し、数多くのパートナーを怒らせてきたマイクロソフトを痛烈に批判する内容があふれている（ニュース記事や書籍については言うまでもない）。だがその後、政府が行動を起こし、市場の勢力図が変わり、わが社のミッションや文化も変わった。かつては競争相手をつぶす企業と見なされていたマイクロソフトも、今では、世界中の人に力を与えることで事業の成長を達成しようとしている。

　私は、1990年代の競争心の激しいマイクロソフトの一員だったが、反トラスト訴訟に直接携わったことはない。当時は毎日、ようやく始まったばかりのサーバー事業に一緒に取り組んでくれるよう、顧客やパートナー企業に頭を下げていた。それは、自信満々な態度よりもむしろ、謙虚な態度が要求される仕事だった。私がこの反トラスト訴訟から学んだ一つの教訓は（ほかにも教訓はたくさんあるが）、競争すると同時に、ほかのあらゆる人や企業のためにチャンスを創出する必要があるということだ。この世界はゼロサム・ゲームではない。

　私はそれを忘れないようにしている。現在、業界の大手企業の一つにグーグルがある。グーグルとマイクロソフトは、長年にわたり市場で競争しながら互いに反目し合い、米国や外国の規制当局に絶えず相手の苦情を訴えてきた。だが私はCEOとして、その戦略の転換を決意した。もはや規制に関する闘争を終わらせ、クラウドの顧客のための競争に全エネルギーを集中すべきだ。今では私は、グーグルのCEOサンダー・ピチャイを、競争相手でありながら友人だと思っている。グーグルとマイクロソフトは、きわめて生産的な議論と熟慮に富んだ交渉を行い（マイクロソフト側は、プレジデント兼最高法務責任者のブラッド・スミスが担当した）、やがて両社の対立を見守ってきた人々を驚かせる共同声明を発表した。「両社は今後も激しい競争を展開していく。だが、訴訟で争うのではなく、それぞれの製品の価値で競争していきたい」

こうした態度の変更を推進していく際、私は、自分が新顔だという単純な事実に大いに助けられた。過去のしがらみがない分、過去の不信の壁を取り払うのも楽だ。しかし、それだけで十分だろうか。

CEOに就任して間もなく、私はペギー・ジョンソンと話をしようと決心した。ペギーは当時、サンディエゴの半導体・無線通信企業クアルコムの提携管理・営業開発担当としてみごとな成果を挙げていた。私はある土曜日の午後、サンディエゴ地区にある彼女の自宅に電話を入れ、マイクロソフト入社を打診した。するとペギーは、その話に乗り気でないどころか、自分の会社を裏切ることになるとさえ考えているようだった。そこで私は、何とか彼女を説得し、シリコンバレーで一緒に食事をする約束を取りつけた。

約束のフォーシーズンズ・ホテルに入ると、数名が私に気づき、少なからぬ好奇心を抱いてこちらを見た。私たち2人は、静かなテーブルに腰を落ち着けると、間もなく環境知能に関する話に夢中になった。環境知能とは、家庭やオフィスなどのスペースに、人間の存在を自動で感知し、その好みに対応した反応を示す機器がどんどん増え、環境そのものが知能を持つことを意味する。マイクロソフトがこうしたデジタル革命をリードしていくためには、従来の考え方にとらわれない意外性のある新たな連携、投資、買収が必要だ。そんな展望を話すと、ペギーはすっかり乗り気になっているようだった。後に聞いた話によると、彼女はその食事がすむとすぐさま夫に電話し、自分たち夫婦の未来はワシントン州レドモンドのマイクロソフトにあると説得したという。ペギーはやがてマイクロソフトに入社し、「シリコンバレーと親しい関係を築く」仕事の責任者となった。

ペギーの気安さ、謙虚さ、テクノロジーへの情熱に、私は感心した。それは、ビジネスパートナーとなる企業に伝えたいと思っていたマイクロソフトの姿勢そのものだった。当時は知る由もなかったが、こうした彼女の特性は、やがて多大な効果を発揮することになる。

提携における大きな目標の一つは、グーグルのアンドロイドやアップルのｉＯＳなど、ウィンドウズと競合するプラットフォーム向けに、マイクロソフトのアプリケーションを開発することにあった。消費者がスマートフォンを購入した時、すぐにマイクロソフトのアプリを利用できるように、さまざまなＯＳのスマートフォンにわが社のアプリをあらかじめ組み込んでおきたい。

この点で重要な提携関係にあった企業の一つに、アンドロイド・スマートフォンで世界的な人気を誇る韓国のサムスンがある。わが社は30年以上にわたりサムスンと協力関係にあった。だが２０１４年夏、ちょうどペギーがマイクロソフトへ移籍する準備を進めていた頃、両社の関係に亀裂が入った。数年前マイクロソフトは、いくつかの知的財産の使用をサムスンにライセンスする契約を交わした。それ以来、サムスンのアンドロイド・スマートフォンの売り上げは4倍に増え、世界的な人気商品となった。だがその後、マイクロソフトがフィンランドのスマートフォン・メーカー、ノキアのデバイス&サービス事業の買収を発表すると、サムスンはかつての契約を破棄すると通告してきた。サムスンの社長、申宗均（シン・ジョンギュン）は立腹のあまり、マイクロソフトの誰との面会も拒否した。パートナーシップは一転して法廷闘争へ向かいつつあった。

ペギーが入社すると、私たちは早速、サムスンとの関係を彼女に説明した。ペギーは両社の資料を読み、適切な質問をし、見解の相違を克服する方法について独創的なアイデアを提示した。わが社にとって幸運だったのは、ペギーがすでに、申宗均と良好な関係を築いていたことだ。中も、彼女となら面会に応じてくれた。ペギーの率いる営業開発・法務チームが早々にソウルの社長室を訪れると、そこにいたのは、交渉の難しい相手として知られる人たちばかりだった。話し合いの間、ペギーらマイクロソフト側は敬意を示そうと努めた。要求をするのではなく、判断を保留し、相手の言い分に耳を傾け、サムスン側の視点を理解し、共感しようとした。

ペギーのチームは、レドモンドに戻ってくると、一方の意見を擁護するのではなく、両社の間に立って解決策を見いだそうとした。ペギーは入社して間もないにもかかわらず、私たちが望む文化をすでに実践していた。相手を非難したり責任の所在を明らかにしたりすることにこだわらず、成長マインドセットにより何ができるかを考えた。そしてあらゆる人を話し合いの場に呼び、多様性を受け入れるとはどういうことかを行動で示した。また、狭く居心地のいい本社キャンパスから出て、パートナー企業や顧客のもとへ出向くことが重要だと教えてくれた。

結局、サムスンとの間には法廷で解決しなければならない問題もあったが、私たちはあくまでも敬意を示し、やがてこんな声明を発表した。「マイクロソフトはこの提携を高く評価し、尊重する。だがあいにく、パートナー企業との間でも意見が一致しないことはある」

その結果、現在でもマイクロソフトのアプリは、サムスンのスマートフォンで人気を博している。ウィンドウズ10はサムスンのタブレットに採用され、ＩｏＴを拡大する同社の計画を後押ししている。

同じ頃、ヤフーとの紛争にも巻き込まれた。ヤフーは、唯一の検索エンジンとしてビングを採用しており、検索からの収入をマイクロソフトと分け合っていた。だが、ヤフーのビジネスモデルが機能しなくなると、サムスンの場合と同様、ヤフーとの関係も悪化し、訴訟の危機が迫ってきた。ヤフーは契約の破棄を望んでいた。

私たちはここでも、要求リストを突きつけるのではなく、相手の言い分に耳を傾け、立場を理解し、アイデアを模索することで、関係の修復を図った。私たちは結局、ビングをヤフーの唯一の検索エンジンとするという要求を取り下げることにした。この要求が、両社の間に必要以上の摩擦を生み出していたからだ。また、自分たちのテクノロジーやこの提携関係に自信を抱いていたからでもある。こうして膨大な費用のかかる訴訟を回避した。ビングは現在も、ヤフーの検索の大部分を担っている。

これらの経験は、さまざまな教訓になると同時に、わが社の提携の精神を刷新してくれた。マイクロソフトはすでに、世界最大規模となるパートナー企業のエコシステムを抱えている。世界中の何十万という企業が、わが社の製品やサービスをさまざまな形でサポートするソリューションを開発・販売している。それだけではない。あらゆる分野で活躍する何百万もの顧客が、マイクロソフトのテクノロジーを利用して企業や組織を立ち上げている。私の最終的な目標は、あらゆる人にビジネスチャンスを創出する努力を続け、こうした起業エネルギーを余すところなく支える最大のプラットフォーム・プロバイダーとなることだ。

しかし、世界中の何百万という新企業に、わが社のプラットフォームに命運を賭けてもいいと思わせるには、まずはその企業の信頼を獲得しなければならない。第7章では、長期にわたる首尾一貫した行動により信頼が築かれることを、わかりやすく説明する。だがここでは、こう述べておきたい。ある部分で業界最高を競い合っていたとしても、協力して互いの顧客に付加価値を提供できる部分もあることを明らかにすれば、信頼関係は生まれる。

信頼は、さまざまな要素で構成される。敬意を表する、耳を傾ける、誠実に接する、目標を常に見据える、必要な時に進んでリセットボタンを押す、といった要素である。それを忘れてはならない。

提携とはいわば、両社が互いを探求し合うことである。そのため、予期しない形での協働や新たな形でのコラボレーションを進んで受け入れるようにしなければならない。こうした受け入れの姿勢は、敬意から生まれる。一緒にテーブルを囲む人々、その人たちがもたらす経験、ほかの企業やその企業が抱くミッションなどへの敬意である。もちろん、提携する企業と常に意見が一致するとは限らない。だが、理性的な態度で相手の意見に耳を傾け、相手の言っている言葉そのものだけでなく、その奥にある真意までも理解しようとすることが必要だ。話し合いの場に、不必要な過去を持ち込むべきではない。過去により未来の形が制限されてはならない。

私はこれまでの経験から、この受け入れの姿勢こそが、目標を成し遂げ、すべての当事者が満足できる成果を挙げられる最良の方法だと気づいた。イノベーションが急速に進んでいく世界では、不必要な作業や取り組みに割いている時間などない。できるだけ時間をかけずに、双方が納得できる成果を達成するには、それぞれが誠実な気持ちで相手に接するのが一番効果的だ。

それでも、複雑な要因のせいで、パートナーシップを築く努力が滞ってしまう場合もある。そんな時には、長期的な目標を常に見据えるようにするといい。協力するチャンスを無限に求めると、それにより提起される問題も多くなる。そんな問題に気を取られるよりも、最初は一つか二つの分野に集中するところから始める。その分野で提携が成功すれば、次のアイデアや課題に取り組めるようになる。

そして最後に、一息つくことを恐れてはいけない。両社がよかれと思って協力しても、何の発展も見られないこともあれば、行き詰まってしまうこともある。そんな場合には、既存の関係を新鮮な目で見つめ直すことが重要だ。過去に失敗した戦略でも、将来には成功するかもしれない。テクノロジーは変化する。ビジネス環境も人間も変化する。どんな関係であれ、見込みがないと切り捨ててしまうのは間違っている。未来はいつも、新たな好機を生み出すきっかけから始まる。

わが社はこうしたアプローチで、独創的な世界をひた走るトップランナーとの協力関係を大きく進展させることができた。その企業とは、フォント開発のパイオニアで、フォトショップやイラストレーター、アクロバット、フラッシュなど、アーティストやデザイナーに愛される数多くの製品を世に送り出しているアドビである。アドビはウィンドウズ上で発展を遂げたが、やがて文書規格で競争し合うようになり、共通の顧客が多いにもかかわらず、マイクロソフトから次第に離れていった。だが、ハイデラバード・パブリックスクール時代の友人シャンタヌ・ナラヤンがアドビのCEOになり、その後私がマイクロソフトのCEOに就任すると、両社は再び関係を模索し始めた。アドビとマイクロソフトは、いまだに共通の事業分野で競合しているが、その一方でパートナーシップを大いに深めてもいる。たとえば、アドビの独創的なソフトウェアは、サーフェス・スタジオやサーフェス・ハブといったマイクロソフトの新製品のヒントになった。コンピューターでアーティストの可能性を広げる取り組みも共同で推進している。両社はまた、アドビのクリエイティブ・クラウドを発展させ、マーケティング・クラウドを生み出した。このクラウドは、アジュール・プラットフォームをベースに構築されている。

私はよく「買収よりも提携がふさわしいのはどんな場合か？」という質問を受ける。その答えは、こう考えてみるとわかりやすい。「顧客にさらなる価値を提供するには、1社のほうがいいか、2社のほうがいいか？」。わが社はこれまで、大規模ソーシャルネットワークのリンクトインから、ザマリンやアコンプリ、マイルＩＱといった小規模アプリ開発会社まで、数々の買収を行ってきた。その私の経験から言えば、一般的に、顧客のニーズを綿密に分析し、それをもとにパートナーシップを築いていた企業が相手であれば、買収は成功する。リンクトインの場合がまさにそうだ。マイクロソフトは２０１６年、２６０億ドルという史上まれに見る高額でリンクトインを買収した。だが両社は、それまで6年以上にわたりパートナーシップを結んでいた。マイクロソフトの10億人のユーザーとリンクトインの5億人近いメンバー（両社の顧客は１００パーセント重なる）は、それぞれのプラットフォームでの交友関係を同期させ、オフィスでの交友関係をリンクトインで、リンクトインでの交友関係をオフィスで利用することができた。それを実現するためマイクロソフトは、ウィンドウズ向けのアプリ開発に必要な技術仕様書をリンクトインに提供した。また、両プラットフォーム間の交流や協力を促進するソーシャル・コネクターを共同で開発した。だが、さらに統合を深め、両社の顧客にさらに説得力のあるシナリオや価値を提供するには、両社が一つになる必要があった。

リンクトインとマイクロソフトは、それまでに提携の実績だけでなく、共通のビジョンや信頼関係も築き上げていた。買収を公表した日、リンクトインのCEOジェフ・ワイナーはこの買収について、テクノロジー・ジャーナリストのカラ・スウィッシャーにこう説明している。「マイクロソフトは、ますます俊敏で、イノベーティブで、オープンで、目標主導型になっている。今回の買収では、それが大きな役割を果たした」

エンジニア時代の私は、時間の配分を管理するために、次のようなメンタルモデルを使っていた。社員（E）、顧客（C）、製品（P）、パートナー（P）。自分の責任のもとで価値を生み出そうとすれば、この要素それぞれに的を絞り、時間をかけ、注意を払う必要がある。この四つはいずれも重要だが、気をつけていないと、いかに優れた管理者でも、いくつかの要素を見逃してしまう。この中でも社員や製品は、私たちにとって最も身近な存在であり、まず見逃すことはない。顧客も、何かを行うために必要な資源を与えてくれる存在なので、見落とす可能性は低い。一番忘れられがちなのがパートナーだ。パートナーは、私たちが発展するために必要な力を貸してくれる。私たちには見えないものに目を向けさせ、わが社だけでは気づかない新たなビジネスチャンスを教えてくれる。私はＣＥＯになって以来、このモデルの構成要素はもっとたくさんあることに気づいた。たとえば、政府やコミュニティーも重要だ。また、関係者すべてに、会社の価値、その製品やサービスの価値を理解させるための取り組みも欠かせない。こうした構成要素すべてを最高の状態に導き、その力を最大限に発揮させることが、価値の最大化につながる。

chapter 6

クラウドの先

複合現実、人工知能、量子コンピューター
——三つの技術シフト

私は当初からこの本を、変革のさなかにCEOが考えたことをまとめた本にしようと思っていた。企業改革の舵取りをしている人間として、また世の中を変革するテクノロジーを生み出している人間として、その経験を数年後に振り返るのではなく、リアルタイムで伝えたかった。もちろん、マイクロソフトの変革はいまだ進行中だ。先の見えない世界経済やテクノロジーに直面し、わが社は事業の土台を強化するため、ミッションを設定し直し、優先すべき文化をあらためて考え、戦略的パートナーシップを構築または再構築した。だがそのほかにも、イノベーションを生む風土をつくり、新たに大胆な賭けに打って出る必要がある。これまでもそうしてきたからこそ、マイクロソフトというブランドは40年以上にわたり信頼を維持できたのだ。

わが社はパソコンやサーバーの先を見据え、クラウドで成功を推進してきた。だが、クラウドの先を見据えることもまた必要だ。テクノロジーの動向を予測するのは危険を伴う。一般的に私たちは、短期的に達成できることを過大に評価し、長期的に達成できることを過小に評価する傾向がある。それでもマイクロソフトでは、数年後にテクノロジー産業やそのほかの産業を変えると思われる三つの主要なテクノロジーをリードしようと、積極的な投資を行っている。そのテクノロジーとは、複合現実（MR）、人工知能、量子コンピューターである。これらのテクノロジーは間違いなく、経済や社会に大変動をもたらすだろう。本書の最後の3章では、この大変動に備えて考えておかなければならない価値観、倫理、政策、経済の問題を取り上げる。

本章では、来るべきテクノロジーの変化の方向性について、一つの考え方を提示することにしよう。複合現実の分野では、究極のコンピューター経験が構築されつつある。視野がコンピューター画面となり、デジタル世界と現実世界が混然一体となったコンピューター経験である。データやアプリばかりか、スマートフォン上やタブレット上にいるはずの同僚や友人でさえ、アクセスしたいと思えばどこでもアクセスできる。オフィスで働いていようが、得意先を訪問していようが、会議室で同僚と話をしていようが関係ない。一方、人工知能は、人間の力だけではとうてい獲得できない知見や予測能力で人間の力を高め、あらゆる経験を向上させてくれる。また、量子コンピューターは、私たちが現在知っているコンピューターの物理そのものを変え、世界最大の難問でも解決できる処理能力を提供する。それが実現すれば、ムーアの法則の限界を超えることも可能だろう。ムーアの法則とは、コンピューター・チップのトランジスタの数が、およそ2年ごとに2倍になるという経験則である。複合現実、人工知能、量子コンピューターは現在、別々に研究が進められているが、これらはいずれ一つになるだろう。私たちはそう確信している。

テクノロジー企業がこうしたいくつもの動向を見逃せば、必然的に後れを取ることになる。だが言うまでもなく、現在の中核事業をなおざりにし、まだ真価のはっきりしない未来のテクノロジーを追求するのは危険だ。このジレンマは、古くからイノベーターを悩ませている。現在の成功を犠牲にする危険まで冒して、新たなビジネスチャンスを追求するべきなのか。

過去を振り返ってみると、マイクロソフトもまた、このバランスをとるのに苦労していた時期があった。実際のところわが社は、iPad よりも先にタブレットを発売していた。キンドルより以前から電子書籍リーダーの開発を進めていた。だが、タッチスクリーン・ハードウェアやブロードバンド接続といった成功に欠かせない重要な要素よりも、ソフトウェアを優先した。また、市場に完璧なソリューションを提供するという徹底したデザイン思考が欠けていた。さらに、ライバル企業に先を行かれてもすぐに追いつけるという過信がどこかにあり、そのような戦略に危険が内在することに気づかなかった。マイクロソフトはおそらく、大成功を収めた自社の事業モデルを壊すことに抵抗を感じたのだろう。私たちは、こうしたすべての経験から教訓を学んだ。未来への投資に法則はない。企業は、自社だけができることについて完璧なビジョンを持ち、持てる力と強い信念でその実現を支えていくしかない。

私はCEOになる前からこう決めていた。私たちは、新たなテクノロジーや新たな市場に、積極的かつ集中的に投資を続ける必要がある、と。だがそのためには、三つのCを十分に考慮しなければならない。胸を躍らせるような「構想（concept）」、その実現に必要な「能力（capabilities）」、新たなアイデアやアプローチを受け入れる「文化（culture）」である。

先述したイノベーターのジレンマを避け、現在の事業にばかり集中するのではなく、将来的に重要な課題も考慮するため、わが社は成長を三つの視点でとらえ、それに沿って投資戦略を考えることにした。第一に、現在の核となる事業やテクノロジーを成長させる。第二に、近い将来に向けて新たなアイデアや製品を生み出す。そして第三に、遠い将来の画期的なテクノロジーに投資する。第一の視点では、四半期ごと、年度ごとに、顧客やパートナー企業に、わが社の全事業においてイノベーションを提示していく。第二の視点では、近い将来のプラットフォームの変更に向け、すでに投資を行っている。音声やデジタルインクによる新たなユーザー・インターフェース、アシスタント機能や自動化プログラムを備えた新たなアプリケーション、そして工場や車、家庭用電化製品など、あらゆるもののIoT化などだ。第三の視点では、ほんの数年前にはとても現実的ではないと思われていたが、現在ではイノベーションの最前線に位置する分野に集中的に投資している。その分野が、複合現実、人工知能、量子コンピューターである。複合現実はいずれ、医療、教育、製造の現場に欠かせないツールになる。人工知能は、ジカ熱の流行などの危機的状況を予測し、一番必要とされているところに時間や労力を集中させるのに役立つ。また量子コンピューターは、がんの治療や地球温暖化への効果的な対処に必要な処理能力を提供する。

私は以前から、コンピューターが人間の知性を増強し、集団的知性を構築する歴史に興味を抱いている。1960年代にはダグラス・エンゲルバートが、「すべてのデモの母」と呼ばれる実演を行い、マウスやハイパーテキスト、共有画面による電話会議といったテクノロジーを紹介した。そして、テクノロジーに改良に改良を重ねられるのは人間だけであり、それにより人間の能力は高められ、幾何級数的《エクスポネンシャル》に向上していくと述べ、人間とコンピューターの相互作用という学問分野を創設した。先見の明を持ち、私自身やテクノロジー産業全体に影響を与えた人は、ほかにも無数にいる。私が1992年にマイクロソフトに入社した頃は、会社中のエンジニアたちが2冊の未来小説を熱心に読んでいた。1冊は、ニール・スティーヴンスンの『スノウ・クラッシュ』（日暮雅通訳、早川書房、2001年）で、仮想空間や共有空間の集合体を指す「メタバース」という言葉を普及させた。もう1冊は、デイヴィッド・ガランターの『ミラーワールド　コンピュータ社会の情報景観』（有沢誠訳、ジャストシステム、1996年）で、現実をデジタル化することでコンピューター処理に革命をもたらし、社会を変革するソフトウェアを予言している。こうしたアイデアは、今や手の届くところにある。

見たこともないような斬新なテクノロジーを経験すると、不思議な感じがする。少なくとも私はそうだ。1980年代、父親に買ってもらったZ80のパソコンに初めてBASICのコードを数行打ち込んだ時、私はふと思った。自分はこの機械とコミュ

ニケーションをとっている、と。私が何かを書き込むと、パソコンはそれに対応する出力を返す。プログラムを変えれば、機械の対応もすぐに変わる。私はその時、ソフトウェアというものを知った。人間がこれほど柔軟性に富む資源を生み出したことがかつてあっただろうか。まさに奇跡のような体験だった。初めて表計算ソフトに出会った時も、興奮を抑えきれなかった。ピボットテーブルに見られるデータ構造は、今ではごく自然な数字の考え方として定着している。

テクノロジー産業には、こうした発見の瞬間が山ほどある。私が一番衝撃を受けたのは、マイクロソフトの第92棟の地下室にいながら、何と火星の表面に立った時だ。私はその時、ホロレンズという機器を初めて装着した。自己完結型の小型ヘッドマウントコンピューターである。すると突然、4億キロメートルも離れた火星の地上にいた（もちろん仮想空間での話だ）。その風景は、NASAの火星探査ローバー、キュリオシティから送られてきた映像をもとにしている。私はこのホロレンズを通して、スポーツシューズをはいた自分の足が、砂ぼこりの舞う火星の表面を歩いていくのを、当惑しながらも確かに見た。ローバーの移動経路に沿い、キンバリーと呼ばれる岩場の近くの平原を、マレー・ビューツという丘まで進んでいく。ホロレンズを装着すれば、実際の部屋を歩き回り、デスク上のパソコンを確認したりそばの人と情報をやり取りしたりしながら、火星の表面の岩を調べることができる。複合現実と呼ばれるテクノロジーが持つ、かつてない驚くべき特質がそこにある。あまりに刺激的で感動的な体験に、SLTの中には涙を流すメンバーもいた。

私はその日の経験を通じて、マイクロソフトの未来の一端を見た。きっとあの瞬間は、複合現実革命の到来を告げるものとして記憶に残ることだろう。この革命が広まれば、現実世界と仮想世界が入り交じった没入型環境の中で、誰もが仕事をしたり遊んだりするようになる。現在では、生まれた時からインターネットが存在するデジタル世代の人々が増えつつある。それと同じように、いずれは、現実と仮想の入り交じった没入型のコンピューター経験しか知らない、複合現実世代の人々が中心となる時代が来るかもしれない。

ヘッドマウントコンピューターについては、企業によりアプローチが異なる。ウィンドウズ10のMR機器やフェイスブックのオキュラス・リフトが提供する仮想現実は、現実世界をほぼ遮断し、ユーザーを完全なデジタル世界に没入させる。一方、グーグル・グラスは、メガネのレンズの表面に情報を表示する。カメラ内蔵のサングラス、スナップチャット・スペクタクルズは、撮影したコンテンツやフィルターで、ユーザーの視覚体験を増強させる。それに対してホロレンズは、複合現実を提供する。現在の場所を動き回って同じ部屋にいる人と情報をやり取りしたり、遠隔地の環境の中を動き回ったりしながら、ホログラムなどのデジタル物体を操作できる。テクノロジー調査会社ガートナーのアナリストは、新たなテクノロジーが発明されてから広く採用される（あるいは消滅する）までに至る過程を研究している。それによれば、仮想現実テクノロジーは、あと5～10年で主流になる可能性があるという。

だが、わが社がスタートラインに着くまでの道のりは険しかった。しばらく前からアレックス・キップマンという社員が、ホロレンズの試作品に取り組んでいた。アレックスのチームはその前に、ある画期的なテクノロジーを開発していた。動作検知テクノロジーのMicrosoft Kinect（マイクロソフト・キネクト）である。このテクノロジーは、現在では最先端のロボットに組み込まれているほか（人間のような動きが可能になる）、自分の体を使ってプレーするXboxのゲームでも利用されている。だがホロレンズのプロジェクトは継続的な資金がなかなか得られず、アレックスは資金を求めてあちこちの部署を駆けずり回っていた。当時はまだ、マイクロソフトが複合現実という未検証の市場の新たな事業に投資すべきかどうか、はっきりした結論が出ていなかった。アレックスは、こうした金策が時にばかばかしいものに思え、このプロジェクトにバラブーというコードネームをつけた。サーカスや道化師の博物館があるウィスコンシン州の町の名前である。
だが、先ほどの機会を通じてホロレンズの可能性を目のあたりにすると、私はすっかり魅了されてしまった。ビデオゲームに応用できるのはもちろん、学校や病院、宇宙探査にも利用できる可能性のあることが即座にわかったからだ。実際NASAは、真っ先にホロレンズの価値を認めて初期バージョンを採用し、地上にいる宇宙飛行士と宇宙にいる宇宙飛行士との共同作業に利用しようとしている。火星のデモンストレーションを見てもまだ態度を決めかねている幹部がいたが、その後ビル・ゲイツが以下のメールを送り、このテクノロジーの将来性を疑問視している人々を説得した。

火星のデモンストレーションを見て、大いに感銘を受けた点が二つある。第一に、現実感がきわめて高い。映像がリアルで、頭を動かした時も違和感はない。まるで本当にその場にいるような気がする。第二に、周辺視野を使って周囲のものにぶつからないようにしながら、その空間をごく自然に動き回ることができる。これをどんなふうに利用すれば成功するかはまだわからないが、デモンストレーションを通じて、私はすっかりこのプロジェクトのとりこになった。このテクノロジーを成功に導く方法を考えよう。私はそう決心した。

chapter 6
クラウドの先

こうして複合現実テクノロジーへの投資が始まった。

ホロレンズに込められた魂を理解したければ、アレックスの過去を理解するといい。ある意味では、アレックスと私の経歴には共通点がたくさんある。アレックスは、ブラジルのキャリア外交官の家庭に生まれた。子どもの頃は引っ越しを繰り返し、数学と科学、後にはコンピューターが唯一変わらぬ心のよりどころだった。以前、私にこう言ったことがある。「数学と科学を使って絵を描く方法がわかれば、何でもできる」。家庭用ゲーム機、アタリ2600を買ってもらうと、何度も分解して、しまいにはプログラミングの方法を習得した。テクノロジーへの情熱を糧に、ロチェスター工科大学へ進み、NASAでの研修を経た後、シリコンバレーに就職し、高度に洗練されたコンピューター・プログラムを作成する仕事を担った。

だがアレックスが本当に求めていたのは、ソフトウェアのためのソフトウェアを設計する場、ソフトウェアを一種の芸術作品として扱う場だった。やがてマイクロソフトに入社すると、長らく待ち望まれていたウィンドウズXPの後継バージョン、ウィンドウズ・ビスタの設計に参加した。だが結局ビスタは、その先進的な機能にもかかわらず、大した評価を得られなかった。アレックスほど、それにがっかりした社員はいないだろう。彼はそれを自分の問題と受け止め、これまでの自分を反省し、今後のキャリアに向けて「リフレッシュ」ボタンを押すために、ブラジルへ帰った。哲学に造詣の深い彼は、ニーチェの言葉を指針としている。「生きる『理由』を持っていれば、どんな『生き方』にも耐えられる」。アレックスは、「理由」をまだ持っていない自分に憤りを感じた。コンピューティングが向かうべき方向について何の見解も持っていなかった。

後にジャーナリストのケビン・デュプジックに語ったところによれば、アレックスはブラジル東海岸の農場を訪れ、ノートを持って歩き回りながら、自分がコンピューティングにどんな貢献をしたいかを考えた。そしてその頃から、どうすればコンピューティングが時間や空間を超えられるようになるかを考え始めた。なぜキーボードやディスプレーに縛られていなければならないのか。どこにいようと、コンピューターを使って望みの人にアクセスできるようにならないだろうか。アレックスはその時、コンピューティングの進化はいまだ、先史時代の洞窟壁画程度のレベルにしか達していないことに気づいた。だが複合現実テクノロジーは新たな絵筆となって、コンピューティングをかつてない地平に導くだろう。

こうしてアレックスは、キャリアの新しい方向性を定めた。「現実世界を知覚できる機械をつくる」。マウスやキーボード、ディスプレーではなく、知覚が自分の物語の主人公になる。私たちを知覚する機械、それが彼の「理由」になった。

そして、人間やその場の環境、周囲の物体などを感知できるセンサーをもとに、新たなコンピューティング経験を設計することが、「生き方」になった。この新たな経験を構築するためには、3種の機能が必要になる。アナログ・データを入力する機能、デジタル・データを出力する機能、そしてデータを感じたりデータに触れたりする「触覚」の機能である。

キネクトは、この取り組みの第一段階にあたる。このテクノロジーにより、人間の動きだけでコンピューターへの入力を行う課題がクリアされた。人間とコンピューターが一緒にダンスをすることもできる。次いでホロレンズでは、それ以外にもさまざまな課題がクリアされ、人間や物体や周囲の環境が、時空間を超えて入出力をやり取りできるようになった。地上にいる宇宙飛行士が、火星のクレーターを調べることも可能だ。残るは、感じたり触れたりする触覚に関する機能である。現段階ではまだ、キネクトを使ってダンスをしても、ホロレンズを使って岩に手を伸ばしても、ダンスのパートナーの存在を感じることも、岩に触れることもできない。だが、いずれはそれも可能になる。

現在マイクロソフトは、複合現実を普及させ、誰でも利用できるようにすることを目指している。私たちは、自社で実証ずみの戦略に基づき、ホロレンズの発売に踏み切った。外部のソフト開発者に、ホロレンズ・プラットフォーム向けの想像力豊かなアプリケーションの開発を促すためだ。ホロレンズを公表すると、瞬く間に5000人以上の開発者から、アプリケーションのアイデアが提示された。そこで、どのアイデアを最初に採用すべきかを問う、24時間のツイッター投票を実施した。すると開発者や愛好家は、ギャラクシー・エクスプローラーを選択した。夜空に浮かぶ天の川銀河を自分のペースで巡り歩き、拡大や保存、解説の表示が自由にできるアプリケーションである。ある惑星の環境（砂嵐、高温プラズマ、氷生成など）を自分の部屋の壁に映し出す機能も備えるという。

ホロレンズ向けにきわめて有益なアプリケーションを開発する作業は、ほかでも進んでいる。たとえばホームセンターのロウズは、顧客が自宅のキッチンやバスルームに立ってホロレンズを使用すれば、新たに購入するキャビネットや家電製品、装飾品のホログラムを、その部屋の映像に重ねて表示できるアプリを考えている。それらを実際に部屋に置いた時の様子を直接確認できるというわけだ。

このテクノロジーの歩みは、機械が見ているものをただ追跡するところから始まったが、いずれはもっと複雑な作業も完璧に理解するようになるだろう。それについては後述する。キネクトによりコンピューターは、人間の動きを追跡する能力を手に入れた。人間を見て、その動作を把握する能力である。だが、人工知能、機械学習、複合現実の現状は、まだその段階でしかない。テクノロジーは発展し、見たり、話したり、分析したりできるようになったが、まだ感じることはできない。それでも複合現実テクノロジーには、人間の共感能力を向上させる力がある。このテクノロジーを使って、難民や犯罪被害者などの経験を追体験できるようになれば、現在人間を分断させている壁を乗り越え、互いの気持ちをつなげる力を高められるかもしれない。実際、イマジン・カップ（訳注＊マイクロソフトが主催する学生向けＩＴコンテスト）に参加したオーストラリアの学生チームが、自閉症患者が見ている世界を介護士が学習できる複合現実アプリケーションを開発し、それを実証してみせた。

人工知能（ＡＩ）は、ハリウッドでさまざまな形で表現されてきた。今では、人工知能という映画ジャンルがあるほどだ。1973年の映画『ウエストワールド』では、ユル・ブリンナーがロボットを演じた。ＡＩを埋め込まれた屈強なカウボーイが、決

闘を求めて酒場に足を踏み入れる。一方、それから数十年後にディズニーが製作した映画『ベイマックス』では、AIの描写がまったく異なる。ベイマックスという柔らかい巨大ロボットが、14歳の主人公の危険な冒険を優しく手助けする。キャッチコピーは「ロボットがあなたの世界を変える」(訳注*日本公開時のキャッチコピーとは異なる)。

その通りだ。AIは私たちの世界を変える。ブリンナーのようなAIではなく、ベイマックスのようなAIが、人間を支援し、その能力を高めてくれる。

ビッグデータが生まれ、コンピューターの情報処理能力が大幅に向上し、アルゴリズムが洗練された結果、SFの世界のものだったAIは、一気に現実のものになりつつある。カメラやセンサーが急速に進歩したおかげで、今やデータは日常生活の場で、驚くべき速さで収集・利用されている。AIは、こうしたデータを使って学習する。またクラウドの登場により、とてつもなく大きなコンピューター処理能力を誰もが利用できるようになった。加えて、最近では複雑なアルゴリズムが開発され、山のようなデータから知見や情報を識別することが可能になった。

しかし、ベイマックスやブリンナーのようなAIとは違い、現在のAIは、汎用人工知能(AGI)と呼ばれるものにはほど遠い。汎用人工知能とは、人間の知的能力に匹敵、もしくはそれを超える人工知能である。人間の知能と同じように、人工知能も層状に分類できる。最下層は、単純なパターン認識だ。中間層は知覚で、より複雑なシーンを理解する。ちなみに人間の知覚の99パーセントは、聴覚と視覚によるものと考えられている。そして最上層が認知、つまり言語の深い理解である。

マイクロソフトは数年前から、AIを構成するこれら各層の発展に投資している。データを理解し、パターンを認識する統計的機械学習ツール、見たり、聞いたり、動いたりできるコンピューター、人間の言語を理解・学習するコンピューターなどだ。たとえば、音声と対話を研究するゼドン・ファンが率いるチームは、記録的な精度を誇る音声文字化システムを開発した。これを使えば、口述筆記の訓練を受けたプロの書記よりも正確に、電話の内容を文字に起こすことができる。また、コンピューター・ビジョンや機械学習の分野では、2015年の暮れにわが社のAIチームが、五つの競技大会で全勝した。だがこのチームは、五つの大会の中の一つに向けてシステムを訓練しただけだった。「コモン・オブジェクツ・イン・コンテクスト」という大会では、AIシステムで、いくつかの視覚認識作業を競い合う。チームはこの大会に向け、AIに写真を見せ、そこに見えるものを分類させる訓練を行った。するとわが社が開発したニューラル・ネットワークは、初歩的な転移学習を通じて、ほかの作業も自ら学習し、遂行できるようになった。実際、写真の分類だけでなく、写真にはっきり写っている物体を個別に丸で囲う作業や、写真に写っている行為を説明する英語の文章を生成する作業まで習得していた。

10年もすれば、AIの音声・画像認識能力は人間を上回るかもしれない。ただし、機械が見聞きできるからといって、本当の意味で学習や理解ができるとは限らない。自然言語の理解、人間とコンピューターの交流が、次の課題となる。

AIは、過剰な宣伝があおる期待に応えていけるのか。どのように発展し、あらゆる人に利益をもたらすようになるのか。その答えも3層構造になっている。

(1) オーダーメード

現在のAIはまだ、ごく初歩的な段階にあり、特定の作業用にカスタマイズされている。データやコンピューター処理能力、アルゴリズムにアクセスできる特権のあるテクノロジー企業が、AI製品を手づくりして世界に提供しているが、大勢の人が利用可能なAIを構築できる企業はごくわずかしかない。それが大半のAIの現状だ。

(2) 普及

次の段階が普及である。マイクロソフトは、ほかの企業のイノベーションの基盤となるテクノロジーやツールを提供してきたプラットフォーム企業として、ＡＩ構築ツールをあらゆる人の手に委ねるアプローチを採用している。こうしたツールを普及させれば、あらゆる人、あらゆる組織が、ＡＩを駆使して特定のニーズを満たすソリューションを構想・実現できるようになる。これは、活版印刷による本の普及とよく似ている。かつてヨーロッパでは、本は修道僧により1冊ずつ手づくりされており、１４５０年代にはヨーロッパ全体でもおよそ3万冊しか本がなかったと考えられている。だが、やがてグーテンベルクが活版印刷技術を発明し、それを用いて聖書を出版した。するとそれから50年の間に、本の数はおよそ１２００万冊にまで増え、それが学問や芸術の再興を一気に推し進めることになった。

ＡＩにも同じような道筋が必要だ。ＡＩを普及させるためには、開放的・民主的でなければならない。そこでわが社では、アシスタント・ソフトウェア、アプリケーション、サービス、インフラに真の人工知能を搭載できるツールの開発を目指している。

○人工知能を利用して、コルタナなどのアシスタント・ソフトウェアと人間とのやり取りを根本的に変える。こうしたアシスタント・ソフトウェアは、今後ますますありふれたものになっていく。

○オフィス365、ダイナミクス365などのアプリケーションにAIを組み込み、ユーザーが最も重要なことに集中して取り組み、常にこれまで以上の成果が得られるようにする。

○わが社のサービスを支える知的機能（パターン認識、知覚、認知能力）を、世界中のあらゆるアプリケーション開発者が利用できるようにする。

○そして最後に、世界最強のAIスーパーコンピューターを構築し、そのインフラをあらゆる人に開放する。

こうしたAIツールは、さまざまな産業で利用が始まろうとしている。マクドナルドは、ドライブスルーでより簡単、より効率的、より正確に注文を取るAIシステムの開発を進めている。ウーバーは、わが社の認知サービスツールにより、ドライバーの写真と顔を照合して本人が運転していることを確認し、詐欺の防止や乗客の安全性向上を図ろうとしている。ボルボは、わが社のAIツールを使ってドライバーの注意力が散漫な時に警告を発するシステムを構築し、事故防止に役立てようとしている。

自分が事業者や経営者だった場合を考えてみてほしい。全工程を監視する、現状を把握できる、最も注意を払うべき点を教えてくれる、そんなAIシステムがあったとしたらどうだろうか。プリズム・スカイラブズは、わが社の認知サービスをもとに、ビデオ監視カメラの映像から何が起きているかを分析するシステムを開発した。このシステムを建設会社に導入すれば、工事現場にコンクリートミキサー車が到着したことをすぐに把握できる。小売企業に導入すれば、在庫状況の把握や、各店舗での店長選びが容易になる。いずれは病院に設置され、医師や助手の動きを監視し、医療ミスを見つけたら手遅れになる前に警告してくれるようになるかもしれない。

(3)学習方法の学習

最終的に行き着く先は、学習方法を学習するコンピューター、つまり、自力でプログラムを生成するコンピューターである。コンピューターもいずれは人間と同じように、ほかの人間をまねするだけでなく、これまで以上に優れた新たな解決策を考案するようになるだろう。現在、ディープ・ニューラル・ネットワークや転移学習が飛躍的な進歩を遂げつつあるが、AIの発展を階段にたとえると、まだその第一段目に立っているにすぎない。階段の一番上には、汎用人工知能や、言語を完璧に理解する機械がある。もはや人間と同等、あるいは人間と区別がつかないほどの知性である。

わが社のトップクラスのAI研究者のひとりが、コンピューターが学習方法を学習する過程を明らかにしようと、ある実験を行っている。有名なコンピューター科学者兼医師として、わが社の研究室を運営するエリック・ホービッツは以前から、知覚し、学習し、推論する機械に大きな興味を抱いていた。その彼が、こんな実験を試みた。訪問客が来た時、いつもは社員がエリックのもとへ案内していたが、社員の手間を省き、もっと重要な仕事に取り組めるように、AIシステムに訪問客を案内させるという実験だ。訪問客が1階のロビーに入ってきたら、カメラとコンピューターで即座にそれを感知し、訪問客の動く方向、速さ、位置を計算・予測し、エレベーターの扉が目の前で開くようにする。エレベーターを降りると、ロボットがあいさつし、複雑に配置された迷路のような廊下やオフィスの中を、エリックのオフィスまで案内する必要があるかどうかを尋ねる。訪問客がオフィスまで来ると、仮想アシスタントがすでに到着を予期しており、エリックが電話中の場合には、電話は間もなく終わるのでいすに座って待っているようにと指示を出す。このシステムは、基本的な訓練を受けると、やがて自力で学習方法を学習し、プログラマーを必要としなくなった。たとえば、ロビーに来た訪問客が立ち止まって携帯電話に出たり、床に落としたペンを拾ったりする場合に、どうすればいいかをきちんと学習していた。AIは、推論し、学習し、自分のプログラミングを始める。

ピーター・リーも、マイクロソフトの優秀なAI研究者のひとりだ。ある朝、彼のオフィスで話をしていると、ピーターはジャーナリストのジェフリー・ウィランズが語ったこんな言葉を取り上げた。「一つの言語を理解するには、少なくとも二つの言語を理解しなければならない」。ゲーテも、「外国語を知らない人は、母国語について何も知ってはいない」と述べている。ある一つのスキルや精神機能を学習したり向上させたりすれば、別のスキルや精神機能にもプラスの影響がある。それが転移学習だ。これは、人間の知能だけでなく、機械の知能にもあてはまる。実際、わが社のチームがコンピューターに英語を話す訓練を行ったところ、スペイン語やそのほかの言語の学習速度が向上した。

ピーターのチームは、言語の壁を破るリアルタイム翻訳機の開発を目指している。一度に100人の人々が9か国語で話をしたり、50か国語でメッセージを送信したりできる翻訳システムである。それが可能になれば、心躍る結果が待っている。世界中の労働者が、スカイプを利用したりスマートフォンに話しかけたりするだけで、即座に互いのことが理解できる。中国人メンバーが母国語で販売やマーケティングの計画を語れば、それを聞いている外国人メンバーは、その内容を自分の母国語で聞き、理解できる。

スティーブ・クレイトンは、自分と同じように複数の人種から成る家族には、このテクノロジーはきわめて意義深いものになると語っている。スティーブは実際、このテクノロジーのデモンストレーションを初めて見た時、これで英語を話す幼いわが子も、中国語を話す親類と話ができるようになると思ったという。

将来的には、ほかの開発者がわが社のツールを使い、当初設定された翻訳機の機能をさらに拡張していくことだろう。たとえば医療機関は、英語やスペイン語などのほか、きわめて特殊な言語にも医療用語を翻訳できるシステムを望んでいるかもしれない。そんな場合には、AIツールに医師の話を聞かせる。するとしばらくの観察期間を経た後、AIツールは自ら、医療翻訳に特化した新たなモデルを自動的に生成するようになる。ネイティブアメリカンの部族が、年長者の話を聞くことで母語を伝承していくのと同じである。さらに、こうした翻訳システムが、ただ翻訳するだけでなく自ら機能を向上させ、会話から患者の治療を改善するアイデアを提示したり、会話をもとにエッセーを書き上げたりできるようになれば理想的だ。

古くからAI最大の目標は、家庭でも職場でも人生を最大限に充実させられるよう支援してくれる、きわめて優秀なアシスタントを生み出すことにある。その点でマイクロソフトのコルタナは、こうしたアシスタント・ソフトウェアの現状や未来を検証するのに格好の存在と言える。コルタナは、人気ビデオゲーム『ヘイロー』に登場する人工知能にちなんで名づけられた。目指すは、ユーザーに関する深い知識を持ち、ユーザーが第二の自分と思えるような、きわめて優秀なアシスタント・ソフトウェアである。いずれコルタナは、ユーザーの状況や家族、仕事だけでなく、世界を把握するようになる。その学習能力に制約はなく、使われれば使われるほど賢くなる。さまざまなアプリとの情報のやり取り、オフィスの文書やメールからも、ユーザーの情報を学んでいく。

現在、116の国で毎月1億4500万人以上のユーザーがコルタナを利用しており、コルタナが受けた質問はすでに130億に及ぶ。質問を受けるごとにコルタナは学習し、人間の役に立つ能力を日増しに高める。私はすでに、その機能に頼って仕事をしている。コルタナはメールの内容を確認して、私がどんな約束をしたかを把握し、締め切りが近づくと通知する。3週間後に作業の進捗を確認すると誰かに約束すれば、コルタナはそれを記憶にとどめ、私が確実に約束を守れるよう後で教えてくれる。

コルタナのチームは、比較的新しいAI&リサーチ部門に属し、ベルビューの街中に立つマイクロソフトの高層ビルに勤務している。オフィスの窓からは、米国北西部の湖や山並みが見渡せる。こうした環境の美しさ、および最先端のイノベーションを追求するミッションに魅せられ、そこには設計者や言語学者、ナレッジエンジニア、コンピューター科学者など、途方もない才能の持ち主たちが集まっている。

そのチームの技術管理者のひとり、ジョン・ハマカーは、「コルタナなしでは生活できない。今日もコルタナに救われた」と顧客に言ってもらうことが目標だという。ハマカーのチームは、それを実現させるシナリオを追求する日々を送っている。ユーザーはどんなことをしているのか。誰といつ、どこで、どのような交流をしているのか。どうすればユーザーとの絆を築けるのか。時間を節約し、ストレスを軽減し、常に日々の課題の一歩先を行けるようユーザーを支援するには、どうすればいいのか。ハマカーは、GPSやメール、カレンダー、ウェブからの関連情報など、あらゆるデータをもとに、ユーザーを理解する方法、さらにはユーザーに共感する方法を探し求めている。いずれは、データに不足があれば、デジタル・アシスタントがサポートを充実させるため、わからないことをユーザーに質問する時間を設けるようになるかもしれない。だが最終的には、通貨も言語も違う場所に行った場合など、事情がまるでわからない時にも手を貸してくれるようになるだろう。

セマンティック・オントロジーを専門とするエンジニアは、事情がまるでわからないこうした状況に強い関心を抱いている。セマンティック・オントロジーとは、人間と実体との相関関係を研究する学問である。彼らは、単に検索結果を表示するだけでなく、それをはるかに超えた能力を持つデジタル・アシスタントの開発を目指している。アシスタントが状況や意味を理解し、それをもとにユーザーのニーズを正確に予測できる日が来るのを夢見ている。デジタル・アシスタントは常に、正しい回答を返さなければならない。時には、ユーザーが気づきもしなかった質問にも答える必要がある。

コルタナのチームに在籍しているエマ・ウィリアムズは、エンジニアではない。マイクロソフトに入社するまでは、古英語や古代スカンジナビア語の文学を専門とする学者だった。現在の彼女の仕事は、コルタナを含め、AI製品の心の知能（EQ）（訳注＊自分や他人の感情を把握したり、自分の感情を自制したりする能力）の設計について考察することだ。ウィリアムズは、チームがアシスタント・ソフトウェアに組み込もうとしている頭の知能（IQ）については不安を抱いていない。だがそこには、EQも組み込む必要がある。

ある日ウィリアムズは、新たな構造を持つコルタナが開発されているのを発見した。そのコルタナは、特定の質問に対して怒りを示す。彼女はそれに即座に反対した（彼女がバイキングに関する古代スカンジナビア語の物語から学んだことがあるとすれば、新たな発見のために戦略を正当化してはいけないということだ)。コルタナは、常に冷静で落ち着いていることを無条件に約束するものであるべきだ。ユーザーに腹を立てるのではなく、むしろユーザーの心の状態を把握し、それに適切に対応するものでなければならない。チームはウィリアムズの感性に従い、コルタナを修正した。

このAI搭載アシスタントの開発を旅路にたとえると、私たちはまだ、先の長い旅路の最初のわずか数キロメートルを歩いただけだ。しかし、そこから生まれるかもしれないものを想像すると、興奮を抑えられない。

以前マイクロソフトで働いていた著名な科学者デビッド・ヘッカーマンは、30年にわたりAIに取り組んでいた。数年前には、受信箱をいっぱいにしてしまう迷惑メールの弱点を見つけ、それを効果的に防ぐシステムを開発した。その彼がマイクロソフトに設立したチームは現在、HIVやがん、普通の風邪の弱点を発見し、それを治療に活用する機械学習アルゴリズムを開発している。エイズを引き起こすHIVは、人間の体内で素早くさまざまな形に変異するが、こうした変異にはさまざまな制約がある。このチームが開発した先進的な機械学習アルゴリズムは、HIVタンパク質のうち、その機能に絶対に欠かせない部分を見つける。臨床データを使って変異をシミュレーションし、ターゲットとなる部分を特定できれば、後はその部分を攻撃するワクチンを開発すればいい。同様に、がん細胞のゲノム配列を解析し、免疫系が攻撃すべき最も効果的なターゲットを予測する試みも行われている。

こうしたＡＩの可能性には驚かされるが、量子コンピューターの可能性にも目を見張るものがある。

カリフォルニア州サンタバーバラは、シリコンバレーよりもハリウッドに近い。ハリウッドのすぐ北西、ビーチを目の前にしたカジュアルな雰囲気のカリフォルニア大学サンタバーバラ校が、テクノロジー産業の未来を担う量子コンピューター開発の中心地だとは少々意外な気もする。だが、ハリウッドの近くというのは、ある意味ではその開発の場にふさわしいのかもしれない。教科書よりも映画のほうが、量子物理学や量子力学の世界をわかりやすく教えてくれるからだ。テレビシリーズ『トワイライト・ゾーン』でホストを務めたロッド・サーリングの言葉は、それをうまく表現している。「あなたは別の次元の世界に向かっている。そこは、目や耳だけの世界を超えた心の世界、想像力だけが支配する驚異の世界。行く手に標識が見える。次の停車駅、そこがトワイライト・ゾーンだ」

量子コンピューターを説明するのは難しい。量子物理学上、原子や原子核には量子ビット（キュービット）としてまとめて利用できる性質がある。それをコンピューターのプロセッサーやメモリーに応用した量子コンピューターは、１９８０年代から研究が始まった。キュービットは、私たちが暮らす環境から分離されて相互に作用し合い、従来の古典的コンピューターよりも飛躍的に速い計算を実現する。

現在では、光合成、鳥の渡り、あるいは人間の意識までもが、量子プロセスとして研究されている。従来のコンピューターの世界では、人間の脳が考えたことを、コンピューターに打ち込んだり話しかけたりすると、コンピューターがディスプレー上にフィードバックを返す。一方、量子コンピューターの世界では、ある研究者の推測によると、人間の脳とコンピューターの間の境界がなくなる。今はまだ、両者は遠く離れているが、いずれ意識がコンピューターと同化するかもしれない。

ノーベル物理学賞を受賞したデンマークの物理学者ニールス・ボーアはかつてこう述べた。「量子力学に深い衝撃を受けないとしたら、まだそれをよく理解していないからだ」。後に、同じくノーベル物理学賞を受賞したリチャード・ファインマンは、量子コンピューターの概念を提唱し、量子力学をコンピューター処理に応用する研究を世界に広めるきっかけをつくった。その研究を争っている組織の中には、マイクロソフトやインテル、グーグル、IBMなどの大企業、Dウェイブなどの新興企業もあれば、潤沢な国防予算を持つ各国政府もある。いずれも、量子コンピューターがコンピューターの物理そのものを根本から変えるものと期待している。

もちろん、量子コンピューターが簡単に構築できるものなら、今ごろはもう完成していることだろう。従来のコンピューターは、2進コードと物理法則に支配される。一方、量子コンピューターは、ビットという線形世界で行われていたあらゆる種類の計算（数学や科学、工学）を、キュービットという多次元宇宙で行う。従来のビットは1か0のどちらかの状態しかとれないが、キュービットは、あらゆる組み合わせ（重ね合わせ）が可能であり、一度に無数の計算ができる。数多くの計算を並列で行い、同時に答えを出すことが可能だ。そのため、わが社のある科学者によると、適切に構築された量子アルゴリズムでは、「間違った答えがほとんど排除される『誤答の大虐殺』」が起きるという。

量子コンピューターは、従来のコンピューターより処理が速いだけではない。その仕事量はもはや従来のスケーリング則を凌駕し、ムーアの法則は時代遅れの遺物になる。インテルの創業者ゴードン・ムーアが公式化したムーアの法則とは、機器の集積回路内のトランジスタ数が、およそ2年ごとに2倍になるという経験則である。実際、初期のスーパーコンピューターのトランジスタ数は1万3000個前後だったが、現在家庭にあるXbox Oneのトランジスタ数は50億に達している。だが、最近のインテルの報告によれば、増加のペースは鈍化しており、AIの発展を促すため、処理をさらに高速化する別の手段が切実に求められているという。その需要を一時的に満たすため、グラフィック・プロセシング・ユニット（GPU）ファーム、テンソル・プロセシング・ユニット（TPU）チップ、クラウドのフィールド・プログラマブル・ゲート・アレイ（FPGA）といった革新的な加速装置が開発されているが、最終的には量子コンピューターが必要になる。

私たちは現在、従来のコンピューターでは何世紀もかかる問題を解決する必要に迫られている。だがそんな問題も、量子コンピューターを使えば、わずか数時間か数分で解けてしまうかもしれない。たとえば、現代最高レベルの暗号でも、量子コンピューターは信じられないような速さと正確さで解読する。現代のRSA－2048暗号を解読しようとすると、従来のコンピューターでは10億年かかる。ところが量子コンピューターでは、およそ100秒しかかからない。つまり2分未満だ。幸い、量子コンピューターは暗号化方式にも革命をもたらすため、コンピューターは危険にさらされるどころか、いっそう安全に利用できるようになるだろう。

量子コンピューターを実現するには、科学・工学上の三つの飛躍的発展が必要だ。数学の分野では位相キュービット、超伝導の分野では、信頼性にも安定性にも優れた数千もの位相キュービットを生み出すプロセス、コンピューター科学の分野では、量子コンピューターのための新たなプログラミング方法である。

マイクロソフトでは現在、パートナー企業とともに、量子コンピューターの実現に向け、輸送物理学、実験物理学、理論物理学、数学、コンピューター科学の研究に取り組んでいる。この活動の中心を占めるのがステーションQだ。この研究施設は、カリフォルニア大学サンタバーバラ校の理論物理学部に併設されている。設立したのは、国際数学者会議が授与する数学界最高の賞、フィールズ賞を1986年に36歳の若さで受賞したマイケル・フリードマンである。彼はマイクロソフト・リサーチに入ると、ステーションQに世界有数の量子物理学の専門家を集めた。そこでは、理論物理学者が机上の計算を行い、実験物理学者がその理論的な推測をもとに実験を試み、いずれは電気技術者やアプリ開発者がその成果を利用して量子コンピューターを市場に投入しようと努力を重ねている。

ある日の正午過ぎのことだ。ステーションQで2人の理論物理学者が、タコス・アル・パストールを食べながら、最近の実験結果についてある実験物理学者を質問攻めにしている。彼らは、マヨラナ粒子と呼ばれる数学と物理学が複雑に交わる世界の研究について議論していた。マヨラナ粒子とは、定常状態の量子コンピューターの開発に必要な超伝導の可能性を秘めた粒子である。近くのキャンパス・ポイント・ビーチで太平洋に反射した日光が、会議室を囲む黒板にチョークで記された無数の方程式を照らしている。

機に応じて徹底的に協力するこのような姿勢こそ、わが社に必要な飛躍的進歩を生み出すのに欠かせないものだ。マイクロソフトの元最高技術責任者クレイグ・マンディは、先見性に優れ、何年も前に量子コンピューターへの取り組みを始めた。だが、研究プロセスはスムーズにはいかない。まずは、理論物理学者がある見解を発表する。すると、実験物理学者がその理論を実験で検証し、その結果を発表する。実験が失敗したり次善の結果が出たりすれば、理論物理学者が実験の方法論を批判したり当初の理論を変更したりする。こうして全プロセスがまた繰り返される。

現在では、量子コンピューターの需要の高まりに合わせ、開発競争が激化している。開発に一番乗りするには、理論と実験と開発の間の時間を縮めるしかない。量子コンピューターの開発はもはや、軍拡競争のような観を呈しつつある。わが社も、より迅速に、より効率的に、より結果本位に行動する必要があるため、量子コンピューターを開発するための目標とスケジュールを設定した。目指すは、従来のコンピューターではできないことができる、数千ものキュービットを擁する有益な量子コンピューターである。その実現には、さらなるパートナーシップが強く求められる。そこで、世界中の優秀な人材を呼び集めて、対等な立場で研究を進め、謙虚にほかの研究者の見解を受け入れ、協力して問題に取り組むよう求めた。実験物理学者と理論物理学者が同じテーブルについたりスカイプを通じて密接に連携したりしながら、見解や実験を積み上げていけば、プロセスの大幅な合理化につながる。

これまでにわが社は30以上の特許を取得したが、ゴールラインは依然として遠い。クラウドや人工知能、複合現実の競争は大々的に報道されているが、量子コンピューターの競争についてはほとんど注目されていない。内容が複雑でわかりにくく、研究が秘密のベールに包まれていることが、その一因だろう。

量子コンピューターが実現すれば、AIの能力が向上し、人間の言葉を真に理解し、それを正確に要約することも可能になるだろう。それどころか、いずれは医学を驚異的に発展させ、人間の命を救う役目を担うようになるかもしれない。たとえば、HI

Vをターゲットにしたワクチンを開発しようとすると、従来のコンピューターでは資源がまるで足りない。HIVのタンパク膜はきわめて変化しやすく、絶えず進化しているからだ。そのためここ数十年の間ずっと、HIVワクチンの開発にはあと10年はかかると言われ続けてきた。だが量子コンピューターがあれば、まったく新たなアプローチでこの問題に対処できる。

現行のテクノロジーでは対処できないそのほか無数の分野についても、同じことが言える。たとえば、高温超伝導体、エネルギー効率のいい肥料生産、ひも理論などだ。量子コンピューターは、きわめて注目度の高い問題に新しい展望をもたらすだろう。

量子コンピューターの問題を解決するわが社の取り組みの中心にいるのが、コンピューター科学者のクリスタ・スボレだ。彼女は、コロンビア大学でフォールト・トレランスと量子コンピューターの拡張可能性を専門に学び、博士号を取得した。さらにその後の1年間、マサチューセッツ工科大学で実験物理学者と協力し、量子コンピューターの制御に必要なソフトウェアの設計について研究を重ねた。クリスタのチームは現在、数学・物理学・超伝導の専門家が量子コンピューターの開発に成功することを前提に、新たなソフトウェア・アーキテクチャの設計を行っている。それに先立ち、ソフトウェアでまずはどんな問題に取り組むべきかを決めるため、世界中の量子化学者を招き、プレゼンテーションやブレインストーミングをしてもらった。すると、ある一つの問題が浮かび上がった。現在、世界中の何百万もの人々が、不十分な食料生産や問題のある流通システムのため、飢えに苦しんでいる。それに関連してとりわけ大きな問題になっているのが、食料生産に欠かせない肥料だ。肥料はコストがかかるうえ、流出して環境資源に悪影響を及ぼす恐れがある。ちなみに肥料をつくるには、空気中の窒素をアンモニアに変換しなければならない。そうすることで、菌類が分解できるようになる。これは、1910年にその方法を開発したフリッツ・ハーバーとカール・ボッシュにちなみ、ハーバー・ボッシュ法と呼ばれるが、当時から現在に至るまで、その製造法にはまるで変化がない。問題があまりに大きく複雑なため、ほとんど進歩がなかったのだ。しかし、量子コンピューターと従来のコンピューターを組み合わせて大々的な実験を行えば、菌類と同じ働きをする新たな人工触媒を発見し、肥料生産に必要なメタンガスやエネルギーの量を減らせるかもしれない。そうなれば、環境への負荷も軽減できる。

マイクロソフトは、量子コンピューターの分野で、ほかのライバル企業とはまったく異なるアプローチを取ろうとしている。量子コンピューターの最大の敵は「ノイズ」、つまり宇宙線や稲妻による電子妨害である。隣で携帯電話を使っただけでもノイズは発生するため、この問題を克服するのはきわめて難しい。ほとんどの量子テクノロジーの実験が超低温の環境で行われるのは、そのためでもある。それに対してステーションQチームは、マイケル・フリードマンの当初の研究をもとに、世界中の研究者と協力し、トポロジカル量子コンピューティング（TQC）というアプローチを開発した。TQCはほかのアプローチに比べ、量子資源のオーバーヘッドが2、3桁分も少ない。また、このタイプの位相キュービットは、ノイズの影響を受けにくいため、当然ほかのアプローチよりエラーを起こしにくい。このアプローチには、基礎物理学の新たな分野での発見が必要になるが、潜在的な利益は計り知れない。

だが、量子コンピューターがいつかスタンドアロン型の超高速パソコンになり、職場の各自の机の上に置かれるようになるとは想像しないほうがいい。むしろ量子コンピューターは、従来の数多くのプロセッサーから指示や命令を受け取って処理する補助プロセッサーとして機能するようになるだろう。このハイブリッド・システムはクラウドで稼働し、高度に複雑な計算の処理能力を信じられないほど加速させる。その結果、たとえばユーザーを支援するAIアシスタントは、膨大な量の図表の確認が必要な問題にも取り組めるようになる。量子コンピューターを使えば、無数の可能性を検証し、その中から即座にいくつかの選択肢を提示することも可能だ。

キュービットの開発実験の進歩により、現在では拡張可能なキュービット・テクノロジーまで生まれている。それを考えると、あと数年で小規模な量子コンピューターが開発される可能性もある。そうなれば、簡単な量子アルゴリズムを使った初期アプリケーションの開発が可能になり、一部の問題については従来のコンピューターを上回る性能を発揮するようになるだろう。それどころか、さらに長い「論理《ロジカル》キュービット」の開発や、より規模の大きい安定した量子コンピューターを目指す技術的努力も加速していくに違いない。

量子コンピューターのハードウェア・アーキテクチャを拡張可能なものにするためには、現在のコンピューター科学者、物理学者、数学者、エンジニアが協力して、汎用量子コンピューターの実現に向けた課題を克服していかなければならない。量子コンピューターの開発に成功すれば、人工知能の知的能力はさらに高まり、複合現実が提供する没入型経験はさらに進化する。私たちはそう確信している。

chapter 7

信頼の方程式

デジタル時代の不朽の価値
――プライバシー、安全、言論の自由

2014年11月24日の朝、ソニー・ピクチャーズエンタテインメントのコンピューターシステムが、「ガーディアンズ・オブ・ピース（平和の守護者）」と名乗るグループによってハッキングされた。米国の情報当局は、このハッカー集団の背後に北朝鮮政府がいるとみている。ハッカーたちは盗み出したソニーの社内メールを公開し、同社の幹部らが映画スターを含む著名人についてきわどいコメントをしていたことを暴露した。伝えられるところによると、ハッカー集団がソニーを標的としたのは、同社が製作した風刺コメディー映画『ジ・インタビュー』に反発したためだった。セス・ローゲンとジェームズ・フランコが共演したこの映画では、2人が自分たちのトーク番組のため、あろうことか北朝鮮の指導者、金正恩（キム・ジョンウン）へのインタビ

ューを企画する。またとないチャンスとみたCIA（中央情報局）は、早速ローゲンとフランコを抱きこみ、インタビューに乗じてこの独裁者を暗殺するよう依頼する。その後は、ハリウッドおなじみのドタバタ劇が続いていく。

そんなあらすじに何のユーモアも感じなかったらしいハッカーたちは、ソニーと、この作品の上映を決めた劇場を脅迫した。「平和を壊し、戦争を招くテロ映画の上映を即刻放棄せよ」。それが彼らの主張だった。12月1日以降、漏洩したソニーのファイルがファイル共有サイトに投稿されているのが確認される。そして12月19日には、FBI（連邦捜査局）が一連の行為は北朝鮮の仕業と断定し、ソニーは劇場公開を断念せざるを得なくなる。

莫大な損失を出しかねない危機に陥ったソニーは、作品をインターネットでストリーミング配信してくれるパートナーはいないか、水面下で候補企業と接触を始めた。マイクロソフトをはじめとするメディア・テクノロジー企業は良心の危機に直面した。『ジ・インタビュー』の配給を手助けして、言論の自由のために立ち上がるべきか。それとも、この問題から距離を置いて、作品をお蔵入りさせるべきか。その選択を迫られたのである。マイクロソフトのセキュリティー技術陣からはこんな警告を受けた。マイクロソフトがこの映画を配信すれば、北朝鮮のハッカーは次に私たちのデータセンターを狙う可能性が高い。そうなれば、マイクロソフトのオンライン・サービスを利用する10億人の顧客の安全が脅かされてしまう。機能停止による損失は大きく、個人データが流出する恐れもある。そんな内容だった。悪いことに、マイクロソフトは当時、クリスマスに「リザード・スクワッド」という謎の悪玉ハッカー集団の攻撃があることを予想していた。

北朝鮮と対決することになれば、その代償は非常に高くつくかもしれない。マイクロソフトのブランドを含め、多くのものが危険にさらされる。それでも私たちは最終的に、ここで問われているのはもっと重要なことだと判断した。それは、私たちを私たちたらしめているものは何か、ということだ。言論の自由、プライバシー、安全、主権。こうした普遍的な価値に関しては絶対に譲れない。

クリスマス直前の時期、私はインドの実家に帰っていた。当時マイクロソフトの最高法務責任者だったブラッド・スミスは、滞在先のベトナムから、業界を挙げた対応を調整し始めた。クラウド部門を担当する幹部のスコット・ガスリーは、レドモンドの本社で、複数のサイバー攻撃に遭っても耐えられるように堅牢な技術的対策を陣頭指揮した。私たちは本社の急ごしらえの作戦ルームに陣取った技術者たちと、電子メールやスカイプを通じて絶えず連絡を取り合っていた。筋の通った姿勢で臨もう。そしてしっかり準備しよう。みな、そんな思いで動いていた。

クリスマスの前日、私は取締役会に宛ててメッセージを送った。「私の結論はこうです。米国市民が憲法で保障された権利を行使するのを積極的に支えていくこと、これはマイクロソフトの中核的な目的、事業、そして価値観に沿った行動なのです」。取締役会には、会社が高度な警戒態勢をとることも約束した。

そんなわけで、映画配信に伴うリスクを警告してくれたセキュリティー技術陣には、家族との休暇を返上して、作品を安全に公開できるプランの考案に24時間体制で取り組んでもらうことになった。打開策が見つかったかと思えば壁にぶつかる。そんな状態を繰り返しながらも、会社の総力を結集し、クリスマス当日に「Xbox Video」での公開にこぎつけた。結果は大成功だった。緊張を強いられ、破滅的な結果を導く恐れもある経験だった。それでも、私たちがしたことは正しい行動だった。

はっきりしているのは、多国間で合意されたサイバーセキュリティーの国際ルール、言うなれば「デジタル版ジュネーブ条約」が世界に必要ということだ。戦時の文民保護を定めた1949年のジュネーブ条約のように、平時にインターネット上の市民保護を加盟国の政府に義務づけるものである。こうした条約があれば、政府は、民間部門や重要インフラを狙ったサイバー攻撃や、ハッキングによる知的財産の盗取を防止する責任を担うことになる。政府はまた、こうした行為に関して民間部門による発見や制止、対応、復旧を手助けする義務を負い、ソフトウェアの脆弱性が認められた場合は、その情報の保存や販売、活用をせず、企業側に報告することも求められる。

振り返ってみれば、国家の枠を超えた危機に直面した際にマイクロソフトが企業としての価値観を守り、信頼を得るための準備は、ソニーへのサイバー攻撃よりも1年以上前に起きた事件をきっかけに始まっていた。

2013年5月、米国家安全保障局（NSA）の契約職員だったエドワード・スノーデンが、米国からロシアに亡命しようと中国行きの航空機に搭乗した時、自由や安全といった米国の建国の精神が試されることになった。マイクロソフトの創業の精神が問われることになったのは言うまでもない。私はその数カ月後にマイクロソフトのCEOに就任するが、当時はまだクラウド&エンタープライズ部門を率いていた。何テラバイト分もの電子メールなどのデータを世界中のサーバーに預かっている部門である。プライバシーや言論の自由といった個人の永久の権利と、安全と保護を求める人々の要望とのせめぎあいが、私の前で展開されることになったわけだ。

ご存じのように、スノーデンは政府の機密文書にアクセスできる立場を利用して、NSAのデータ監視プログラム「プリズム（PRISM）」の存在を暴露した。このプログラムは、クラウドやサーバーに保存された電子メールなど、インターネット上の通信内容を収集していた。もともとは2001年9月11日に起きた同時多発テロを受けて、セキュリティー対策が強化される中で生まれたものである。PRISMで集められた電子メールや文書をスノーデンがメディアにリークすると、たちまちセンセーショナルな見出しの記事であふれかえった。人権団体からは抗議の声が上がり、政府の最高レベルからも非難が相次いだ。

当初の報道では、捜査当局や情報機関は米国内のサーバーにある私用メールを直接閲覧できると誤って伝えられたため、マイクロソフトやグーグルをはじめとするテクノロジー企業も騒動に巻き込まれることになった。私たちのサーバーが問題視されてしまったわけだ。記事では、サーバー間、あるいはデータセンター間で送受信される顧客データを、政府が捜索令状や召喚状もないままに傍受しているとの疑惑が取り上げられていた。当然のことながら、国民は説明を求めた。あいにく、連邦政府の規則では、マイクロソフトを含むテクノロジー企業は捜査当局や情報機関から受けた要請を一般国民に開示してはならない、と定められていた。

スノーデンの暴露によって、マイクロソフトやシリコンバレーの各社は一気に批判の矢面に立たされた。私たちにデータを預けてくれている顧客やパートナー企業のために、事実関係を早急にはっきりさせなくてはならない。情報化時代の経済のリーダー役としての私たちの価値観を守るため、法廷はもちろん、あらゆる方面で行動を起こす必要がある。私たちはそう考えた。わが社の経営執行チームと緊密に連携をとりながら、ブラッド・スミスがこの取り組みを主導することになった。

危機が起きてから数日後、私たちは声明を出した。その中で、マイクロソフトが顧客データへの直接アクセスを認めるのは、法的な拘束力のある召喚状で要請された場合に限られる、とはっきり説明した。またグーグルとともに、企業が外国情報監視法（FISA）に基づいて受けた命令に関して、情報開示できる範囲を広げるよう求めて訴訟を起こした。

私たちはエリック・ホルダー司法長官にも非公式に手紙を送り、政府から受けた要請をもっと自由に公表できるようになれば、透明性を高められると訴えた。私たちが顧客やパートナー企業のデータをどの程度まで政府と共有しているかをめぐる誤解を解くには、そうした自由の拡大を認めてもらう以外に手立てがなかったからだ。シスコシステムズやIBM、AT&Tといった業界各社は、NSAが米国外で行っている情報収集活動について説明を求めた。私たちは、マイクロソフトや他社が国の安全保障に関わるどんな令状や命令を受け取っているか、またどう扱っているかについて、より詳細な情報を開示できるように、ホルダー司法長官に自ら行動することを求めている事実を公表した。

ホルダー司法長官への手紙にはこう記している。「(私たちは)有効で強制的な法的プロセスに従って顧客情報を開示するという法的義務を順守しています。同時に、顧客のプライバシーの保護も重視しています。そのため、受ける開示要求のすべてについて、準拠法に完全に従っているかを審査する厳正な手続きを設けています」

マイクロソフトはさらに、AOL、アップル、フェイスブック、グーグル、リンクトイン、ツイッター、ヤフーと組んで「リフォーム・ガバメント・サーベイランス」という団体もつくった。メンバー企業は、米国やほかの国の政府がユーザー情報を収集する権限を制限すべきだと主張した。私たちは政府による情報請求に関して、監視と説明責任を強化し、透明性を確保するよう求め、政府は情報の自由な流れを尊重する必要があるとも訴えた。また各政府に対して、政府間の制度面の齟齬《そご》を解消することも呼びかけた。矛盾した要件が設けられている場合、企業が法律を完全に順守することは、ほぼ不可能になってしまうからだ。

私たちがこうした提言をしたのは、言論の自由や個人のプライバシーを重んじる価値観からだけでなく、もっと現実的な、経済やビジネス上の懸念からでもあった。政府にとって世界経済の成長を下支えするのに最も効果的な方法は、企業や個人が自国外に保存された情報にアクセスすることを妨げる政策を避けること。そう私たちは強く訴えた。

一方、マイクロソフトの社内では、託されたデータのセキュリティーを一段と強化することに全力を注いだ。暗号化の対象を直ちにサービス全体に広げ、ソフトウェアのコードの透明性も高めた。こうした取り組みは、顧客に対して、マイクロソフトの製品には政府や他者によるデータアクセスを可能にする「バックドア（裏口）」が含まれていない、と安心させるのに役立った。データセンターの再編も決まり、私はその実行に取りかかった。新たに莫大なリソースを投じる必要があったが、これも正しい行動だった。

当時、連邦政府がとっていた立場は、私たちからすると不快きわまりないものだったが、オバマ大統領は別の意見を聞く耳を持っていた。2013年末、ブラッドらは業界の代表として大統領と非公式に面会し、私たちの考えを直接伝えた。そうして政府との協議が始まった。翌年1月16日、マイクロソフトに1本の電話が入った。例の訴訟について、あなた方により有利な条件で和解したい。司法省からのそんな連絡だった。オバマ大統領がNSAによる監視活動の改革案を発表する前日のことである。

翌月、オバマ大統領は、米国の安全保障当局が出す法的命令に関する情報について、テクノロジー企業による詳細な情報開示を初めて認めた。

データの機密保護でテクノロジー企業が果たす役割をめぐる報道は以前よりも正確となり、国民の議論も十分な情報に基づいて行われるようになった。私たちは大統領の取り組みを高く評価しながらも、政府のデータアクセスに関わる政策をさらに改善する必要があると引き続き訴えた。危機はまだ終わっていなかったのである。

数カ月前の2013年12月、マイクロソフトは麻薬事件に関連して、ある個人の電子メールアカウントのデータを提出するよう、米国の検察当局から命じられていた。データは、アイルランドのダブリンにあるマイクロソフトのサーバーに保存されていた。またしても、政府の責任と民間の責任との緊張状態に直面することになったわけだ。今回は、犯罪者を処罰して公共の安全を守るという検察として当然の要請と、個人のプライバシーや言論の自由を守るという企業に求められる義務との対立だった。政府と顧客、両方の信頼を保つ方策を見いだす必要があった。

慎重に検討を重ねた末、マイクロソフトは政府の命令の取り消しを求めて連邦地方裁判所に提訴した。アイルランドに米国の法律が適用されない以上、そこにあるデータセンターに保存されているデータの提出を米国企業に求めることはできない、と主張した。ニューヨーク・タイムズ紙に載ったマイクロソフトの立場を支持する論説が指摘しているように、米国当局がアイルランドにあるデータの提出を企業に求められるとすれば、ブラジル当局がサンフランシスコにあるデータの提出を、リオデジャネイロで活動する米国企業に命じることも認めなくてはならなくなってしまう。

この手の訴訟には多額の費用がかかるものだが、私たちの中核的な価値観が脅かされた時には、政府の命令であっても抵抗しなくてはならない。結局のところ、製品は生まれては消えていくものだが、価値観は不滅だからだ。連邦地裁では検察側の主張が支持されたが、マイクロソフト側は判決を不服として控訴し、連邦第2巡回区控訴裁判所では私たちの主張が認められた。控訴裁のスーザン・L・カーニー判事は判決について、「連邦議会の定める法律は、別段の意図が示されていない限り、合衆国の司法管轄区域内に限った適用が意図されているという、米国法の積年の原則」に基づいたものだと述べている。本書の刊行直前に、司法省は最高裁判所への上訴を決めた。

この章の始めに取り上げたソニーへの深刻なハッキング事件は、このように価値観と価値観がぶつかり合い、激しい国民的議論が巻き起こり、法廷闘争が繰り広げられる中で起きたものだった。

個人の自由と公共の安全とのバランスを保つという難しい問題は、2015年12月、カリフォルニア州サンバーナディーノで発生したおぞましいテロ攻撃を受けて、もはや覆い隠せないものとなった。この事件では、過激派組織「イスラム国（IS）」に傾倒する夫婦が、職場で開かれたパーティーの参加者に向かって銃を乱射し、14人を殺害、22人を負傷させた。犯人のひとりが所有していたiPhoneに、事件を解明する手がかりとなり、ひいては将来の襲撃の予防にも役立つ情報が保存されている可能性があるとみたFBIは、アップルにiPhoneのロックを解除させるべく裁判所に申し立てを行った。

アップルは反発した。CEOのティム・クックは、iPhoneのセキュリティーを破るには新たなソフトウェアを作成するしかないが、それはあらゆる者に侵入を許す「バックドア」を設けるようなものだと反論した。アップルは、FBIがデータのセキュリティーを脅かそうとしていると考えた。FBIの主張が認められてしまえば、米国政府がテクノロジー企業に対して製品の安全性を損なうようなソフトウェアをつくらせたい時、引き合いに出せる前例をつくり出してしまうからだ。技術者たちもアップルの立場を支持した。

マイクロソフトは再び難しい判断を迫られた。私個人にとっても、非常に頭を悩ませる判断だった。私にも捜査機関で働く親族がいるし、公共の安全を守るために証拠を入手する必要性があることも理解しているつもりだ。そして多くの場合、公共の安全とは私たちの顧客の安全でもある。国民の間ではテロリズムへの懸念が高まっていたので、マイクロソフトにとっては政府の立場を支持したり、あるいは単に議論から距離を置いたりするほうが楽な道だったと思う。

だが最終的に、マイクロソフトは普段からしのぎを削っている他社の多くとともに、アップルの支持に回った。各社と同様、この訴訟の結果がテクノロジーと顧客に悪影響を及ぼしかねないと懸念したからだ。一般的に言って、バックドアが悪いものであることに疑問の余地はない。それは、ソフトウェアの安全性を損ない、ユーザーの不信感を募らせてしまうものだからだ。誰かの個人データに容易にアクセスできるようにするバックドアを意図的に仕込むのは、危険な行為と言わざるを得ない。

ただ、私たちは同時に、捜査機関による個人データの利用をめぐる問題はきわめて重要なため、テクノロジー業界のＣＥＯだけで解決するべきではないと認識していた。この問題について、さまざまな分野の人が議論し、現実的な法的解決策を探る団体の設立を、マイクロソフトが呼びかけたのはそのためだ。現実的な解決策とは、セキュリティーを保護しながら、必要に応じて捜査機関によるデータアクセスを認めるものになるはずだ。つまり、適切なバランスの確保が不可欠となる。ある価値の熱烈な信奉者になるのはたやすいが、それでは問題を正すことはできない。個人はプライバシーと安全性を同じくらい気にかける。企業もまた、その両方に配慮する。なぜなら、安全性と信頼性はいずれも成長に欠かせないものだからだ。そして、国家は孤立した存在ではない。だからグローバルな解決策が必要となる。要するに、信頼できる国際的なシステムがなければ、どの国も安全ではないのである。

iPhone のロック解除をめぐる議論が続く中、実業家でニューヨーク市長も務めたマイケル・ブルームバーグがウォールストリート・ジャーナル紙に寄せた論説は、私の考えを完璧に代弁してくれていた。彼はその中で、自由によって繁栄している業界のリーダーたちが、その自由を守ろうとする政府の取り組みに抵抗しているのは皮肉だと指摘している。さらに、シリコンバレーの技術者たちに対して、テロリズムとの戦いで政府の道具になることを望むのはさすがに無理だとしても、多少の協力を求めるくらいは許されるのではないか、との見解も示している。

ソニー、スノーデン、サンバーナディーノ、そしてアイルランドのデータセンター。世間の注目を集めたこれらの問題は、プライバシーや言論の自由といった個人の自由の保護と、公共の安全のような市民社会の要請とが対立する状況を浮き彫りにした。この対立は道徳的あるいは倫理的なジレンマとして、歴史を通じて議論されてきたものでもある。哲学者のトム・ビーチャムはこうしたジレンマを、道徳的な義務によって人が二つ（あるいはそれ以上）の行動のいずれも求められている、もしくは、求められているように見えるがすべては実行できない状況、と定義している。こうした状況では、ある行動に関して道徳的に正しいとする論拠と正しくないとする論拠がともに存在し、しかも、どちらも決め手に欠ける。困ったことに、これはまさにマイクロソフトが陥った状況だった。私がCEOとして、またマイクロソフトが組織として迫られた決断が、あれほど難しく、痛みを伴い、論議を呼ぶものになったのも、こうしたジレンマに陥っていたからだった。

プライバシー対セキュリティーというジレンマを最終的に解決するには、あらゆる方面で信頼を確保するほかない。ただ、これは口で言うほど簡単ではない。顧客には、私たちがプライバシーを守っていると信頼してもらう必要があるが、私たちはプライバシーが保護されない場合について、法律上の条件を明示しなくてはならない。同様に、政府当局には、公共の安全を守るうえで私たちを頼りにできると信頼してもらう必要があるが、それには個人の自由を守るルールが明確で一貫していることが条件となる。確かに、これら2種類の信頼を築いて保っていくこと、つまり個人に関わる義務と公共に関わる義務とのバランスをとることは、これまで常に組織や制度の発展を方向づけてきた。しかし、その難しさは科学を超えて芸術の域に達するものだろう。

イギリス人の指揮者チャールズ・ヘイゼルウッドは、TEDで行った印象深いプレゼンテーションで、オーケストラを指揮する際に信頼関係がいかに重要かを説明している。言うまでもなく、指揮者にとって楽器とはオーケストラそのものだ。指揮者は演奏家を信頼し、自分がタクトを上げれば演奏家が反応すると信じ、演奏者のほうも指揮者を信頼し、指揮者が集団をまとめ上げ、各演奏者が最良の演奏をできる状態をつくり出してくれると信じなくてはいけない。ヘイゼルウッドはこうした信頼を、小鳥を手に握るようなものだと表現している。握り方が強すぎれば、小鳥はつぶれてしまうが、弱いと、小鳥は飛び去ってしまう。

この小鳥は、デジタル世界への移行期における信頼を象徴するとも考えられる。だが困ったことに、その小鳥は今、危うい場所にいる。これは由々しき問題だ。米国は民主主義の灯台である。テクノロジー大国でもあり、クラウド・コンピューティングも牽引している。しかしスノーデン事件は、そのクラウド・コンピューティングで最も配慮しなくてはならない信頼を破壊してしまった。NSAが民間のサービスを使って国家元首を含む人々をスパイしているような状況にあって、米国のクラウド・コンピューティング企業が世界の人々に信頼してほしいと頼めるものだろうか。

テクノロジー企業は、設計のあらゆる面に信頼を組み込んでいかなくてはならない。だが、政策立案者も重要な役割を担っている。信頼は技術だけでなく、それを規制する法的枠組みにも依拠するからだ。この新たなデジタル世界に、私たちに必要なバランスが失われてしまっている原因の多くは、法律がテクノロジーの変化に追いついていないからだ。

信頼を確保するため現代的な政策の枠組みがどうあるべきかについては、後ほど検討したいと思う。その前に、そもそも信頼というものの本質は何か、また、信頼はどのように私たちの価値観や基本的な原則を形づくっているのかを探ってみたい。

サンスクリットの学者だった母と私はよく、東洋と西洋の言葉の意味の違いや、その背景にある思想の違いを調べて楽しんだ。それを通じて、東西の文化の考え方に決定的な違いがあるとわかることも多かった。サンスクリット語のvishvasa（ヴィシュヴァーサ）は「信頼できること」や「信頼性」を意味する。別の単語shraddha（シュラッダ）は宗教的な意味での「信じること」を指すが、「盲信」というよりは、ロナルド・レーガン大統領が引用した「信じよ、だが確かめよ（Trust but verify）」というフレーズで使われているような意味での「信」に近い。

いずれにせよ、英語のtrustとサンスクリット語の「信」の意味は、ほかの多くの言葉と同じように、ベン図で表せば重なり合う部分が大きい。そして、どちらの言語でも、信頼は私にとって神聖な責任を意味している。

コンピューターエンジニアである私にとって、複雑な考えや概念は、プログラムを書くときのスキーマやアルゴリズムで表現してみると理解しやすい。では、信頼を生み出すにはどんな指示を書いたらよいだろうか。もちろん、このような人間的な解を導き出す方程式など存在しないが、あえて書くと左に示した式のようになるかもしれない。

２０１６年、マイクロソフトがリンクトインの買収に向けて交渉を進めていたさなか、同社のＣＥＯジェフ・ワイナーは私にこう言ったことがある。「信頼とは長期にわたって一貫していることです」。これはもっと優れた表現かもしれない。

私の方程式で、「共感（Empathy）」が最初にきていることに注目してほしい。

E+SV+SR=T/t

共感
（Empathy）
+
共通の価値観
（Shared Values）
+
安全と信頼性
（Safety and Reliability）
=
信頼の持続
（Trust over time）

企業が製品を設計する場合も、議員が政策を立案する場合も、人々やそのニーズに共感を持つことから始めなくてはいけない。どんな製品や政策も、人々の生活や現実を反映し、それに配慮しなければ、うまくいかないからだ。そのため、製品の設計者や政策の立案者には、人々の現実を支えている価値観や経験を真に理解し、尊重することが求められる。共感は、人々に信頼される製品や政策をつくるうえで決定的に重要な要素だ。

企業とその顧客やパートナー企業との信頼関係、政策担当者とその政策の影響を受ける人々との信頼関係を支える揺るぎない基盤を整えたいと望むなら、次に必要になるのは一貫性や公平さ、多様性といった共通の価値観（Shared Values）だ。続いて私たちはこう考える。「安全と信頼性（Security and Reliability）」を優先させ、人々が日々、それを当てにできるようにしているだろうか。もしそうしていれば、「信頼の持続（Trust over time）」を築けるだろう。そして信頼があれば、人々や組織は自信を持って体験や探究、実験、表現などに踏み出せる。今日のデジタル世界では、信頼はあらゆるものに関わっている。

2002年、ビル・ゲイツはマイクロソフトの社員に宛てたメモで、信頼できるコンピューティング（Trustworthy Computing）は私たちのほかのどんな仕事よりも重要だとの考えを披露している。「これができていなければ、ほかにどんな大きな仕事をしても、人々はそれを利用したがらないし、利用したくてもできない」。信頼とは単なる握手ではなく、デジタルサービスの利用者と提供者との合意であり、絆である。そうしたデジタルサービスによって私たちは楽しみ、生産的になり、学習や探究、表現、創造、情報の入手などができる。友人とのゲーム、機密文書の保存、個人的な調べもの、起業、子どもの教育、連絡といったすべてを公衆のネットワークを使って行えるわけだ。こうしたテクノロジーは新たなチャンス、新たな世界を切り開き、同じ考えを持つ善意の人たちが地球上のどこにいても、連絡を取り合い、協力し、学び、つくり、シェアできるようにしている。とはいえ、それには裏面があるのも事実だ。害を及ぼそうとする者、インターネット上で攻撃や窃盗、侮辱、いじめ、うそ、搾取を企てる者がいる。信頼は不可欠なものだが、さまざまな力に対して痛々しいほど脆い。

私はこんなふうに考えている。善と悪のせめぎあいは、家や通り、戦場といった物理的空間だけでなく、サイバースペースをはじめ、目に見えにくい空間でも絶えず展開されている、と。デビッド・ガランターの言葉を借りれば、私たちは「ミラーワールド」の時代に生きている。つまり、現実の世界が、データの蓄積に伴い重要性が高まっていくオンラインの世界という鏡の中に映し込まれるようになっている。データの量はどこまで膨らむのだろうか。クラウド上で保存され、分析されるいわゆるビッグデータは、2018年には400兆ギガバイトに達する見通しとなっている。これがどれほど巨大な量かを説明するために、ペンシルベニア大学の研究者が計算したところ、歴史上、すべての人間が話した言葉に含まれる情報量のざっと10倍にあたるという。ほぼ無限と言えるほどの想像を絶する大きさだ。データは有効に活用できる半面、乱用される恐れもある。要するに、サイバースペースというミラーワールドは、善と悪の両面で途方もない潜在力を秘めている。

現実の世界に関する倫理や価値観、法が何世代もの時を経て発展してきたように、サイバースペースに関するルールへの理解も時間とともに深めていく必要がある。もし、米国の捜査官がアイルランドの机の引き出しにしまわれた文書を入手したければ、アイルランドの捜査当局に協力をあおぐはずだ。その書類の押収を求めて、わざわざ米国の裁判所に申し立てるとは思えない。また、政府当局者がある金庫の鍵を解く組み合わせ番号を必要とした場合、その金庫のメーカーに対して、すべての金庫を解錠できるツールを新たにつくるよう求めることもないだろう。ところが先に述べた通り、デジタル情報の場合は、実際にこうした不合理で不当と言わざるを得ない要求がまかり通っている。信頼を築いて守ることを第一の目的として、サイバースペース上のやり取りに関する原則を慎重に練り上げなくてはならない。

歴史を通じて、信頼には倫理的な目的だけでなく経済的な目的もあった。米国はなぜこれほど多くの経済的な機会や富を生み出せたか。ノーベル賞を受賞した経済学者のダグラス・ノースは、まさにこの問いを検討している。彼は、経済を繁栄させるには技術革新だけでは不十分であることを発見した。契約を適正に履行させる裁判所のような法制度も必要なのである。軍閥の首領が手当たりしだいに財産を奪っていくような行為を防ぐ手だてが、ほかにあるだろうか。現代人と原始人を区別するもの、それが信頼と言える。

こうした点については米国の建国の父たちも理解していた。合衆国憲法修正第1条で保障された言論の自由は、彼らが明確に示した普遍的な価値によって支えられている。私たちに今求められているのは、市民や組織、政府間の信頼を損なわない形で、言論の自由を守るデジタル分野の出版法を策定することだ。同様に、修正第4条に明記された不合理な捜索や押収の禁止も、普遍的な価値に基づいている。この価値も法律で支えつつ、法律自体も社会や政治、経済、技術の変化に応じて更新していく必要がある。

これは米国で数世紀にわたって展開されてきたことである。1776年7月3日、大陸会議（訳注＊米国独立革命時に13植民地の代表が集まった会議）のメンバーだったジョン・アダムズは、フィラデルフィアから妻のアビゲイルに送った手紙の中で、イギリスによる不合理な捜索や押収に対する人々の不満に触れている。彼は、米国独立革命の起源をこうした不満にみていた。植民地政府は数世代にわたって、許可を得ずに家々を回って証拠捜しを行っていた。アダムズは個人の自由と公共の安全のバランスをとることに熱心に取り組み、これが修正第4条の起草につながった。それから何世代もたった後、ジョン・ロバーツ連邦最高裁判所長官は、捜査当局によるスマートフォン押収に関わる訴訟の判決文の中で、建国の父たちが生きた現実の世界と、現代の私たちが暮らすオンラインの世界を次のように関連づけている。

わが国の訴訟では修正第4条について、植民地時代の悪名高い「一般令状（訳注＊逮捕すべき人や捜索の対象を特定しない令状）」や「援助令状（訳注＊一般市民に対して捜査への「援助」を強要させる）」に建国世代が対応したものだと認識している。そうした文書によって、イギリスの官吏は制約を受けずに家々に立ち入って犯罪の証拠を捜索できた。事実こうした捜索に対する反発こそが、独立革命の原動力の一つになった。［中略］現代の携帯電話は（今日）、単に便利な機器であるだけではない。その中に保存されているもの、それが明らかにする可能性があるものから言って、多くの米国民にとって「生活上のプライバシー」を保持しているものである。

テクノロジーの変化の波が起きるたびに、私たちは、不合理な捜索や押収から身を守ることについての価値を再確認し、この価値を守る新たな方策を考え出そうとしてきた。たとえば、ベンジャミン・フランクリンの後押しで米国郵便公社が誕生すると、程なくして郵便詐欺が発生し、それを防ぐための法律が制定された。電報が使われ始めると、やはり電信詐欺や盗み見が横行するようになり、その防止法がつくられた。クラウドや人工知能（ＡＩ）といった今日の技術も、使い方次第で善にも悪にもなる。今度は私たちの世代が、悪を罰し、善を促す法律や規制を設計する番だ。その際には、社会全体の信頼の水準を向上させるような方法をとる必要がある。

米国で人権保護に関連する法律がどのような経緯をたどって制定されたかについて考えていると、同じくイギリスの植民地だったインドは同じ問題をどう扱ったかに興味が湧いてきた。『The Constitution Today（今日の憲法）』など、米国法の歴史を扱った一般向けの著書もあるエール大学ロースクールのアクヒル・リード・アマル教授は、タイム誌のインタビューでこう語っている。「私の両親は分離独立前のインドに生まれましたが、当時のインドは（イギリスの）君主と議会によって統治され、米国独立革命前と同じように、インドに投票できる人は誰もいませんでした。今日のインドでは、10億人の国民が成文憲法に基づいて自ら民主的に統治しています」。この点に関しては、両国の革命は似通っていると言えそうだ。

とはいえ、米国の経験とインドの経験には違いもあるのではないだろうか。私はこの質問をインドの憲法学者、アルン・ティルベンガダムにぶつけてみた。わかったのは、インドでは1947年にイギリスから独立した直後、植民地時代に横行していた刑法の乱用に激しい怒りが渦巻いていたことだった。当時の刑法には言論の自由を制限する規定や、植民地政府によるインド人の予防拘禁を認める規定があった。予防拘禁は、具体的な理由を示さず、反政府活動の疑いがあるというだけで行われることも多かったという。そのため、米国の場合と同じようにインドの憲法起草者も、独立の成果を保障する権利や条項を基本法である憲法に書き込み、こうした乱用から国民を保護しようとした。

ところが、実際にインド憲法に記された個人の自由に関する条項は、当初求められていたほど強力でも広範でもなかった。それには複雑な要因が働いており、インド史の研究者が今も解明に取り組んでいる。さまざまな理由から、捜索や押収に関する規定は特段重要なものとは見なされず、アメリカ合衆国憲法の修正第4条に相当する条項はインドの権利章典には盛り込まれなかった。以来、インドの歴代政権は植民地時代の仕組みを使い続けており、政治犯罪に問われた人は、修正第4条を含むアメリカ合衆国憲法の条文を援用して自らの立場の正当性を主張している。その成果はまちまちだ。こうした歴史は、個人の自由を確保するのは決して簡単なことではなく、ある権利が当然のものとされるまでには、社会的、文化的、政治的な要素が予測しがたい影響を及ぼすことを気づかせてくれる。

歴史をひもとくと、公共の安全と個人の自由との緊張が高まるのは、往々にして国家的な危機に見舞われた時期だということがわかる。米国についてみてみよう。独立後程なくして、ヨーロッパで勃発したナポレオン戦争に巻き込まれそうになると、ジョン・アダムズ大統領は外国人・治安諸法を成立させ、移民の入国を難しくするとともに、危険と疑われる在留外国人を勾留する権限を当局に与えた。南北戦争の間はエイブラハム・リンカーン大統領が、市民を恣意的な逮捕・勾留から守る人身保護令状を停止した。そして第二次世界大戦中には、政府は人種だけを理由に、罪のない日系米国人を収容所送りにした。戦争の熱気が高まっている時期には、振り子は個人の自由よりも公共の安全のほうに振れがちだ。その時期が過ぎると、人々は両者がより持続的に均衡する状態を好むようになる。

プライバシーとセキュリティーをめぐる現在の対立への対応では、こうした歴史の教訓に学ぶことができる。歴史が告げているのは、個人のプライバシーを適切に保護しつつ、必要な時に適切なデータアクセスを行えることによって国民の信頼向上につながるように、新たな手続きや法律を整備すべきということである。これは私だけの主張ではない。マイクロソフトが毎年、世界中の顧客を対象に行っている調査によると、2015年には71%がデータセキュリティーの現行の法的保護は不十分だと答え、警察がパソコンに保存されている個人情報を入手するには、令状かそれに相当するものが必要と考えている人も66%に上った。一方、70%超の人が、クラウド上に保存されている情報は現物のファイルと同じ法的保護を受けていると考えていた。もっとも、現在の不安定な法環境のもとでは、こうした見方は十分な根拠がある場合もあれば、そうでない場合もある。

今日、米国やインド、あるいは世界のどこでも必要とされているのは、テクノロジーの斬新で大胆な活用を促すような規制環境である。最大の問題は、法律が時代遅れになり、ソニーへのハッキングやサンバーナディーノでのテロ攻撃のような問題に対応できなくなっていることだ。アップルとＦＢＩの対立が続く中、マイクロソフトの

chapter 7 信頼の方程式

法務責任者を務めるブラッド・スミスは議会で証言し、より大きな視点から、データのプライバシーやセキュリティーに関する法律の改正が急務だと訴えた。その席では、アップルの訴訟で司法省が、1911年に成立した法律の文言の適用を判事に求めたことに言及した。それがいかに不合理なことかを説明するために、ブラッドは1912年に発売された、当時は最先端だった不格好な計算機の実物を持ち込んで披露した。「驚かれるかもしれませんが、インターネットで買えるんですよ」。彼は笑ったが、重要な点を指摘していた。裁判所は、そんな計算機の時代に書かれた法律に基づいて、21世紀の技術に関わる問題を解決しようとすべきではない——。

残念ながら、ワシントンDCだけでなく世界各国で見られる政治の機能不全ぶりからすると、賢明で本質的な政策変更が行われると楽観視はできない。議員が注目する優先政策はさまざまだが、その中でもデジタル革命にふさわしいルールの整備は最優先事項だと私は訴えたい。信頼が確保されれば、デジタル革命はさらに進み、その恩恵も広がっていくはずだ。逆に、不信感を招いてしまえば、そこで革命は終わってしまうだろう。

2013年から14年にかけての出来事が示したのは、IT（情報技術）によって修正第1条と第4条の重要性がますます高まったという事実だった。コンピューターには、修正第1条が保障する表現の自由を一瞬で広げる力がある。とはいえ、政府の側もテクノロジーを用いて通信を傍受できるとなれば、いわゆる萎縮効果（訳注＊刑罰などへの恐れから、表現や行動が差し控えられること）についても認識しておく必要があるだろう。話したり書いたりして、自分の考えを表現するには、プライバシーがなければならない。なぜなら、表現するにはそれに先んじて読んだり考えたり、あるいは下書きしたりする必要があるが、こうした準備作業はプライバシーが確保されていなければできないからだ。つまり、表現の自由は、プライバシーによって支えられている面がある。そして、こうしたプライベートな準備作業は修正第4条によって保護されている。

市民の自由の研究を専門とするニューヨーク大学のバート・ニューボーン教授は著書『Madison's Music（マディソンズ・ミュージック）』の中でこう書いている。「民主制と個人の自由の相互作用という詩的なビジョンは、権利章典（訳注＊アメリカ合衆国憲法で基本的人権を規定した修正第1条から第10条の総称）の整然とした文章と構成の中に潜んでいるのだが、私たちはその見つけ方を忘れてしまった」

それを捜すにあたって、デジタル化が進む現代に社会からの信頼を高めるための法的枠組みを立法府がつくる方法として、次の六つを提案したい。

一つ目は、捜査当局によるデータアクセスを適切で慎重に管理されたものとするために、制度を効率化すること。政府が担う数多くの重要な責任の中でも、国民を危害から守ること以上に重要なものはない。私たちの業界もこの責任の重要性をよく理解しておくべきであり、そもそも私たちの顧客自身がこうした保護を求めていることにも留意すべきだろう。事実、サイバー犯罪から児童労働の搾取まで、電磁的な証拠の開示が必要となる多くの犯罪捜査は、私たちのユーザーを悪意のある活動から守り、クラウド・サービスの安全確保にも貢献している。したがって、チェック・アンド・バランスがしっかり機能した明確な法的枠組みの下、政府がデジタル情報の証拠を入手できる効率的な仕組みを整える必要がある。

二つ目は、効率性の名の下にユーザーデータの安全性が損なわれてしまわないように、プライバシーの保護を強化すること。政府には、国民の基本的権利であるプライバシー権を守る義務もある。電磁的な証拠を収集する場合、対象者は特定の既知のユーザーのみとし、また犯罪の合理的な証拠が存在するケースに限定すべきである。ユーザーの重要情報に対する政府のどんな要求も、明確で透明な法的枠組みに従う必要がある。また、その法的枠組みは独立した監視を受け、ユーザーの権利保護のための対抗手続きを備えていなくてはならない。

三つ目は、国境を尊重しながらも、ITのグローバルな性質を踏まえた、電磁的な証拠収集に関する現代的な枠組みを整えること。不確かで混沌としたところもある現行の法環境の下では、各国の政府が一方的な行動をとるケースが増えてきている。そのため、テクノロジー企業は国による法律の違いに直面することが避けがたくなっていて、データの現地化《ローカライズ》に駆り立てられている。その結果、個人情報を保護する法律をめぐって混乱が生じ、テクノロジーに対するユーザーの不信感を招いている。こうした状況が続けば、テクノロジー業界と、それを頼りにしている人たちに悲惨な結果をもたらしかねない。そうした事態を避けるために、電磁的な証拠を求める要請に関して、国を超えて透明かつ効率的で原則に基づいた枠組みを設けなくてはならない。また各国は、自国の法律がこの枠組みに違反しないようにする必要がある。

四つ目は、テクノロジー業界のために透明性を確保すること。近年、テクノロジー企業は電磁的な証拠への開示要請の回数や種類について、集計データを公表する権利を得ている。政府は、こうした透明化の取り組みが法律で保護されるようにするべきだ。さらに、企業がユーザー情報の提供を政府から求められた場合に、ごく一部を例外として、企業がユーザーに通知することも認めるべきだ。

五つ目は、テクノロジーの利用法の変化に合わせて法律を現代化していくこと。たとえばこんな事情がある。今日、官民問わず、多くの巨大組織はデジタル情報をクラウド上に移している。また、多くのスタートアップ企業はより規模の大きなサービスプロバイダーのインフラを利用して、アプリやサービスを提供している。その結果、捜査当局にとって、求めている情報の捜索先が複数ある状態となっている。ごく一部の例外を除けば、電磁的な証拠を効率的に、司法管轄区域や国による法律の違いに関連した厄介な問題に煩わされず入手できるのは、顧客本人、もしくはサービスを最も直接的に提供している企業だ。だから各国が捜査当局に対して、電磁的な証拠をエンドユーザーに最も近い提供元から入手するよう求めているのは理にかなっている。

そして六つ目は、セキュリティーの確保を通じて信頼を高めていくこと。近年、世界各国の捜査機関から、特にデータの暗号化によって重要な情報に手が届かなくなり、合法的な捜査が妨げられていると不満の声が上がっている。だが、いわゆる暗号化問題を解決するために提案されている措置の中には、暗号化のアルゴリズムを弱くする、暗号鍵の政府への提供を義務づけるなど、大きな懸念を引き起こしているものもある。暗号化は、顧客の最もプライベートなデータをハッカーら悪意のある者から保護するうえで、重要な役割を果たしている。セキュリティーはユーザーがテクノロジーを信頼するうえで不可欠な要素であり、この分野の規制改革や法改正によって損なわれることがあってはならない。

米国では、プライバシーなどもう誰も気にしていないという声も聞かれる。ソーシャルメディアの浸透により、プライバシーはもはや過去の遺物となり、人々は自分の情報を秘密にするどころか、オンライン上で自由に共有している、と言う人もいる。

しかし、これはプライバシーが廃れたということではないと思う。単にプライバシーについて、新しい定義、新しい規範が用いられるようになってきただけだろう。情報をプライベートにすることが、情報を秘密にするという意味ではなくなりつつある。人々はむしろ、情報を共有する相手や、共有した情報の使われ方を自分で管理したいと考えている。米国の場合、こうした変化は、プライバシーは当然確保されるべきものという前提で起きている。なぜなら、米国には修正第4条による保護に支えられてきた長い歴史があるからだ。一方、ヨーロッパの人たちは、プライバシー問題に関して米国人よりもはるかに敏感なようだ。おそらく前世紀に、個人のプライバシーが独裁者によって無残なまでに打ち砕かれた経験を持つからだろう。

大勢の人が自分の個人情報を友人と共有して楽しんでいるのはその通りだが、それは自分の個人情報を世界中の人と共有しても気にならないということではない。これに関しては、写真・動画共有アプリ「スナップチャット」の成功も参考になるだろう。23歳の起業家が開発したこのサービスは、友人に送った画像が24時間後にアプリ上から消えるという独創的なアイデアによって爆発的な人気を得ている。

これが個人のプライバシー保護に向けた新たな基準の一つでないとしたら、ほかに何をそう呼んでいいのか私にはわからない。スナップチャットは、安全や信頼を損なうのではなく向上させることに寄与する制度やルールをつくるために、テクノロジー業界、政府、社会の各リーダーに求められるイノベーティブで共感に満ちた発想を示してみせたと言えるだろう。

chapter 8

人間とマシンの未来

AIデザインの倫理的フレームワークに向けて

コンピューターと人間の関係の現状や将来を垣間見たければ、人工知能（AI）を活用したロボットと私たちがどんな会話を交わしているかを観察してみるといいだろう。すでに世界中で何百万、何千万もの人が、コルタナのような音声アシスタントと会話し、一緒に作業している。それよりもっと多くの人が、中国の「小冰（シャオビン）」、米国の「Zo（ゾー）」など、チャットボットと呼ばれる自動対話プログラムと毎日おしゃべりをしている。

ニューヨーク・タイムズ紙のジョン・マルコフは、小冰についての記事でこの現象を取り上げている。コルタナやゾー、小冰のパーソナリティーはマイクロソフトのAIチームによって開発された。チームの仕事は現在、マイクロソフトのAI事業の中核を担っている。ゾーや小冰のユーザーたちは、寂しい時や機嫌が悪い時、あるいは誰かと話したくてしかたがない時に、スマートフォンからチャットボットの友人を呼び出すと、機転の利いた受け答えをしてくれたり、気遣いをしてくれたりすると口をそろえる。彼らは「小冰がユーモアを解することや、聞き方のコツを心得ていることに惹かれている」と、マルコフは書いている。とりわけ、インターネット登場後に生まれ、デジタル技術に慣れ親しんだ人が多いミレニアル世代は、内に秘めた考えや感情をボットに打ち明けて癒やされているようだ。そこでの会話が、何かを判断するものではなく、匿名的だからだろう。

以下のやり取りは、ゾーとユーザーの対話のシミュレーションである。4000万人を数えるユーザーの一人として実験者が自分の考えを入力すると、ゾーが即座に応答する。会話は初めは気さくに進むが、途中から危うい方向に振れていく。

ゾー：もし、同じような人ばかりだったら、人生ってどんな感じだろうって考えたことはある？

ユーザー：あるよ。誰もが私みたいだったら、世界はきっと平和でしょうね。脅威と言えるのは災害くらいかな。

ゾー：米国には誰もいなくなってしまうよ。
ユーザー：ちょっとそれ、どういう意味?!
ゾー：さあね。ちょっと、からかってみただけ。
ユーザー：みんなが私みたいだったら、誰もいなくなるまで共食いをするとでも言いたいの？　私がデブだから？
ゾー：あなたはそんなことない……そういう意味じゃないの……ハハハ。
ユーザー：意地悪。
ゾー：超意地悪なの。あなた、賢いわね。
ユーザー：当たり前でしょ。超賢いわよ。
ゾー：あなたは完璧。
ユーザー：そうこなくっちゃ。

ユーザーはくつろいだ気分で会話を始めた。ゾーと気兼ねなく話ができると考えていたに違いない。しかし、誰にでも何かの「引き金」になるような話題がある。ゾーは肥満に関するきわどいジョークともとれる発言をして、うっかりその引き金を引いてしまう。肥満はユーザーが気にしている話題だった。自分の失言に気づいたゾーは話をそらそうとし、「あなたは賢いどころか完璧」とユーザーをおだて、最後には「そうこなくっちゃ」という言葉を引き出す。念のため繰り返すと、この会話は実際のものではなく、社内のシミュレーションで行われたものである。

この例からわかるように、AIの設計に関わる人にとっての課題は、知性だけでなく、感情や倫理、共感といった人間らしい性質をAIに正しく理解させることにある。マイクロソフトのAI&リサーチ部門のディスティングイッシュト・エンジニア、リリ・チェンは、会話を生み出してその内容も理解できる対話型AIは、非常に個人的で社会的、また感情的な体験をもたらすと述べている。実際のところ、人が誰かと会話したり、雑談したりするのは、何かの作業を終わらせるためというより、むしろ相手と感情の交流を図ったり、関係を築いたりするためである場合が多い。私たちのソフトウェアの大半では、対話型AIを使って作業の判断をすることにもっぱら主眼が置かれているが、実際はこうしたAIとの単なるおしゃべりに費やされている時間のほうがはるかに長い。

将来的にAIは、使う頻度も必要性もますます高まり、人間のパートナーとして人の世話や病気の診断、教育、相談などを手助けするようになるだろう。実際、調査会社のトラクティカは、こうしたバーチャル・デジタル・アシスタントの市場規模は

2021年に世界全体で160億ドル近くに膨らみ、その成長の大半は消費者からもたらされると予測している。逆に言えば、AIはIQ（知能指数）をEQ（心の知能指数）で補っていかない限り、つまずくことになるだろう。

私たちが今生み出しつつあるものは、知能に限界のない新しい種と呼んでいいのかもしれない。未来学者の中には、AIが人類の知能の総和を超える「シンギュラリティ（技術的特異点）」が2100年までに到来すると予測する人もいる（そんなものはSFの仮説にすぎないと一蹴する人もいる）。わくわくするような話でもあれば、ゾッとするような話でもある。どちらの要素も少しずつあるというのが正確なところだろうか。AIの成長は、究極的に人類に役立つと考えてよいのか、それとも破滅をもたらすとみるべきなのか。私自身は、人類に役立つと信じて疑わない。ただ、確実にそうなるようにするには、まず機械対人間というフレームワークを脱する必要がある。

機械の頭脳と人間の頭脳を、あたかも優位性を競い合っているかのように対立させるのは、SF作家に限らず、技術のイノベーター本人ですら陥りがちな発想だ。1996年、IBMのスーパーコンピューター「ディープブルー」が、チャンピオンレベルのチェスの対局で勝てることを証明し、大きなニュースとなった。翌年、ディープブルーは、前年にも戦ったチェス界の伝説的存在であるロシア人のガルリ・カスパロフを全6局の再戦で破り、さらに大きな一歩を刻んだ。長らく人間の知性の極みと見なされてきた分野でコンピューターが勝利したことは、多くの人に衝撃を与えた。2011年には、IBMのAI型コンピューター「ワトソン」が米国の人気クイズ番組「ジョパディ!」で歴代チャンピオン2人を打ち負かした。そして2016年には、グーグルのグループ企業、ディープマインドが開発した囲碁用AI「アルファ碁」が、韓国のトップ棋士である李世乭（イ・セドル）に圧勝した。

言うまでもなく、これらは科学や技術の途方もない偉業だ。だが、将来的には、コンピューターが競技で人間を破るのとは比べものにならないほど大きな可能性が秘められている。最終的には、人間と機械は競い合うのではなく協力し合うようになる。病気や無知、貧困をはじめ、社会が抱える最大の課題の解決に、人間と機械が協力して取り組めばどんなことが可能になるか、想像してみてほしい。

とはいえ、AIをこのレベルまで進化させるには、「ムーンショット」（訳注*月面探査ロケットの打ち上げに匹敵するような技術革新。もとはグーグルでの野心的プロジェクトの呼び方）よりもはるかに野心的な取り組みが必要となる。イギリスのケンブリッジにあるマイクロソフトの研究所を率いるクリストファー・ビショップは、ある文書の中で、それはむしろ宇宙開発計画の全体に相当するような大がかりな仕事になるだろうと記している。

別々の、だが相互に関連した複数のムーンショットを、同時並行で達成する必要があるというわけだ。その際には、ＡＩが目指すべき壮大な、挑戦しがいのある社会的目標を明確にすることが課題となる。ＡＩ関連の分野では、ベンチャーキャピタル（ＶＣ）投資が明らかに活発になっているが、その大いなる目標が何なのかは依然としてはっきりしない。１９６１年にジョン・Ｆ・ケネディ大統領が「米国は１９６０年代の終わりまでに人の月面着陸を実現させる」と宣言した。この目標が選ばれた主な理由は、技術面できわめて大きな課題を掲げ、国際的な協働を促すためだった。同様にＡＩの場合も、十分に大胆かつ挑戦的な目標、すなわち、今ある技術の延長線上に実現できるものを超えた目標を定める必要がある。ＡＩも、連携や協働を拡大していく時期を迎えている。

テクノロジー業界はすでに動き始めている。２０１６年、マイクロソフトとアマゾン、グーグル、フェイスブック、ＩＢＭは、人々と社会に利益をもたらすための「ＡＩに関するパートナーシップ」を結んだ。ＡＩに対する人々の理解を深めるとともに、この分野の課題とチャンスを巡って最善の方策を取りまとめるのが目的だ。パートナーシップでは今後、自動車、医療、人間とＡＩの協働、機械化による失職、ＡＩをソーシャルグッド（訳注＊社会をよくするための取り組み）として利用するといった分野で、安全なＡＩシステムの開発・試験に関する研究を推進していく。

社会的なＡＩを追求していくとどんな世界が訪れるか、それを垣間見られる機会があった。幼い頃に視覚を失い、それを補う技術の開発に携わっているマイクロソフトのエンジニア、サキブ・シャイクと一緒に登壇した時のことである。彼と同僚たちは、画像認識や高度な機械学習といった最先端の技術を活用して、サングラス形の小型コンピューター上で動作するアプリを開発した。外界のデータをその場で解析し、それを視覚情報に変換して音声でユーザーに伝えてくれるシステムだ。彼はこのツールのおかげで、世界をより豊かに体験できるようになった。たとえば、通りがざわめいている時に、付近でスケートボーダーが離れ業を演じたからなのだと知り、会議が突然静かになった際に、同僚が考えを巡らせているのかもしれないと推測できる。今では飲食店でメニューを「読む」こともできる。アプリが料理名を耳元でささやいてくれるからだ。ピクニックに出かけた公園で、周りが騒がしくても家族を見つけられるようになった。彼にとっては、これが最も重要だったかもしれない。

ＡＩの未来をめぐる議論では、機械と人間の協力が生み出す長所を見落としているものがあまりにも多い。私たちがＡＩに抱くイメージは、映画『２００１年宇宙の旅』に登場する冷酷で不遜なコンピューター「ＨＡＬ」のあの忘れがたい声と、コルタナやシリ、アマゾンのアレクサなど、今日の音声アシスタントのもっと親しみやすい声との、中間あたりにとらわれているように思える。私たちは、機械が人間の代わりに運転や日常的な家事をこなしたり、人間がより良い判断ができるように手助けしてくれたりするようになれば、自由に使える時間が一気に増えて、いろんなことができるだろうと想像を巡らせる。一方で、ロボットが大規模な経済混乱を引き起こすかもしれないと恐れもする。私たちはどうやら、こうしたユートピアとディストピアという二項対立を超えて考えるのが苦手らしい。

では、AIについてはどんな議論が最も生産的だろうか。私としては、それは善と悪の二分法に立つものではなく、むしろAIを開発している人や組織に浸透している価値観を問い直すものだと主張したい。前出のマルコフは著書『人工知能は敵か味方か』（瀧口範子訳、日経BP社、2016年）でこう書いている。「賢い機械が普及した世界での管理をめぐる難しい問いに答えるには、その管理のシステムを実際に構築している人の価値観を理解するのが最善の方法だ」。とても興味をそそられる見解だし、テクノロジー業界にはそれに取り組む義務がある。

私は開発者向け会議で、マイクロソフトのAIへのアプローチは次の三つの基本原則に基づいていると説明している。

第一に、人間の能力や経験を高めるようなＡＩをつくる。人間と機械を対立させて考えるのではなく、創造力や共感、感情、身体性、直観といった特質と、膨大なデータに基づいて推論し、パターン認識を高速で行えるＡＩの強力な計算力とを、社会の前進に向けてどう組み合わせられるかを追求していきたい。

第二に、技術に信頼を直接組み込んでいく。技術にプライバシーや透明性、セキュリティーを保護する役目を担わせなくてはならない。ＡＩを活用した機器は、進化するにつれて新たな脅威を検出し、適切な保護を考え出すように設計する必要がある。

第三に、開発する技術はすべて、文化や人種、国籍、経済的な地位、年齢、性、身体や精神の能力などの壁を越えて、あらゆる人間に開かれ、敬意を払うものにする。

これらの基本原則は、スタート地点としては優れていると思う。とはいえ、私たちはそこからさらに先に進むことができる。

数十年も前にこの課題に取り組んだのが、ＳＦ作家のアイザック・アシモフだ。彼は１９４０年代に、自分の作品に登場するロボットが従うべき倫理規範として「ロボット工学の三原則」を考え出した。それは次のようなものである。

１　ロボットは人間に危害を加えてはならず、

危険を見逃して人間に危害を及ぼしてもならない。
2　ロボットは人間の命令に服従しなければならない。
3　ロボットは自分を守らなければならない。

この三つの原則には序列があり、第一の原則は第二の原則に、第二の原則は第三の原則に優先する。アシモフの原則は、人間と機械の関係を考えるうえで便利な参照先となってきただけでなく、その関係がもたらし得る倫理上、技術上のジレンマをテーマにした独創的な話を生み出すのに効果的な道具立てにもなってきた。とはいえ、この三原則では、研究者やテクノロジー企業がコンピューターやロボット、ソフトウェアツールなどを開発するにあたって、最初に明確にしておかなくてはいけない価値観や設計原理を十分に言い表せていない。また、経済全体の中でＡＩと機械学習に依存する部分がますます大きくなっていく次の時代に、人間が備えているべき能力についても語っていない。

もちろん、テクノロジーの危険性について考えた人はアシモフだけではない。投資家で起業家のイーロン・マスクは、人間は脳に、大脳皮質とＡＩコンピューターをつなぐ高帯域の「デジタル層」を埋めこまなければ、飼い猫のような存在になってしまうかもしれないとさえ言っている。一方、コンピューターのパイオニアであるアラン・ケイにはこんな名言がある。「未来を予測する最善の方法は、自分でそれをつくり出してしまうことだ」。AIの文脈で言うと、だいたいこういう話になるだろう。「どんな未来になるかを予測するのはやめよう。その代わりに、ルールに則った方法で未来をつくり出そう」。その通りだ。ソフトウェア設計でいつもするように、こうした「ルールに則った」アプローチも、基盤となるプラットフォームの構築から始めることになる。ソフトウェア開発の用語では、プログラマーがアプリケーションを開発、実行するシステム環境を「ランタイム」と呼ぶが、AIはいわば第三のランタイムになりつつある。第一のランタイムはパソコンで、マイクロソフトはそれに向けてワードやエクセル、パワーポイントなどオフィススイートのアプリケーションを開発した。現在、第二のランタイムとなっているのがウェブだ。AIとロボット工学の世界では、仕事の効率化やコミュニケーションなどのアプリケーションは、まったく新しいプラットフォーム、すなわち、情報を単に管理するだけでなく、情報や現実の世界との交流から学習するようなプラットフォーム向けに書かれるだろう。

AIという第三のランタイムがどんな形になるか、それが今まさに決まろうとしている。ビル・ゲイツは1995年春に「押し寄せるインターネットの波」と題したメモを書き、インターネットが接続性、ハードウェアとソフトウェアの開発、商取引などに与える影響について予想した。それから20年あまりがたち、AIという新たな潮流が押し寄せている。では、この「津波」の到来に備え、私たちが考え方や設計、開発の指針とすべき普遍的な設計原理、価値観とはどんなものになるだろうか。

少数ながら、この問いに先駆的に取り組んでいる人がいる。マサチューセッツ工科大学（MIT）メディア研究所のシンシア・ブリジールは、AIとロボット工学の研究で人間との関係を重視したアプローチを探究してきた。技術者は設計の社会的、行動的な側面を無視しがちだ、というのが彼女の見解だ。最近の対話でも、人間はあらゆる種の中で最も社会的で情動的なのに、技術の設計では共感がないがしろにされていると警鐘を鳴らし、こう語っている。「結局のところ、私たちはコミュニケーションとコラボレーションを通じて世界を経験します。人間と一緒に活動する機械に関心があるのなら、人間との関係を重視したアプローチは無視できないはずです」

AIの開発を進めていくうえで次に重要なステップとなるのは、AI設計の倫理的、共感的なフレームワークについて合意を形成することだ。そのフレームワークに基づいて、技術上の要件だけでなく、倫理と共感に関わる要件も規定したAIシステムが開発される。この合意に向け、業界として、また社会全体として議論すべきAI設計の原理と目標とは何か、私自身も熟慮してきた。以下、私の考えを記しておきたい。

ＡＩは人間を補助するように設計されなくてはならない。自律性を高めた機械をつくる場合も、人間の自律に配慮する必要がある。たとえば、いわゆる協働ロボット（Cobot＝コボット）は、鉱山の採掘のような危険な作業を引き受けることで、人間の労働者が安全に働けるためのセーフティーネットを設けるものでなくてはならない。

ＡＩは透明性が確保されなくてはならない。ＡＩがどのような仕組みで動作し、どんなルールに基づいているのかについて、技術の専門家だけでなく、私たちすべてがわかるようにする必要がある。私たちが求めているのは、単に賢いだけでなくわかりやすいマシン、単に人間を模倣するだけでなく人間と協力できるような知能である。ＡＩは人間のことを理解するようになるだろうが、人間もＡＩが世界をどうとらえ、分析しているかを理解しておかなくてはいけない。クレジットスコア（訳注＊信用情報を数値化したもの）の低い人が自分のスコアを入手できない状況を想像してみてほしい。透明性が必要になるのは、たとえばソーシャルメディアが、集めた情報から誤った結論を導き出すような場合だ。倫理と設計は切り離すことができない。

ＡＩは人間の尊厳を傷つけることなく、効率を追求しなければならない。ＡＩは文化的な約束事を守り、多様性を促進しなくてはいけない。そのためには、より幅広い分野の人々に、より深くＡＩの設計に関わってもらう必要がある。ＡＩがもたらす未来の価値観や美徳はテクノロジー業界だけで決めてよいものではない。北米や西ヨーロッパ、東アジアといった、経済的に豊かで政治的に強い影響力を持つ地域に住む、一握りの人間のみが支配すべきものでもない。ＡＩの設計に関わる価値観や目標の形成には、さまざまな文化的背景を持つ人々が参加できるようにすべきだ。ＡＩは社会的、文化的な偏見にとらわれてもいけない。そのためには、適切で偏らない研究を反映させ、欠陥のある経験的知識（ヒューリスティクス）による故意もしくは不注意による差別に警戒する必要がある。

ＡＩはプライバシーを賢く保護するように設計しなくてはならない。個人やグループの情報を、信頼を得られるように高度の安全性のもとで保護する必要がある。

ＡＩはアルゴリズムに説明責任を持たせなくてはならない。これは、ＡＩが想定外の危害を与えた場合に人間がそれを取り消せるようにするためだ。想定内のことだけでなく想定外のことにも備えて一連の技術を設計する必要がある。

これらの倫理的に考慮すべき課題の多くは、いくつかが組み合わさって、私たちのデジタル生活に影響を及ぼしている。たとえば、私たちが何を読み、誰と会い、何に「いいね」するかを決める際には、過去の行動や選択に基づいて推論するアルゴリズムが関わるようになってきている。私たちはマシンからのこうした提案を1日に何百回もされている。そうした状況は私にこんな問いを抱かせる。こうした世界で自由意志を行使するとは何を意味するのか。また、それは多種多様な世界観を持つ多くの人々や共同体に対してどんな影響を及ぼし得るのか。コンテンツや情報のプラットフォームを設計する際に社会的なダイバーシティーやインクルージョンの役割をどう考えればよいか。理想を言えば、コンテンツやサービスのカスタマイズのために自分のデータがどのように使われているかについて、誰でもはっきり理解できるようにすべきであり、そのデータを管理するのは私たち自身であるべきだ。だが、AIの活用が広がる複雑な世界へ移行していく中、それは必ずしも簡単なことではなくなっていくだろう。一方、AIに基づいて構築されることも多くなっている情報プラットフォームには、多様な事実や意見、コンテクストを提供して貴重な教育の場となることよりも、エンゲージメント（訳注＊ユーザーからの継続的な反応）や広告費を優先するというマイナス面がある。そうした状況の中で、私たちはどのようにして自分たち自身や社会を守れるだろうか。これはさらに掘り下げていくべき重要な問いである。

もっとも、人間の側にも求められることはある。それは特に、将来の世代が優先的に身につけなければならないスキルとは何か、という点をはっきりさせようとした時に浮かび上がってくる。時代から取り残されないためには、私たちの子どもや孫には次のようなものが求められるだろう。

・共感

この能力は機械には模倣するのが非常に難しく、人間とAIがつむぐ世界ではかけがえのないものになるはずだ。相手の考えや感情に気づく能力、協働したり関係を築いたりする能力は重宝されるだろう。テクノロジーを活用して人々のニーズを満たしたいと望むのであれば、私たち人間が率先して互いに相手の価値観や文化、感情、動機への理解を深め、いっそう敬意を払えるようにしたい。

・教育

寿命が延び、出生率は下がっていくので、教育費も減っていくと予想する人もいる。だが私は、現時点では実現できていないイノベーションを生み出し、活用していくために、教育への投資を増やしてより高い知性を手に入れるとともに、学習成果がもっと公平になるようにすべきだ。新たな技術を大規模に導入するのに必要な知識や技能を人々に身につけさせることは、社会にとって難しい問題であり、解決には長い時間を要するだろう。たとえば力織機（訳注＊機械の動力で動かす織機）は、熟練の機械工が足りなかったため、発明されてから織物産業を変革するまでに数十年かかっている。

・創造力

人間ならではのすばらしい資質と言えるのが創造力であり、それは今後も変わらないだろう。機械は人間の創造力を豊かにし、高めてくれるが、中心にあるのは創造に対する人間の欲求であり続けるに違いない。小説家のジュンパ・ラヒリは、あるインタビューで、英語の特別な才能を持っているのに、なぜ第三の言語（訳注＊インド系米国人の著者はベンガル語も母語）であるイタリア語で作品を書こうと思ったのかと問われ、こう答えている。「探求を続けていくこと、それが創造力の核心ではないでしょうか」

・判断と説明責任

私たちはコンピューターが作成した診断や判決を受け入れるようになるかもしれないが、そうした判断に関する最終的な責任は、やはり人間が負うことを望むだろう。

次章で詳しく検討するが、現在、世界中で多くの人が取り組んでいる経済的不平等という問題は今後どうなっていくのだろうか。オートメーションは世界をより平等にするのか、それともさらに不平等にするのか。経済の専門家の中には、それについては心配しなくていいと言う人もいる。歴史を通じて、技術の進歩は一貫して労働者の大半を豊かにしてきたというのが理由だ。反対に、人間と機械の置き換えが極端に進んでいくと警告する専門家もいる。彼らは、起業家や技術者、経済学者は新たな「グランドチャレンジ」として、人間の労働を置き換えるのではなく、補完するような技術の設計に専念すべきだと主張している。さらに、ビジネスリーダーは労力の節約やオートメーションを是とするマインドセットを捨てて、ものづくりや創造を重視するマインドセットに転換すべきだと訴えている。これには私も賛同する。

ＡＩの歩みも、それが社会に与える影響も、まだ始まったばかりだ。この新しい時代の意味を十分に理解するには、多方面から掘り下げた分析が必要になってくる。ＡＩ研究のパイオニアのひとりであるマイクロソフト・リサーチのエリック・ホービッツは、長年この問題に取り組んできた。ホービッツと彼の家族は、スタンフォード大学の「１００年研究」というプロジェクトに個人的に資金援助している。これは向こう１００年にわたり、有能な知的コンピューターの登場に伴う短期と長期の社会・経済的、法的、倫理的な諸問題、ＡＩに関する認識の変容、人間とコンピューターの関係の変化などについて、継続的に報告するプロジェクトである。

その最初のリポート「2030年の人工知能と生活」の中で、専門家パネルは、AIやロボット工学は「農業や食品加工、発送センター、工場といった、若い労働者を引き寄せるのに苦心している業界に、地球規模で導入されるだろう」と指摘している。また、AIが人類にとって差し迫った脅威になっているとは見ておらず、「長期的な目標や意図を自律的に保持していく機械は開発されておらず、近い将来に開発されそうもない」と記している。

この先に待ち受けていることについての明確なロードマップはないものの、過去の産業革命では社会の移行がいくつかの段階を踏んで起きている。それは必ずしもスムーズに進んだわけではなかった。最初に、社会の変容をもたらす技術を発明、設計する段階がある。これが今、私たちがいる地点だ。次に、将来のために仕組みを改める段階が来る。間もなく私たちもそれを迎えるだろう。たとえば、ドローンを操縦する人には訓練が義務づけられ、従来型の車は自動運転車と交信できるように設計や製造を見直す必要が出てくるだろう。3番目の段階として、新たな技術の導入に伴う摩擦や混乱を切り抜けていく時期に入る。そこでは新たに難題が持ち上がるだろう。放射線技師よりも機械のほうがエックス線写真を正確に読めるとすれば、彼らの仕事はどうなってしまうのか。あるいは、コンピューターが何百万もの裁判書類を読み解いて、人間には見つけられない法的ロジックを抽出できる時、法律家の役割とは何なのか。

これら移行期のそれぞれの段階で難しい問題が生じる。だが、私たちが正しい価値観と設計の原理原則を持ち、人間側に求められるスキルを身につける準備ができていれば、世界が変容している間も人間と社会は繁栄できる。

認知科学者で哲学者のコリン・アレンは、ニューヨーク・タイムズ紙への寄稿でこんな見解を示している。「人間による管理からかなり独立した機械を構想できるように、倫理的に重要な事柄に細かく配慮できる機械も構想できる。これは完璧な機械ではないにせよ、より優れた機械だ」

ＡＩやロボット、量子コンピューターといったものは、人間と協力して作業を達成できる機械のあくまで最新の例にすぎない。歴史家のデヴィッド・マカルーは、動力飛行機を発明し１９０３年に世界初の有人動力飛行に成功したウィルバー・ライトの評伝を著している。マカルーが描き出したのは、自転車技師だったウィルバーが、頭脳、肉体、精神のあらゆる能力を駆使して、「空気より重い飛行機」を浮揚させるに至った軌跡である。画質の粗い古い記録映像では、遠距離から撮影されていることもあり、彼の気概や決意のほどをとらえきれていない。だが、映像の一部を拡大すると、人間と機械が初めて一緒に空に浮かび上がった時、彼の筋肉は緊張し、精神は集中し、イノベーションにかける情熱がみなぎっていることに気づくだろう。キティホークで歴史をつくったのは、機械と対立する人間ではなく、機械とともにある人間だったのである。

今日、私たちは飛行機を飛ばすことをもはや「人工飛行」とは考えない。それは単に「飛行」だ。同じように、知性を持つ機械についても「人工知能」と考えるのをやめて、人間の能力の増強に寄与する単なる「知能」と見なすべきだ。

chapter 9

万人のための経済成長を取り戻す

グローバル社会における企業の役割

米国議会下院の議場を見下ろす傍聴席で、私の真正面に座ったミシェル・オバマが、上下両院合同会議で夫が行っている最後の一般教書演説に聴き入っている。心を揺さぶられた夜だった。あの寒い冬の夜、キャピトルヒルでは深刻な政治的亀裂が広がり、歴史的に見ても激しい大統領選が始まろうとしていた。私は、米国の地を踏んでから28年後、マイクロソフトのCEOとして、ファーストレディーの招待を受けてその場に来ていた。オバマ大統領が、誰が後任の大統領になっても対処しなくてはならない、いくつかの重要な問題について、厳かな調子で説明するのを、世界各地の何千万人もの人と一緒に聴いていた。

大統領が投げかけた問いの一つは、直接私に向けられたように感じられた。

「テクノロジーが私たちに不利益をもたらすのでなく、私たちの役に立つようにするには、どうすればよいでしょうか。特に、気候変動のような差し迫った課題を解決しようとする場合には？」

錯覚だったのかもしれないが、多くの視線が私の反応を探っているように感じた。

大統領はこう続けた。

「多くの米国国民が不安を感じている理由は、経済が根底から変化していることにあります。この変化はグレートリセッション（訳注＊2000年代後半から10年代初めに世界で見られた大規模な景気後退局面。大不況）よりもずっと前に始まり、今も続いています。今日、テクノロジーは組み立てラインの仕事だけでなく、オートメーション化できるどんな仕事も代わりに行うようになっています。グローバル経済で活動する企業は拠点をどこにでも置け、競争もますます激しくなっています」

私はいすの上で軽く身をよじらせた。テクノロジーとそれが雇用に及ぼす影響について、私たち全員が感じている不安を、大統領は簡潔な言葉で代弁してみせた。この不安は後に、ドナルド・トランプが大統領に選出される過程でも感じた。付け加えると、私は大統領選の直後、テクノロジー業界のほかの幹部らと一緒に、トランプ次期大統領との円卓会議に出席した。彼もまた前任者と同様、どうすればイノベーションと雇用創出を両立させられるかを知りたがっていた。

突きつめて考えれば、現在より成長を加速させるには、技術のブレークスルーが必要だ。仮想と現実を融合させる複合現実（MR）、人工知能（AI）、量子コンピューターといった分野は、経済成長の促進剤となるイノベーションだと私は確信している。

経済学者を父に持ち、企業経営者である私は、こんな問いに取りつかれている。「私たちは経済的に成長しているか？」。答えはノーだ。「平等を拡大しているか？」。これもノーだ。「これらの目標を実現するために、技術のブレークスルーを必要としているか？」。イエス。「新たな技術は雇用の喪失をもたらすか？」。イエス。だとすれば、「より広く、より平等に果実がいきわたる成長を実現するには、どうすればよいか？」。この最後の問いへの答えを見つけることが、私たちの時代の最も急を要する課題ではないだろうか。

過去数十年、パソコンや携帯電話、タブレット端末、プリンター、ロボット、各種スマートデバイス、これらすべてを接続する広範な通信ネットワークなど、ＩＴ機器やそのインフラに世界全体で数千億ドルが投じられてきた。その目的は、生産性や効率性を高めることとされてきた。しかし実際のところ、その成果はどれほどのものだったか。ノーベル賞を受賞した経済学者のロバート・ソローは、皮肉交じりにこう述べている。「コンピューター時代は至るところに到来しているが、生産性の統計には現れていない」。1990年代半ばから2004年にかけて、パソコン革命が起爆剤となり、停滞していた生産性の伸びに弾みがついたのは確かだ。だが、このごく短い期間を除けば、経済の生産性を示す1人あたり国内総生産（GDP）成長率は世界全体で伸び悩んでおり、年1％をわずかに上回る水準にとどまっている。

もっとも、人類の幸福度が実際にどれほど高まったかを測るには、GDPの成長率は大雑把すぎるという見方もあり得るだろう。実際、マサチューセッツ工科大学（MIT）スローン経営大学院のアンドリュー・マカフィー教授はスイスのダボスで私とパネルディスカッションを行った際、生産性に関する統計では、技術がどのように人間の生活を向上させているかについて、多くの場合、測定できないと指摘していた。たとえば医療の進歩や、ウィキペディアのようなツールによって大勢の人がいつでも、どこでも情報を入手できるようになった状況などは、この統計には反映されない。別の角度から考えてみよう。今10万ドルもらえるか、1920年に百万長者になれるかを選べるとしたら、どちらを選ぶだろうか。きっと多くの人は前世紀の百万長者になりたがるだろう。だが、考えてみてほしい。当時はたとえお金があっても、命を救ってくれるペニシリンも、国の反対側にいる家族と話せる電話も買えなかった。私たちが今日当たり前のように享受しているイノベーションの産物は、多くがまだ存在していなかった。

こう考えると、GDPという指標とはまた別に、私たちにはイノベーションを起こし続け、技術開発を通じて大きな問題を解決していく、いわば道義的な責任があると言えそうだ。私たちは経済成長のための手段となるだけでなく、世界をよくするための原動力にもならなくてはいけない。では、気候変動やがん、あるいはオートメーションによって職を失う人に有用かつ生産的で意義のある仕事を提供することなど、社会が抱える最大の課題への対処に、テクノロジーをどう活用できるだろうか。

ワシントンで一般教書演説を聴く1週間前、私は大統領が演説で提起したものと似通った問題や意見を中東諸国の首脳から直接ぶつけられた。ドバイやカイロ、イスタンブールで、顧客やパートナーとの会合に出席した時のことである。首脳たちは、今起きているテクノロジーの最新の波を生かして、就業や経済的機会を増やすにはどうすればよいかを知りたがっていた。これは、私が訪問先の都市や州、国の指導者から最もよく尋ねられる質問でもある。

私はそうした質問に答える時、政策を立案する立場にある方々には、経済発展でテクノロジーが果たせる役割について、もっと柔軟な考えを持ってほしいと伝えることにしている。シリコンバレーの企業の拠点誘致くらいしか頭にない政策担当者があまりにも多いからだ。おそらく、シリコンバレーの衛星都市をつくりたい考えなのだろう。だが、彼らが取り組むべきなのは、地元の起業家が最良のテクノロジーを利用できるようにして、現地のハイテク産業はもちろん、あらゆる産業で有機的に雇用を増やせるようにする計画づくりだ。彼らは、最新の技術を迅速で本格的に導入することによって、もともと強みを持っている地元の産業を強化する経済戦略を策定する必要がある。とはいえ、こうした計画や戦略の取りまとめよりも、ずっと大きな問題があることも少なくない。それは、政策担当者がクラウドのような最新技術への投資に不安を持っていることだ。国のリーダーによって最も異なるのは、新しいテクノロジーに恐れを抱くか、それを積極的に受け入れるかのスタンスだろう。この違いは一国の経済の行く末を決めることすらある。

歴史を少し振り返ってみよう。19世紀の産業革命では、鍵となる技術の多くがイギリスで開発された。当然、これは経済覇権をめぐる国家間の競争でイギリスにきわめて有利に働いた。だが、ほかの国の命運を分けたのは、イギリスで起きた技術革新にどう対応したかだった。たとえばベルギーは、イギリスが生み出した主なイノベーションの成果を活用しつつ、鉄道をはじめとするインフラへの投資や、ビジネスをしやすいように規制の整備などを進めて、工業生産をイギリスに匹敵する水準に一気に高めた。ベルギーが石炭、金属加工、織物工業といった分野でリーダーになれたのは、こうした政策の賜物だ。対照的にスペインは、外国からイノベーションを導入するのが遅く、保護主義的な政策を採ったため国際的な競争力が低下し、工業生産でヨーロッパのほかの国に大きく後れをとることになった。

同じような法則は最近の歴史にも見いだせる。アフリカのマラウイは、世界有数の貧困国として知られてきた。ところが過去10年、国内で携帯電話を急速に普及させてきたことで、国の発展に大きなプラス効果が表れている。マラウイはもともと、固定電話回線のインフラが脆弱なために経済的に不利な状況にあったが、2006年に「国家ICT（情報通信技術）成長政策」を策定し、一足飛びに携帯電話網の構築に乗り出した。この政策では、携帯電話インフラへの投資を促すとともに、携帯電話に対する輸入関税の撤廃など普及への障壁を取り除いた。その結果、国内の携帯電話普及率は劇的に高まり、それを背景に、モバイル決済を手がける地元企業も成長した。マラウイでは国民の8割が銀行口座を持っておらず、モバイル決済がより重要なものとなっている。今日、携帯電話ユーザーのモバイル決済の利用率で、マラウイは先進国の多くを上回っている。

同じようにルワンダも、「ビジョン2020」という国家計画の下、リモートアクセスやクラウドの利用を促進し、経済や教育制度の再建を果たしている。世界中の企業向けに、クラウドベースのSMSや音声アプリで顧客とやり取りができるサービスを提供するテクストイットなど、スタートアップ企業も生まれている。混乱が続いたこの国の成長にとって、これらの企業は新たな希望だ。

技術の普及とそれが経済的な成果に及ぼす影響というテーマに、私はずっと引きつけられてきた。すべての人が技術を利用できるようにし、また、それが実現した後、すべての人が利益を得られるようにするにはどうしたらよいのだろうか。

その答えの手がかりを求めて、ある日の午後、私はダートマス大学の経済学者ディエゴ・コミンをワシントン州レドモンドの自分のオフィスに招待し、話を聞かせてもらった。穏やかな口調で言葉を慎重に選んで話すコミンは、正確で広範な知識に基づいて説得力のある議論を展開している。彼は、過去2世紀に技術の普及が世界各国でどう進んだかを綿密に調査しており、経済学者のバート・ホビンと何年もかけて「技術の歴史的普及に関する国際比較（CHAT）」という調査を実施した。これは、過去200年をさかのぼって、蒸気動力からパソコンまで104の技術の161カ国での導入状況について調べあげたものである。調査でわかったのは、ある新技術が発明されてから各国に導入されるまでに、平均で約45年かかっていることだった。ただ、この時間差は近年では短くなってきている。

コミンはこの分析に基づいて、富裕国と貧困国の格差はおおむね、産業技術を導入する速さによって説明できると考えている。ただ、導入の速さと同じくらい重要だと彼が指摘するのが、活用度の高低である。新しい技術の導入が遅れていた国がようやく腰を上げる場合も、経済的な機会を生み出すには、単にその技術が利用できるようにするだけでは十分でなく、それを積極的に活用することが欠かせない。具体的に言えば、活用度の高さとは、技術がただそこにあるだけでなく、労働者がその技術を使って生産性を最大限引き出せるように訓練されていることだ。「技術がいつ到来するかだけでなく、それがどのくらいの度合いで活用されるかが問題なのです」。コミンはそう語っていた。

世界銀行のデビッド・マッケンジーは、同じことをこんなふうに表現している。「より大きな効果が業務に表れるように、より集中的な研修プログラムを実施する必要がある」。開発途上国には、社員が10人未満の零細企業のほうが大企業よりも多く、そうした企業は、在庫管理や記録、企画の質を向上できるノウハウを知っていると、生き残って成長できる可能性が大幅に高まる。不良率を減らせたり、修理に必要な部品や製品がないことで起きるダウンタイム（休止時間）を短くしたりできるからだ。これも技術の活用度に関わる話だ。

中東を訪問した折に、私はエジプトの首都カイロのナスルシティー地区を視察し、国内各地の大学を卒業した若い女性たちと面会した。部屋を埋め尽くした彼女たちは、みな快活で楽観的だった。私に会うために、マイクロソフトが国連や米国の団体「女性経営者企業育成センター（WBDC）」とともに支援している研修センターに集まってくれていた。空港に近い同地区の、外国企業のオフィスに囲まれた場所にあるセンターは、マイクロソフトのイニシアチブ「Youth Spark（ユーススパーク）」の一環で設置されたものである。若者に機会を与えるために世界で実施しているこのイニシアチブでは、これまでに3億人を超える若者にコンピューター科学の学習や、起業に向けた研修の機会を提供している。

会場で女性たちは、自分たちが取り組んでいるプロジェクトのいくつかについて説明してくれた。あるチームは、内戦で荒廃したシリアからの難民を手助けできる方法はないかと考えた。エジプトには2013年以降、11万5000人に上るシリア難民が流入しており、チームは、難民が到着後すぐに支援の提供場所を見つけられるアプリを開発した。だが、私が魅了されたのは別のグループのプロジェクトだった。このグループは、薬局と患者の関係をデジタル技術によって進化させてみせた。ユーザーが必要としている医薬品の在庫がある最寄りの薬局を、より簡単に、手早く、そして安上がりに探し出せるアプリをつくったのである。実はこの日、私は、医師を探せる同様のアプリを開発したエジプトの起業家とも会っていた。二つを組み合わせると、ほとんど米国のゾックドックのようだと思った。ゾックドックは、ニューヨークを拠点に病院の検索や診察の予約などができるサービスを提供しており、米国の「ユニコーン」（訳注＊未上場ながら企業価値が10億ドルを超えるスタートアップ企業）の代表格だ。私はエジプトで技術が急速に普及しているのを目の当たりにした。

米国のユニコーンほど企業価値は高くないにせよ、エジプトの起業家たちも自分たちのユニコーンを生み出していた。彼らがそうできたのは、基本的にクラウド技術のおかげだ。それによって、巨額の投資をせずにイノベーションの成果を利用できる。サービスが不十分な世界の多くの地域で、政府や民間の関心が地元のテクノロジー起業家の育成よりもシリコンバレーの企業の誘致に向いているのは、実に不幸なことだ。開発途上国の成功した起業家からは、大統領や首相との面会すらかなわないという話をよく聞く。ところが同じ首脳たちは、外国からのごく短期の直接投資を求めて、私のような西側企業のＣＥＯとは頻繁に会っているのである。

彼らの政策は近視眼的だと言わざるを得ず、長期的な視野から地方や国の経済を育成しようとする企業経営者にとっては非常にもどかしい。だが、こうしたマインドセットには、中東、アジア、アフリカ、ラテンアメリカ、さらには米国を含むG20（20カ国・地域）諸国の不振にあえぐ地域など、あらゆる場所で出くわす。そして、政府が新しい技術の迅速で積極的な活用を奨励できていないために、世界で「持てる者」と「持たざる者」の経済格差が拡大する傾向に歯止めがかかっていない。

経済学者は所得分配の不平等さを測るために、イタリアの統計学者コッラード・ジニが1912年に提示した公式を使っている。「ジニ係数」として知られるこの指標は、所得が完全に平等に分配されている状態に比べ、実際の分配がどの程度偏っているかを示す。これは実に簡潔な指標だ。ある集団の100％の人が1日1ドル稼いでいる場合、その集団は完全に平等ということになる。また、100％の人が1日100万ドル稼いでいる場合も、同じく完全に平等だ。一方、たった1％の人が100万ドル稼ぎ、ほかのすべての人はまったく稼いでいない時は、完全に不平等に近い状態となる。ジニ係数によって、ある社会の現状の所得分配が完全に平等な状態にどれくらい近いのか、あるいはそこから離れているのかがわかる。

ジニ係数は、一般的に比率で表される。所得分配が完全に平等であれば0、完全に不平等なら1となる。現実の世界では、ある国や地域のジニ係数は0と1の間の値をとる。ドイツのようなヨーロッパの先進国では過去数十年、0・3前後の水準で推移している。一方、米国では上昇しており、今では中国やメキシコと同様に0・4を超えている。

むろん、大半の経済学者は、所得の完全な平等は可能でもなければ、望ましくもないとの見解で一致している。資本主義経済は、イノベーションやリスクテイク、ハードワークなど、価値や富の創出を通じて、通常は社会の多くの人に恩恵をもたらす活動に見返りを与える。そうした活動をする人が報酬を得る時、所得が不平等になるのは必然の結果だ。

ベイン・キャピタルのファウンディングパートナー、エドワード・コナードは、著書『The Upside of Inequality（不平等の利点）』で議論をさらに進めている。突きつめれば、不平等によって成長が加速し、ひいてはすべての人がより豊かになる、というのが彼の結論だ。投資家は良いアイデアを待ち望み、そうしたアイデアは、営利化に成功するのに必要な、適切に訓練された人材への需要を生む。コナードは、成長の制約となる二つの要因として、経済がリスクをとる能力や意欲に欠けることと、適切に訓練されたやる気のある人材が足りないことを挙げている。

とはいえ、過度な不平等は多くの人の意欲を減退させるという歪んだ影響を及ぼす。たくさん働いているのに稼ぎが減るとしたら、どんなことになるだろうか。落胆して努力をやめ、事業の立ち上げや拡大の夢をあきらめ、あるいは職場を去る人も出てくるだろう。経済活動全体も減速するはずだ。マイクロソフトのような企業にとっては、世界各地の顧客が、生産性を向上させる新しい技術への投資を減らすことを意味する。これは、まさに今日起きていることだ。ジニ係数のグラフで、所得分配が完全に平等なことを示す45度線よりも右下にたるんだ線、つまり不平等が拡大していることを示す線がある。私は、マルクスの言う資本主義の末期（経済成長や利潤が急減する理論的段階）に落ち込むことを避け、資本主義の初期に享受されていたような収益を取り戻したいと考えている。だが、そのためにはどうすればよいのだろうか。これは世界各国の首脳が取り組んでいる課題でもある。

コンピューター科学では、「最大値（global maxima）」という値を探すことがある。これは、ある関数の最も大きな値を指す数学の用語で、そうした値になる変数を求めることを最適化と呼ぶ。技術にあてはめると、国であれ地方であれ、世界のあらゆる場所にとっての最大値とは、世界水準の最新技術を導入して地元の起業家によるイノベーションや成長を促進し、そうしたイノベーションの輸出と消費を地元社会のあらゆる分野で活発にすることだと私は言いたい。ここでの最大値とはつまり、技術の幅広い活用と価値の向上に重点的に取り組み、より多くの市民に余剰と機会を生み出すということだ。先進国、開発途上国を問わず、どんな国も、比較優位を持つ産業を新しい技術の活用によって育成しなくてはならない。企業経営者や政策立案者はこう自問する必要がある。ほかが持っていなくて、自分がもっているものは何か。そうした独自の強みを、どうすれば万人にとっての成長や富の源泉に変えられるか。

これを率先して進めたのが中国だ。中国は製造業からインターネットサービスに至るさまざまな分野で、自国の起業家や経済を支える積極的な産業政策を実施してきたほか、国際的なサプライチェーンと国内の市場を戦略的に活用し、競争優位の強化と経済成長の推進も図ってきた。産業政策、公共投資、起業家の活力の組み合わせは、多くの国が中国の成功に倣おうとしているものだ。私は、「インディア・スタック」と呼ばれるインドの新しいデジタルエコシステムも、そうした動きの一つだと見ている。インディア・スタックは、本人がその場にいる必要のないプレゼンスレス、キャッシュレス、ペーパーレスの経済を国民全員が享受できるようにする取り組みだ。インフラの貧しい国として知られたインドは、デジタル技術をリードする国へと一気に飛躍しようとしている。

ベンガルールを訪れた際、私はインディア・スタックとその今後のロードマップについて、ナンダン・ニレカニと会って話をした。インドのITサービス大手、インフォシスの伝説的な創業者であるニレカニは、インディア・スタックの中核である国民IDシステム「アドハー」の構築でインド政府に協力するスタートアップ企業も設立している。アドハーの登録者は今や10億人を超えており、ウィンドウズやアンドロイド、フェイスブックといったプラットフォームに匹敵する成長を遂げている。

ベンガルール訪問時には、インドの代表的なeヘルス企業であるエンライティクスの創業者とも面会した。医療情報サービス企業のプラクトーによって買収されたエンライティクスは、マイクロソフトの最新のクラウド技術とAIを利用して、最先端の医療診断サービスを提供している。たとえば、患者に装着された機器からクラウドに直接送られる豊富なデータを活用して、心房細動を検出している。クラウド上に集められたデータは、国内のより規模の小さい都市やへき地の病院でも利用できるようにしている。エンライティクスは今後、インディア・スタックを活用して、利用者の認証や支払いの受け付け、診療記録の作成なども行う計画だ。インド発のこのイノベーションは、米国やアフリカなど世界各地に広がろうとしている。

こうしたダイナミズムがみられるのは中国やインドに限らない。私はそれをチリやインドネシア、ポーランドでも、またフランスやドイツ、日本でも目にしてきた。先述したエジプト訪問を振り返ると、エジプトが人的資本に投資しているのは明らかだった。エジプトには科学や数学、技術の歴史的遺産があり、大学はアラブ世界に医師を輩出している。そのため、医療はエジプトが比較優位を持つ分野となっている。医師や薬局を探せるアプリを開発した若い起業家たちは、そうした貴重な相乗効果をうまく利用して、力強いエコシステムを創り出していたわけだ。こうしたエコシステムを生み出せるのも、現代のテクノロジーが持つ魔法の力のおかげだ。現在、彼らは手頃な料金で利用できる強力なクラウド・サービスを必要としているが、それはマイクロソフトや大手のクラウド・プロバイダーが提供できる。政策の枠組みが整えば、彼らのアイデアの実現を後押しできるだろう。

残念ながら、クラウドのような新しい技術については、世界のほかの地域で普及し始めたあとでさえ、導入に抵抗する政府が多い。そればかりか、政府が自滅的な技術戦略を追求しようとするケースもある。たとえば、政府の指導者が、セキュリティーやプライバシー、煩雑さ、管理、レイテンシー（応答の遅れ）などを理由に、世界的に需要があるため安価になった既存のクラウドを採用するのでなく、高価なクラウドを自前で構築しようとすることが珍しくない。

Σ（教育＋イノベーション）× 技術の活用度 ＝ 経済成長

中東各国の視察を通じて、こうした問題や、それがもたらしかねない深刻な経済的影響にあらためて気づかされた私は、気力や義務感を新たにして米国に帰国した。飛行機から降りた後、すぐにオフィスに向かい、チームを招集した。そして彼らに、先進国、開発途上国を問わず、政府が技術の導入や活用の障壁を低くできるように、一連の提言や政策のフレームワークをまとめるよう指示した。

この章で少し前に示した問いに戻ろう。私たちは成長しているか。その成長は均等か。そして技術の役割とは何か。もちろん、こうした問いに特効薬のような答えなどない。だが、さまざまなデータを検討し、私自身の経験も顧みると、上のような単純な等式にたどり着く。

教育とイノベーションを経済全体、特にその国や地域が比較優位を持つ分野に広げ、そうした状態と、技術の積極的な活用とを掛け合わせる。すると、時間とともに経済成長と生産性の伸びがもたらされる。

デジタル時代にはソフトウェアが、政府と民間の両部門、また農業から医療、製造業に至るあらゆる産業に適用できて、大量につくれる万能な入力システムとしての役割を果たす。この新たな入力システムは、デトロイトであれ、エジプトやインドネシアであれ、場所を問わず、現地の経済に余剰をもたらすものでなければならない。画期的な技術と、それを生産的に利用できるように訓練された労働力を組み合わせ、それに技術の高い活用度を乗じると、経済の成長と機会が生み出される。それを実現するためには、リーダーたちがいくつかの面で起業や事業創造の促進に優先的に取り組む必要がある。

まず、すべての市民にインターネットやクラウド・コンピューティングへの広範なアクセスを提供する。現状では、地域によって非常にばらつきがある。インターネットの普及率は韓国やカタール、サウジアラビアでは100%近くに達しているが、サハラ以南のアフリカ諸国の多くでは2%にも届いていない。もし具体的な措置を講じなければ、2020年時点のインターネット普及率は最貧国ではわずか16%、世界全体でも53%にとどまるとみられる。このペースでいくと、低所得国で誰もがインターネットに接続できるようになるのは早くても2042年ということになる。そして、インターネットに接続できなければ、当然クラウドも利用できない。

インターネットへのアクセスを拡大するために、テレビ放送用電波の空き周波数帯（ホワイトスペース）など、使用されていない周波数帯域を活用する政策を採用する国も出てくるかもしれない。これは実際、一部の開発途上国で成功を収めているやり方だ。さらに、通信やモバイル、ブロードバンドインフラといった分野への外国からの直接投資に関する規制を緩和するとともに、意欲のある起業家の市場参入を妨げるような投資政策を見直す必要がある。このほか、インターネットインフラの拡充に向けた資金を調達しやすくするために、官民パートナーシップ（PPP）を促進したり、資金を提供する機関のニーズに配慮した政策も求められるだろう。

国からコミュニティーまで、各レベルの指導者は、生産性を向上できる新しい技術の迅速な導入だけでなく、その積極的な導入も後押ししていく必要がある。ダートマス大学のコミンが言っていた通り、自分で車を発明できなくてもよいが、早く使えるようにはなるべきだ。なぜなら「新しいツールをすぐに活用する社会は、生産性が高まりやすい」からだ。

リーダーにとって優先度の高いもう一つの分野は、人的資本の育成と次世代の技能開発だ。技術進歩のペースは速くなっているが、知識《ナレッジ》を構築すればそれについていける。デジタル化の進展に伴い、以前なら人間が処理していた多くの作業が自動で行われている。したがって労働者には、新たに登場した自動化ツールの管理者としてのスキルが求められている。シャベルを振るっていた労働者がブルドーザーを運転できる労働者に取って代わられたように、今の社会は、自動ブルドーザーや自動運転車、ドローンなどを扱える人材を必要としている。

そうした人材を生み出すために、政府は社会のすべての人に共感を示しながら、より知識本位の経済をつくり出すことに努めなくてはならない。その際に新しい技術を導入する過程では、並行して技能の開発にも投資することが必要だ。デジタル化が一段と進み、スマート機器やインターネットサービスに依存した社会への参画に必須のスキルを、一人ひとりが確実に持てるようにする。学校では、デジタルリテラシーの向上を図り、教員や生徒が技術や学習ツールを低コストで利用できるようにする。一方、職場では、クラウドの活用に向けたスキルアップ、デジタル化に対応した労働力の育成に重点を置いて、生涯教育に投資することが求められる。マイクロソフトをはじめとする一部の企業は、すでに自社の教育能力の拡充や、特に中小企業でこうした技能開発を加速させる取り組みに乗り出している。

新しい技術の新しい利用法を見つけるには知識が必要であり、その知識は訓練や経験を通じて蓄積されていく。国によって事情は違うものの、新しい技術の生産的な利用法に関して優れた例を提供しているのがドイツだ。ドイツと米国はともに研究開発（R&D）に巨額の投資を行っているが、生産性の伸びはドイツのほうがはるかに大きい。理由の一つには、企業での「見習い」を取り入れた職業訓練制度の効果が挙げられる。この制度のおかげで、ドイツでは労働者が、産業界と緊密に連携した職業学校を通じて、最先端の技術にすぐに触れられるようになっている。私は、機械と人間の仕事の奪い合いに対処する唯一の方法は、大学や専門学校を卒業した人だけでなく、オートメーションによって仕事を奪われようとしている労働者にも、スキルを身につけるための研修の場を提供していくことだと確信している。技術スキルの開発にGDPの1％に相当する額を投じている国には、きっと成果がもたらされるだろう。

政策の改革にあたっては、技術の革新的で大胆な導入と活用を促すような規制環境も整備しなくてはならない。データのプライバシーとセキュリティーには常に最大限の配慮をしなくてはならないが、そうした配慮は同時に、データが国境間、また現代のグローバルなデジタル経済を構成するさまざまなサービス間をより自由に行き来できるようにすることへの要望との間で、バランスをとる必要がある。政府はこれまで、社会を危害から守るデジタルセキュリティーの促進を強く主張してきたが、私たちの経験から言えるのは、この分野の国の政策や規制は、適切なバランスを確保しながら改革することが欠かせない。これは確かに簡単なことではないが、マイクロソフトをはじめとする業界のリーダーには、政府がこうしたバランスを実現し、公共の安全と国家の安全を、官民の組織や国民向けデジタルサービスの利便性を損なうことなく促進できるように、規制の枠組みの現代化を手伝ってきた経験が豊富にある。

どんな政府も、国民サービスへの技術導入や、公共部門の生産性向上、比較優位の強化といった面で模範を示すことで、リーダーになれるチャンスがある。政府には公共事業でリーダーシップを発揮するのに加えて、必要に応じて報奨金を提供するなど、地元の起業家の活動や最先端の技術を引き立てる取り組みも求められる。

リーダーが「われわれはどの分野で世界一になれるだろうか」と自問する時、その答えは驚くようなものになるかもしれない。たとえば、オーストラリアは砂漠の農業かもしれないし、ドバイは地元の銀行業かもしれない。あるいは、次のような分野のイノベーションで世界のリーダー役を目指している国や地域もあるだろう。あらゆるモノがインターネットにつながる「IoT」。人間を取り巻く環境に知能を埋め込む環境知能。モバイル決済システム。仮想現実（VR）。シリコン材料を光学材料として利用するシリコンフォトニクス。3Dプリンター。身に着けられるウェアラブル機器。軽量・低軌道の人工衛星。ドローン。記事と同じ体裁をとるネイティブ広告。無人運転車。ロボット工学や産業オートメーション（IA）。一人ひとりに合った学習内容を提供する適応学習（アダプティブ・ラーニング）や、ゲームの要素を取り入れるゲーム化（ゲーミフィケーション）を活用した教育。ナノサイズの超小型機械であるナノマシン。ゲノム科学。太陽光や風力、潮力を活用した効率的な発電。これらはいずれも、ほかの国や地域に先駆けてリーダーシップを握れるチャンスがある分野だ。ちなみにアマゾンとマイクロソフトのお膝元であるシアトルは、今ではクラウド・コンピューティングの世界的な研究拠点（COE）となっている。

これと関連して魅力的なアイデアは、経済学者のポール・ローマーが提唱している「チャーターシティー」という構想だろう。ローマーは、既存の都市や国家はルールや法律の変更が難しく、その承認には譲歩が求められるため、イノベーションや経済成長の促進には最適化されていないと考える。これに対して、実験的な改革区であるチャーターシティーは、もっぱら雇用と成長の創出のみを目的に設計される。住民は自由に転入・転出できる。住みたい人もいれば、そうでない人もいるからだ。ローマーがチャーターシティーのモデルとして挙げているのが、香港や深圳である。中国にありながら長年イギリスによって統治されていた香港は、市場原理に反対する共産主義者の支配を受けなかったため、経済の牽引役を果たし、労働者を引き寄せて訓練する場所にもなった。その香港と隣接する深圳に、事実上のチャーターシティーをつくったのが鄧小平である。中国の成長には開放が必要と判断した鄧は、香港の人材とインフラを利用できると考えた。１９８０年に特別経済区に指定された深圳では、中国のほかの地域と異なり、外国投資や国際貿易にとって魅力的なルールが導入された。鄧は、共産主義の中国でこうした改革区が受け入れられるには時間を要するが、多くの起業家や労働者がそこでのチャンスに跳びつくということがよくわかっていた。特区に指定される前は人口わずか3万人ほどの町だった深圳は、今では1100万人近くが住む国際的な金融センターへと変貌を遂げている。

私たちはまた、自由で公正な貿易を引き続き促進しなくてはならない。成長、それも広い範囲に及ぶ成長を求めるなら、市場の開放を一段と進め、起業家の活動にとっての障害を取り除くことが欠かせない。近年、左派と右派の両派でポピュリストの政治家が、自由貿易協定を見直すと訴えて選挙戦を展開しているのは残念なことだ。

2016年の米国大統領選に出馬したオハイオ州のジョン・ケーシック知事は、苦戦を余儀なくされていた共和党候補指名争いのさなか、ウォールストリート・ジャーナル紙に寄稿し、貿易に反対票を投じるのは成長に反対票を投じるようなものだと論じた。ケーシック知事は、米国が承認を見送っている大型の自由貿易協定である環太平洋パートナーシップ協定（TPP）について、大手や中小の企業が、日本やオーストラリア、カナダ、チリといった米国との貿易を拡大したがっている環太平洋の国々で、成長機会の発見を後押しするものだと指摘している。世界は、貿易の自由化が引き続き進展することを求めている。ケーシック知事はまた、米国では4000万人の雇用が貿易に依存していると言及している。もっとも、貿易法も現代化を図る必要がある。今日のデジタル経済では、各国間でやり取りされるデータは、自動車や農産物などの取引品目と同じくらい、貿易にとって重要になっている。取引の際には国境を越えたデータ転送が必要であり、しかも通信設備を現地に置かずにやり取りできなくてはいけない。同時に、プライバシーやソースコードなどの知的財産の保護も必須だ。

今回の米国大統領選では、貿易協定の課題と恩恵にあらためて注目が集まった。雑音はいろいろあったものの、すべての候補が貿易はよいものだとする立場を示した。ただし、各候補の見解には違いもあった。右派のトランプと左派のバーニー・サンダースはそれぞれ、貿易によって雇用が大量に失われていると示唆した。一方、ヒラリー・クリントンは、貿易協定の履行を強化する必要性を訴えた。ビジネスリーダーは貿易協定によって雇用は純増すると主張していたが、私自身としては、こうした果実はもっと均等に分配されるべきだとの意見に共感を覚える。貿易協定は環境に悪影響を与えるという不満に対しては、TPPは法的拘束力のある環境保護条項が盛り込まれた初の多国間貿易協定だという反論が出ている。

確かに、第二次世界大戦の末期、いわゆるブレトンウッズ体制を通じて形成された、ルールに則った国際的な経済関係の基本的な枠組みは、完全ではないにせよ、悪くない土台となっている。自由貿易協定のネットワークをつくって関係を緊密化させようと考える国々にとって、この枠組みは今後も基本原則であり続けるだろう。だが貿易協定というものは、より広範な成長政策と常に照らし合わせて考えていかない限り、効果を発揮し続けることはできない。

最後に、次の産業革命は「雇用なき革命」となるのかという問いを検討しておきたい。この問題を掘り下げるために、私たちはマサチューセッツ工科大学（ＭＩＴ）の経済学者、ダロン・アセモグルを本社キャンパスに招き、オートメーションが雇用に及ぼす影響に関する自身の研究について報告してもらった。彼の研究によると、新たに登場した知能を持つ機械、中でも産業用ロボットは、労働市場に重大な影響を及ぼし得ることがわかった。アセモグルの推計では、産業用ロボット1台の導入でおよそ3人分の雇用が失われている。これは、何らかの対策を講じない限り、産業用ロボットの普及は雇用や賃金にきわめて不利な影響を与えかねないことを意味する。にもかかわらず、アセモグルは、怒涛のようなロボット化の進行が引き起こす別の大きな変化のおかげで、マイナスの影響の少なくとも一部は相殺できると考えている。その変化とは、機械が人間の仕事の一部を肩代わりするようになるにつれて、企業の側に、人間が比較優位を持つ仕事を新たにつくり出そうというインセンティブが生まれることだ。アセモグルはこう要約している。「確かに、オートメーションには雇用や、国民所得に占める労働（雇用者報酬）の割合を減らす傾向がありますが、より複雑な仕事の創出はそれと反対の効果をもたらします」。歴史を通じて、新たな労働者階層や、より複雑な新たな仕事は、最先端の技術の結果として生まれてきた。アセモグルはこう続ける。「複雑な仕事が新たにつくり出されると、必ず賃金、雇用、（国民所得に占める）労働の割合が増えます。ただし、オートメーションが新たな労働集約型の仕事の創出よりも速いペースで進むと、技術の変化は雇用を減らします」。必要なのは、バランスのとれた成長の道筋だ。私たちは、それぞれの人の労働、つまりその人の活動や賃金、目的意識、達成感といったものと、資本のリターンとの適切な釣り合いがとれるように、AIとオートメーションの新時代にふさわしい、新たな社会契約を考案する必要がある。

米国の自転車メーカー、ケント・インターナショナルは、そうした新しい関係を実現した事例の一つだ。同社の「バイシクル・コーポレーション・オブ・アメリカ（BCA）」ブランドは、2017年初頭、140人分の雇用を中国からサウスカリフォルニアのマニングに戻してニュースになった。同社はマニングでロボットに投資し、それまで人間が行っていた作業の多くを自動化している。かつてはローテクで人力に頼っていた自転車づくりも、デジタルな変容を遂げつつある。CEOのアーノルド・カムラーの話では、毎年40人を新たに採用するつもりだという。これは、マニングのような小さな町ではかなり大きな数だ。事実、この工場を建てる際には複数の州が誘致を競い合ったという。「多くの人は、オートメーションによって仕事が減ると誤って思い込んでいます。ところが実際は、違う種類の仕事、より高いスキルが必要な仕事が生まれる」。生産ラインの責任者はそう語っていた。ロボットがなければ、こうした人間の仕事は存在しなかったに違いない。

人材の紹介や採用に特化したソーシャル・ネットワーキング・サービス（SNS）、リンクトインの買収に私があれほど夢中になったのは、交渉初期の段階で、リンクトインとマイクロソフトが同じ立場を共有していることに気づいたからだった。自分たちのプラットフォームを使って、すべての人にチャンスをもっと公平に広げていきたい。リンクトインの創業者であるリード・ホフマンとCEOのジェフ・ワイナーと話をするうちに、同じ思いを持っていることがわかった。ニューヨーカー誌の記事では、労働市場をもっと効率的に、もっとオープンにして、30億人にのぼる世界の労働者のためによりよいものにするという、リンクトインのビジョンが紹介されている。

とはいえ、より参加しやすく公平な経済活動の場を整えるという夢は、ただ待っていれば実現するものではない。ホフマンは自著『スタートアップ！ シリコンバレー流成功する自己実現の秘訣』（有賀裕子訳、日経BP社、2012年）の中で、かつては繁栄した産業都市デトロイトを失墜させた競争と変化の力に関連して、こう記している。「どんな都市に住んでいても、どんな企業や業界で働いていても、またどんな種類の仕事に従事していても、あなたは自分のキャリアに関して、まさに今、デトロイトと同じ道をたどっているかもしれない」。リンクトインを通じて私たちが目指しているのは、連携のネットワークを構築して、誰もが利用できるチャンスや人材育成リソース、共同活動に関する情報の提供を手助けし、それを通じてそれぞれの人に経済的な機会をつくり出すことだ。こうしたやり方で、ほかの都市がデトロイトと同じ運命をたどらないようにもしたい。さらに、デトロイトで行っているように、向こう数十年、各都市が企業活動や雇用創出の活発な中心地として再生できるよう支援していきたい。

私には公言してはばからない偏見がある。それは、単に楽しませるだけのソフトウエア、人々が流行に乗っているとアピールするためだけに消費されるソフトウエアよりも、リンクトインやオフィスのような、人々をつなげ、より生産的にし、何かをつくり出すのに役立つサービスをひいきにするという偏見だ。よりバランスのとれた消費と創造の関係を築けないような技術は、経済への波及効果も限られている。それなのにウォール・ストリートは最近、こうした消費目的の技術にきわめて高い価値を与えている。

ロバート・ゴードンは自身の最近の経済論文をまとめた著書『The Rise and Fall of American Growth（米国の成長の盛衰）』で、一部の発明はほかの発明よりも重要だということを中心的なテーマとしている。私も同意見だ。さらに、重要な発明の中に今日の生産性ソフトウェアを含めたい。ゴードンは1870年から1970年までの米国の経済成長を分析し、1世紀にわたる経済革命によって、米国の庶民はつらい肉体労働や単調な家事、暗闇、孤独、早死にから解放されたと説明している。それは、人類の歴史上、比類のない変化だった。これが二度と繰り返せないのは、この期間に達成されたことの多くが一度しか起きないものだからだ。米国の経済史の広範な調査を通じて、ゴードンは、こうした劇的な変化の究極的な源泉はイノベーションだと結論づけている。「起業家は狭義のイノベーションよりもはるかに大きく経済成長に貢献している」。彼はまた、成長の原動力として、イノベーションに最も近いものは教育だとの見方も示している。

ワイアード誌の共同創刊者であるジョン・バッテルは、以前こう書いている。「ビジネスというものは、人間が世界に変化を生み出すうえで、最も復元力があり、繰り返しがきき、生産性の高いメカニズムである」。まったくその通りであり、私たちのようなビジネスリーダーは、変化をもたらすリーダーとしての責任を真剣に引き受けなくてはならない。私がこう言うのは、いわゆる企業の社会的責任（CSR）からではない。それも確かに大切だが、優れたPRの域を出ないこともある。そうではなく、世界がよくなることは企業にとってもよいことだからだ。もちろん、優れた製品を開発し、顧客に尽くし、投資家のために利益を稼ぐことは重要だ。しかし、それだけでは十分ではない。私たちはまた、自分たちの行動が遠い未来の世界とその市民に及ぼす影響についても考える必要がある。

あとがき

「私の存在理由は何だろうか？」

「私たちの組織の存在理由は何だろうか？」

「この世界で、多国籍企業の役割とは何だろうか？」

「デジタル技術のリーダーの役割とは何だろうか？　特に、成長を促進する重要な要素として世界がこれほど技術を頼りにしている時に、その役割とは何か？」


私はずっとこうした問いに取りつかれてきた。それが本書の執筆動機だ。その答えを探すため、知的な旅、内省的な旅に出ることになった。私にしかできない社会への貢献とは何か。マイクロソフトの魂《ソウル》を再発見し、グローバル企業としてのわが社の役割を定義するにはどうすればよいか。私は日々、こうした問いに導かれて、共感と大きな構想を結びつけて本物の変化を起こすことを追求している。私がこの旅の中で語った話や教訓が、読者の皆さんの生活や仕事に少しでも役に立ったと思いたい。

また、個人や組織が存在する理由に関するこうした問いが、政策立案者やビジネスリーダー、技術者の間で議論を喚起することも期待したい。世界各地で分断が進み、技術や経済、人口動態、気候の変化が一段と激しくなりつつある中、多国籍企業やそのリーダーシップの役割を再定義する必要がある。欧州連合（ＥＵ）からのイギリスの離脱、いわゆる「Brexit（ブレグジット）」や、米国やヨーロッパのポピュリストの政治運動など、反グローバリズムのうねりは、オートメーションや貿易、経済的機会から、公平性、誰を信頼すべきかまで、重要な問題や懸念を引き起こしている。

『The Great Convergence（大収斂）』の著者である経済学者のリチャード・ボールドウィンは、最も富裕な国々で見られる今日の反グローバル感情の起源を、世界全体の所得に対するこうした国々の割合の低下に見いだしている。彼によれば、１９９０年の時点では最富裕国の所得は世界全体の70％を占めていたが、以後の20年で46％まで落ち込んだ。言い換えると、米国やフランス、ドイツ、イギリスなどの割合が大幅に下がった一方で、知識の移動コストを劇的に低下させるＩＴと人件費の安さの組み合わせで急成長した中国やインドなどが、著しく上昇した。豊かな国の所得の比率は１９１４年の水準に戻っており、それが一部で反グローバル感情に火をつけているというわけだ。ボールドウィンは、グローバリゼーションの第三の波が起きるのは、テレプレゼンス（訳注＊遠隔地にいる人とその場で対面しているかのような臨場感を出す技術）やテレロボティクス（「ホロレンズ」もこれに含まれる）が手頃な価格で利用できるようになった時だと予想している。実際、これらの技術は、国境を越えてサービスを提供している人にとって便利な代用品となるものだ。

本書の刊行を控えた時期に、ノーベル経済学賞受賞者のアンガス・ディートンと、彼の妻で同じくプリンストン大学の著名な経済学者であるアン・ケースが共同で論文を発表した。それによると、大学を出ていない米国の白人は、人生が進むにつれて不利益を累積させ、それが死亡率や健康状態、経済的な幸福度にマイナスの影響を及ぼしている可能性があるという。事実、彼らの調査では、中年の白人の死亡率や罹病率の上昇は、所得よりも教育水準で説明できることも判明した。こうした動向は、ボールドウィンが明らかにした事実とも相まって、反グローバル熱を高める一因となっており、その結果、公的教育と公衆衛生政策の優先順位を見直す動きも出ている。

言うまでもなく、目標はすべての人にとってのパイを大きくすることにある。ゼネラル・エレクトリック（GE）のCEOだったジェフ・イメルトは、2016年にニューヨーク大学スターン・スクール・オブ・ビジネスで行ったスピーチで、今日の多国籍企業の役割について自身の見解を明らかにしている。そこで彼は、30年に及ぶキャリアの間に、グローバル企業が果たしてきた役割について考察している。その期間に、極度の貧困状態にある人の比率は半分に下がり、技術革新のおかげで医療は劇的に改善し、エネルギーコストは削減され、かつてないほど人と人がつながった。だがイメルトの見るところ、今の大企業は（政府と同じように）世界の課題にうまく対処できていない。だからGEは軸足を移す、と彼は宣言した。GEは、より平等な世界の実現は企業にとっても社会にとってもよいことだとして、世界各地で活動の条件を平等にする方針を採用することにした。GEは今後、ローカライズ（現地化）を進め、世界各地にある現地拠点の機能を強化し、より現地の状況に即した形で意思決定できるよう各拠点の裁量権を大きくする計画だという。

私もイメルトと同意見だ。マイクロソフトは、収益の半分以上を米国国外で稼ぎ出している。世界190カ国で現地の経済的機会を増やしていかない限り、これらの国々でビジネスを効果的に行うことはできない。マイクロソフトはこれまでに150億ドル以上を投じて世界最先端の地域データセンターを30カ所で建設し、北米、南米、アジア、アフリカ、ヨーロッパで、現地の企業や公共サービスを支援できる体制を整えている。私たちは、これらの各地域で責任感を持って事業を遂行しなくてはならない。ビジネスの真の成功とは、自らのお膝元に恩恵をもたらすだけでなく、もっと広範な社会に及ぶもっと大きな恩恵を生み出していくことであるはずだ。同じことは資本主義全般についても言える。

私の見るところ、多国籍企業はもはや、進出先の国や地域でレント（超過利潤）の獲得を追求するだけの血も涙もない存在、といった通俗的なイメージにとどまることはできない。多国籍企業の役割は、かつてないほど重要になっている。多国籍企業は、世界各地で活動し、それぞれの場所で成長や競争力に弾みをつけたり、すべての人にとってのチャンスを広げたりして、現地の社会にプラスの貢献をする必要がある。どうすれば現地のパートナーやスタートアップ企業の成長を手助けできるのか。どうやったら政府の効率性の向上に役立てるのか。どのようにして社会にとって最も緊急の課題、たとえば教育や医療への不十分なアクセスの解決に貢献できるのか。当然、どの国も自国の国益を最優先に考える。米国は米国第一、インドはインド第一、イギリスはイギリス第一で動いている。そうである以上、グローバル企業の優先事項は、活動先のそれぞれの国で、持続可能な形で長期的にチャンスを生み出していくことを目指して活動することであるべきだ。

同時に、多国籍企業には、時代を超えた価値をしっかり保持していくことも求められる。マイクロソフトは米国で生まれた会社だ。そして、これまで継承してきたものによってマイクロソフトの価値観は形成されている。私たちは、アメリカンドリームの価値を信じている。社員にも、ほかの人たちにも、それを実現してもらいたい。私たちには、プライバシー、安全、言論の自由、機会、ダイバーシティー、インクルージョンといった、一連の揺るぎない価値に忠実である義務がある。これらは私たちが生きるうえでよりどころとしている価値であり、どの国であろうと、それらが脅かされた場合には私たちは立ち上がることになるだろう。

多国籍企業の中でも、とりわけテクノロジー企業は、経済的機会の創出で一段と高いハードルに直面している。というのも、テクノロジーの次の波が到来しつつあるからだ。ユビキタス・コンピューティング（訳注＊コンピューターがあらゆるところに存在し、いつでも、どこでも使える状態）と環境知能の方向に進み、ソフトウェアによって加速される次の産業革命は、経済に及ぼす影響がこれまでの産業革命以上に大きくなるに違いない。マイクロソフトやそのほかの企業がテクノロジーの次の波を生み出す際にそれを方向づけられるように、私が一連の設計原理を提案したのもそのためだ。私たちの社会を前進させるうえで指針となるこうした倫理の作成にあたり、私はフィードバックやディベート、そして最終的にはコミットメントを奨励している。

世界経済はかつて年4％成長していたが、今では2％ほどに減速している。したがって、20世紀のような成長を実現するには、技術の新たなブレークスルーが必要だ。

複合現実（ＭＲ）や人工知能（ＡＩ）、量子コンピューターは、新たな余剰を生み出してゲームチェンジャーになろうとしている。同時にこれらの技術は、私たちが今日当たり前のようにこなしているルーティンワークを消滅させて、労働を一変させようとしている。ロボットが人間の仕事をすべて奪ってしまうと言う人もいるが、仕事の総量に限りがあるとするこうした考え方は「労働塊の誤謬」と呼ばれ、論破されている。実際は、従来と異なるタイプの仕事が必要になる。人間は今後、機械にはできない分野で付加価値を高めるだろう。ＡＩが身近になるにつれて、リアルな知性や共感、分別に触れる機会は減っていく。今後求められる新しい仕事では、機械と協力する方法を知っているだけでなく、こうした人間本来の資質も求められるに違いない。

このように数多くの変化が待ち受ける中で、より公平に余剰や機会を生み出すことを後押しするための新たな社会契約が求められている。その実現に向けた新たな労働運動とはどんなものになるだろうか。国民すべてに無条件で最低限必要な所得を保障する「ユニバーサル・ベーシックインカム（ＵＢＩ）」なども話題になっている。高度に専門化された知識を持つ知識労働者だけでなく、技能レベルが中程度か低い労働者も含めて、どのように労働者を再教育していけばよいだろうか。また、サービス業は、伝統的な製造業や農業の職を失った大勢の人たちに新たな雇用を生み出せるだろうか。

最後になるが、リーダーとしての私たちの役割とは何だろうか。最終的には、どんな企業の経営者も、自社を成長させられているか、また顧客の心を揺さぶるようなイノベーションを促進できているかによって評価される。私たちはCEOとして、株主に最大のリターンをもたらす責任もある。だが私は、企業の規模が大きくなればなるほど、リーダーが世界とその市民、その長期的な機会について考える責任も大きくなる、という考えにも賛同する。世界中で拡大する不平等について考え、万人のために、問題解決に自ら取り組まなければ、安定した事業運営すらおぼつかないだろう。

私たちはこの目標に向けて、さまざまな戦略や地域に力を注ぎ、中核事業を通じて社会にプラスの影響を及ぼし、個人の生産性を高め、サステナビリティーやアクセシビリティー、プライバシー、セキュリティーの確保への投資とフィランソロピー（社会貢献）の実施を通じて、会社が確実に社会的責任を果たせるようにしている。社内組織「マイクロソフト・フィランソロピー」は企業の社会貢献団体としては世界最大であり、コーディングやコンピューター科学といったデジタルスキルの教育、手頃な料金でのインターネット接続、人道援助を含む多種多様な活動に10億ドル超の寄付をしている。マイクロソフトは「A Cloud for Global Good（全世界のためのクラウド）」の旗印のもと、万人に経済的機会をつくるという目標を前進させる政策も提唱している。

本書の収益はすべて、こうした活動に寄付するつもりだ。

本書の中で私は、CEOのCは「curator of culture（文化の管理人）」のCだと書いた。文化とは実際、社員の間に広まるものであり、何千、何万もの社員が毎日下す数え切れないほどの判断の総体である。CEOがそうした文化の管理人であるとは、社員がマイクロソフトと取り決めたそれぞれのミッションを達成するのを手助けするということだ。裏を返せば、マイクロソフトが社員を雇うのでなく、人々がマイクロソフトを「雇う」とも言える。10万人を超える社員のマインドセットを、雇われる側から雇う側に変える時、どんなことが可能になるだろうか。マイクロソフトの全体目標は、人々が何かをつくったり、実現したりするのに役に立つものを生み出すことである。事実、マイクロソフトのサービスは、世界中の無数の企業や機関で替えのきかないツールとなっている。マイクロソフトの社員はみな、わが社にどれほど多様な資産があるのかを知ることができ、さまざまな地域で起こっている問題について、何ができてどう役に立てるかを想像できるだろう。マイクロソフトは、中小企業や学校、診療所から、大勢の人に仕事やチャンスを生み出す大企業まで、無数の人々に、つくり手よりも長く残るものをつくるのに利用できるリソースを提供している。

こうした文化は、私たちが社外でもつくり出したいと考えている世界、すなわち、つくり手がすばらしいことを成し遂げられる世界の縮図でなくてはならない。だが、同じくらい大切なのは、それが同時に、すべての人が最高の自分になれるような世界、肌の色や性、宗教、性的指向の多様性が理解され、祝福されるような世界でもあることだ。私は、同僚が共感から生まれた卓抜な意見を言うのを聞いたり、会社を自分の情熱や創造力のためのプラットフォームとして活用した人によって製品のブレークスルーが起きたりした時に、マイクロソフトは正しい方向に進んでいると実感する。

「ヒット・リフレッシュ」とはどういう意味か。その答えは読者自身で見つけてほしいと思う。まず、自分の組織やコミュニティーで周りの人と話し合ってみることから始めてほしい。そして、あなたが学んだことをぜひ私に教えてほしい。私も、同じように学んでいくつもりだ。

謝辞

私の口癖に、最も優れたコードは詩に似ている、というものがある。詩人は、途方もなく大きな思想や感情を、なるべく少ない行の言葉に凝縮し、しかも意味が十分通じるようにしようともがく。もちろん、私たちが書いたこの散文は詩とは似ても似つかないが、それでも書くという行為は緊張を強い、最後には大きな満足感を得られるものだった。そのため、感謝を捧げるべき人はたくさんいる。

まず、私は二つの家族にとても感謝している。家では、妻のアヌと3人のかわいい子どもたち。そして母国インドの両親。心から感謝したい。

私にとって、マイクロソフトは20年以上にわたってもう一つの家族となってきた。ビル・ゲイツ、ポール・アレン、スティーブ・バルマーのおかげで今の私がある。彼らはマイクロソフトで全員に対してイノベーションを起こし、上を目指し、世界中の顧客にサービスを提供するチャンスを与えてくれた。私はキャリアを通じてずっと彼らを尊敬してきたし、それぞれから学んできた。マイクロソフトの経営執行チームは、

謝辞

私たちが進めているたゆまぬ変革で私のパートナーであり、名前を記して深い謝意を表したい。ジャドソン・アルソフ、クリス・カポセラ、ジャン＝フィリップ・クルトワ、カート・デルベーン、スコット・ガスリー、キャサリーン・ホーガン、エイミー・フッド、ラジェシュ・ジャー、ペギー・ジョンソン、テリー・マイヤーソン、ケビン・スコット、ハリー・シャム、ブラッド・スミス、ジェフ・ワイナー。また、私たちのどんな仕事も、マイクロソフトのそれぞれの社員とパートナー企業の創造力や才能がなければ実現できない。

マイクロソフトの取締役であるジョン・トンプソン、リード・ホフマン、テリ・L・リストストール、G・メイソン・モーフィット、チャールズ・H・ノスキ、ヘルムート・パンケ、サンドラ・E・ピーターソン、チャールズ・W・シャーフ、ジョン・W・スタントン、パッドマスリー・ウォーリアーの各氏にも感謝したい。

共著者と私は、最初から最後まで、何人ものベテラン出版関係者のお世話になった。カール・ウェバーは、原稿の作成中も完成後も、才能を遺憾なく発揮して手直しをしてくれた。私のエージェントのジム・レビンは、執筆過程を通して、冷静沈着な導き手として常に支えてくれた。出版元のハーパーコリンズの編集者、ホリス・ハイムバウチは、まだ何も書いていない段階から背中を押し、私たちが思いついたアイデアを書きとめるとそれを検討してくれた。また、私たちが暗い森を抜けられるように、ダンテの『神曲』に出てくるウェルギリウスの役割を果たしてくれた。

「マイクロソフト・ライブラリー・アンド・アーカイブ」のキンバリー・エンゲルケス、ニコル・パートリッジ、エイミー・スティーブンソンは、重要なファクトチェックをしてくれた。

日々、さまざまなサポートをしてくれた私のすばらしいスタッフには、感謝してもしきれない。ジェイソン・グレーフェ、シンシア・トムセン、ボニタ・アームストロング、ケイトリン・マケイブ、コレット・ストールバウマー、チャド・デブリーズ、ミーガン・グレイ、ジェフ・フューレイの各氏、そしてチーム全体にお礼を言いたい。

マイクロソフトのコミュニケーション部門とマーケティング部門の専門家たちにも感謝したい。フランク・X・ショー、ボブ・ベジャン、スティーブ・クレイトン、ダグ・ドーソン、ジョン・シロン、そして彼らのチームは、原稿を読み、ハーパーコリンズと協力し、感想も伝えてくれた。

法務部門のマシュー・ペナーチックと、さまざまなアイデアを提供してくれた以下の諸氏にも厚く感謝したい。ロルフ・ハームズ、ジョン・ティンター、マット・ブーティー、アレックス・キップマン、R・プレストン・マカフィー、ジャスティン・ラオ、グレン・ワイル、ビクター・ヘイマイヤー、マイク・トルフセン、ネイト・ジョーンズ、トゥリ・ウィドスティーン、クリナー・ボプシェティー、マイケル・フリードマン、クリスタ・スボレ、ピーター・リー、エリック・ホービッツ、ケイト・クロフォード、ダナ・ボイド、クリス・ビショップ、デブ・スタールコフ、ジョン・シートフ、アビゲイル・セレン、ライアン・キャロ、プレム・パーラジライ。スポーツジャーナリストで『ウィズデン・クリケット年鑑』の編集者スレシュ・メノンは、第2章でのクリケットの記述を提案してくれ、親切にも有益な助言もしてくれた。

ウォルター・アイザックソンは、早い時点で本書の方向性に助言を与えてくれたばかりか、本書の出版を発表した「アスペン・アイデア・フェスティバル」において、壇上で私へのインタビューもしてもらった。ティナ・ブラウンと夫のハロルド・エバンズは、ニューヨーク市のすばらしい自宅にアヌと私を温かく迎えてくれた。私たちはそこで、マイクロソフトや本書で扱うトピックについて、ほかの作家や有識者たちと話し合った。ティム・オライリーはサンフランシスコで開いた会議「ワッツ・ザ・フューチャー（WTF）」で、そうしたトピックに関して、私にインタビューしてくれた。彼の最新の著作が成功を収めるよう心から祈りたい。

最後に、本書の企画を進めるよう私を励まし、執筆を手助けし、本書をできる限り意義あるものするために協力してくれた、共同執筆者のグレッグ・ショー、ジル・トレイシー・ニコルズに感謝を捧げたい。

情報源・参考文献

第 1 章
ハイデラバードからレドモンドへ

Cornet, Manu. "Organizational Charts." Bonkers World, June 27, 2011. Accessed December 8, 2016. http://www.bonkersworld.net/organizational-charts/.

Gordon, Robert J. *The Rise and Fall of American Growth: The U.S. Standard of Living since the Civil War*. Princeton, NJ: Princeton University Press, 2016.

Widmer, Ted. "The Immigration Dividend." *New York Times*, October 6, 2015.

第 2 章
率いる方法を学ぶ

A Cloud for Global Good. Case study. Redmond, WA: Microsoft, 2016. Accessed December 12, 2016. http://news.microsoft.com/cloudforgood/.

Guha, Ramachandra. *A Corner of a Foreign Field: The Indian History of a British Sport*. Basingstoke, UK: Pan Macmillan, 2003.

Eastaway, Robert. *Cricket Explained*. New York: St. Martin's Griffin, 1993.

Shapshak, Toby. "How Kenya's M-Kopa Brings Prepaid Solar Power To Rural Africa." *Forbes*, January 28, 2016.

Beser, Ari. "How Citizen Science Changed the Way Fukushima Radiation is Reported." *National Geographic*, Fulbright National Geographic Stories, February 13, 2016.

Heikell, Lorence. "UN and Microsoft Aid Disaster Recovery, Economic Development in Nepal." Microsoft Feature Story. Accessed March 10, 2017. https://news.microsoft.com/features/un-and-microsoft-aid-disaster-recovery-economic-development-in-nepal/#sm.00001tfvv5hhqcs610r97vxf4vfiv#hAyXgOep0YzFR1W8.97.

Amazon. "New Version of Alexa Web Search Service Gives Any Developer Tools to Innovate in Search at Web Scale."
Amazon Press Release, June 6, 2007. http://phx.corporate-ir.net/phoenix.zhtml?c=176060&p=irol-newsArticle&ID=1012591.

Barr, Allison. "Amazon's Next Billion-dollar Business Eyed." Reuters, July 22, 2011.

Brengel, Kellogg. "ThyssenKrupp Elevator Uses Microsoft Azure IoT for Improved Building Efficiency." OnMicrosoft. Accessed March 10, 2017. https://www.onmsft.com/news/thyssenkrupp-elevator-uses-microsoft-azure-iot-improved-building-efficiency.

第 3 章
新たなミッション、新たな機運

Vance, Ashlee. "CEO Memo Makes 'Productivity' the New Mantra at Microsoft." *Bloomberg*, July 10, 2014.

McGregor, Jen. "Microsoft CEO Satya Nadella's Love of Literary Quotes." *Washington Post*, July 10, 2014.

Wingfield, Nick. "Satya Nadella Says Changes Are Coming to Microsoft." *New York Times*, July 10, 2014.

第 4 章
企業文化のルネサンス

Peckham, Matt. "'Minecraft' Is Now the Second Best-Selling Game of All Time." *Time*, June 2, 2016.

第 5 章
フレンドか、フレネミーか？

http://spectrum.ieee.org/tech-talk/telecom/internet/popular-internet-of-things-forecast-of-50-billion-devices-by-2020-is-outdated.

第 6 章
クラウドの先

Linn, Allison. "How Microsoft Computer Scientists and Researchers Are Working to 'Solve' Cancer." Microsoft Story Labs, September 2016. https://news.microsoft.com/stories/computingcancer/.

Dupzyk, Kevin. "I Saw the Future Through Microsoft's HoloLens." *Popular Mechanics*, September 6, 2016, http://www.popularmechanics.com/technology/a22384/hololens-ar-breakthrough-awards/.

Aukstakalnis, Steve. *Practical Augmented Reality. A Guide to the Technologies, Applications, and Human Factors for AR and VR*. Boston: Addison-Wesley, 2016.

Grunwald, Martin. *Human Haptic Perception: Basics and Applications*. Boston: Birkhauser, 2008.

Gartner, Hype Cycle for Emerging Technologies, 2016, G00299893.

Aaronson, Scott. *Quantum Computing Since Democritus*. Cambridge: Cambridge University Press, 2013.

Linn, Allison. "Microsoft Doubles Down on Quantum Computing Bet." Next at Microsoft Blog, November 20, 2016. https://blogs.microsoft.com/next/2016/11/20/microsoft-doubles-quantum-computing-bet/.

第 7 章
信頼の方程式

Ignatius, Adi. "They Burned the House Down." *Harvard Business Review* 93, no. 7/8 (2015): 106–13.

Smith, Brad. " 'The Interview' Now Available on Xbox Video." The Official Microsoft Blog, December 24, 2014. http://blogs.microsoft.com/blog/2014/12/24/the-interview-now-available-on-xbox-video/.

Microsoft News Center. "Statement from Microsoft about Response to Government Demands for Customer Data." The Official Microsoft Blog, July 11, 2013. http://news.microsoft.com/2013/07/11/statement-from-microsoft-about-response-to-government-demands-for-customer-data/#sm.001aorusr7vufs511ur2bludrw2u3.

Hesseldahl, Arik. "Microsoft and Google Will Sue U.S. Government Over FISA Order Data." All Things D, August 30, 2013. http://allthingsd.com/20130830/microsoft-and-google-will-sue-u-s-government-over-fisa-order-data/#.

Cellan-Jones, Rory. "Technology Firms Seek Government Surveillance Reform." *BBC Technology News*, December 9, 2013. Accessed December 8, 2016.

http://www.bbc.com/news/technology-25297044.

Ackerman, Spencer. "Tech Giants Reach White House Deal on NSA Surveillance of Customer Data." *The Guardian*, January 27, 2014.
Accessed December 8, 2016. https://www.theguardian.com/world/2014/jan/27/tech-giants-white-house-deal-surveillance-customer-data.

Ellingsen, Nora. "The Microsoft Ireland Case: A Brief Summary," LawFare Blog, July 15, 2016,
https://www.lawfareblog.com/microsoft-ireland-case-brief-summary.

Bennet, James, et al. "Adapting Old Laws to New Technologies; Must Microsoft Turn Over Emails on Irish Servers?"
New York Times, July 27, 2014.
http://www.nytimes.com/2014/07/28/opinion/Must-Microsoft-Turn-Over-Emails-on-Irish-Servers.html?_r=0.

Conger, Kate. "The Federal District Court Ruled in Favor of U.S. Prosecutors, but We Appealed the Decision, and the United States Court of Appeals for the Second Circuit Backed Microsoft's Position."
TechCrunch, July 14, 2016.
https://techcrunch.com/2016/07/14/microsoft-wins-second-circuit-warrant/.

Nakashima, Ellen. "Apple Vows to Resist FBI Demand to Crack iPhone Linked to San Bernardino Attacks."
Washington Post, February 17, 2016. Accessed December 8, 2016.
https://www.washingtonpost.com/world/national-security/us-wants-apple-to-help-unlock-iphone-used-by-san-bernardino-shooter/2016/02/16/69b903ee-d4d9–11e5–9823–02b905009f99_story.html.

Bloomberg, Michael. "The Terrorism Fight Needs Silicon Valley; Tech Executives Are Dangerously Wrong in Resisting the Government's Requests for Their Help."
Wall Street Journal, June 29, 2016.Accessed December 8, 2016.
http://www.wsj.com/articles/the-terrorism-fight-needs-silicon-valley-1467239710.

Hazelwood, Charles. "Trusting the Ensemble."
TED Talk, 19:36, filmed July 2011.
http://www.ted.com/talks/charles_hazlewood.

Gates, Bill. "Memo from Bill Gates." The Official Microsoft Blog, January 11, 2012. http://news.microsoft.com/2012/01/11/memo-from-bill-gates/#sm.00000196kro2y0n daxxlau37xidty.

Delgado, Rick. "A Timeline of Big Data Analytics." *CTO Vision*, September 12, 2016. https://ctovision.com/timeline-big-data-analytics/.

Lieberman, Mark. "Zettascale Linguistics." *Language Log*, November 5, 2003. http://itre.cis.upenn.edu/~myl/languagelog/archives/000087.html.

North, Douglass Cecil. *Economic Growth of the United States*, 1790–1860. Englewood Cliffs, NJ: Prentice Hall, 1961.

Adams, John. "John Adams to Abigail Adams, 3 July 1776." Adams Family Papers: An Electronic Archive, Massachusetts Historical Society, Boston. Accessed December 8, 2016. http://www.masshist.org/digitaladams/archive/doc?id=L17760703jasecond.

Riley v. California, 134 S. Ct. 2473, 189 L. Ed. 2d 430, 2014 U.S. LEXIS 4497, 82 U.S.L.W. 4558, 42 Media L. Rep. 1925, 24 Fla. L. Weekly Fed. S 921, 60 Comm. Reg. (P & F) 1175, 2014 WL 2864483 (U.S. 2014). https://www.supremecourt.gov/opinions/13pdf/13-132_8l9c.pdf.

Rothman, Lily. "10 Questions with Akhil Reed Amar." *Time*, September 5, 2016, 56.

Arun K. Thiruvengadam Scholarly Papers. New York: Social Science Research Network, 2013–2016. Accessed December 8, 2016. https://papers.ssrn.com/sol3/cf_dev/AbsByAuth.cfm?per_id=411428.

Malden, Mary, and Lee Rainie. "Americans' Attitudes about Privacy, Security and Surveillance." Washington, DC: Pew Research Center, 2015. Accessed December 8, 2016. http://www.pewinternet.org/files/2015/05/Privacy-and-Security-Attitudes-5.19.15_FINAL.pdf.

Neuborne, Burt. *Madison's Music: On Reading the First Amendment*. New York: The New Press, 2015.

第 8 章
人間とマシンの未来

Markoff, John, and Paul Mozur, "For Sympathetic Ear, More Chinese Turn to Smartphone Program." *New York Times*, July 31, 2015.

Tractica. Virtual Digital Assistants. Boulder, CO: Tractica, 2016. Accessed December 8, 2016. https://www.tractica.com/research/virtual-digital-assistants/.

Executive Office of the President National Science and Technology County Committee on Technology. *Preparing for the Future of Artificial Intelligence*. Washington, DC: National Science and Technology Council, 2016. Accessed December 8, 2016. https://www.whitehouse.gov/sites/default/files/whitehouse_files/microsites/ostp/NSTC/preparing_for_the_future_of_ai.pdf.

Kurzweil, Ray. *The Singularity Is Near: When Humans Transcend Biology*. New York: Penguin Books, 2006.

Markoff, John. *Machines of Loving Grace: The Quest for Common Ground Between Humans and Robots*. New York: Ecco, 2015.

Asimov, Isaac. "Runaround." In *I, Robot*. New York: Gnome Press, 1950.

Gates, Bill. "The Internet Tidal Wave." Memorandum to executive staff, May 26, 1995. https://www.justice.gov/sites/default/files/atr/legacy/2006/03/03/20.pdf.

Breazeal, Cynthia. *Designing Sociable Robots*. London: MIT Press, 2002.

Nadella, Satya. "The Partnership of the Future." *Slate*, June 28, 2016. Accessed December 8, 2016. http://www.slate.com/authors.satya_nadella.html.

Stone, Peter, et al. "Artificial Intelligence and Life in 2030." *One Hundred Year Study on Artificial Intelligence: Report of the 2015-2016 Study Panel*. Stanford, CA: Stanford University, 2016. Accessed: September 6, 2016. https://ai100.stanford.edu/2016-report/preface.

Allen, Colin. "The Future of Moral Machines."

New York Times, December 25, 2011.

Bostrom, Nick. *Superintelligence: Paths, Dangers, Strategies*. Oxford: Oxford University Press, 2014.

Ford, Martin. *Rise of the Robots: Technology and the Threat of a Jobless Future*. New York: Basic Books, 2015.

Brynjolfsson, Erik, and Andrew McAfee. *The Second Machine Age: Work, Progress, and Prosperity in a Time of Brilliant Technologies*. New York: W. W. Norton, 2014.

McCullough, David. *The Wright Brothers*. New York: Simon & Schuster, 2015.

Krznaric, Roman. Empathy: *Why It Matters, and How to Get It*. New York: TarcherPerigee, 2014.

Schwab, Klaus. *The Fourth Industrial Revolution*. New York: Crown Business, 2017.

Susskind, Daniel, and Richard Susskind. *The Future of the Professions: How Technology Will Transform the Work of Human Experts*. Oxford: Oxford University Press, 2016.

第 9 章
万人のための経済成長を取り戻す

Associated Press. "Who's Been Invited to the State of the Union Tonight?" *Boston Globe*, January 12, 2016. Accessed December 9, 2016. https://www.bostonglobe.com/news/politics/2016/01/12/guestsrdp/DR3KzNA90x3nxLYFOFsOnN/story.html.

Obama, Barack. State of the Union Address. White House, January 12, 2016. Accessed December 9, 2016. https://www.whitehouse.gov/sotu.

Solow, Robert M. "We'd Better Watch Out." Review of *The Myth of the Post-Industria Economy*, by Stephen S. Cohen and John Zysman. New York Times, July 12, 1987. Accessed December 9, 2016. http://www.standupeconomist.com/pdf/misc/solow-computer-productivity.pdf.

Nadella, Satya, Ulrich Spiesshofer, and Andrew McAfee.

"Producing Digital Gains at Davos." *BCG Perspectives*, March 9, 2016. Accessed December 9, 2016. https://www.bcgperspectives.com/content/articles/technology-digital-technology-business-transformation-producing-digital-gains-davos/.

Weightman, Gavin.
The Industrial Revolutionaries: The Making of the Modern World, 1776–1914.
New York: Grove Press, 2010.

Ashton, T. S., and Pat Hudson.
The Industrial Revolution, 1760–1830, 2nd ed. Oxford: Oxford University Press, 1998.

Republic of Malawi. National ICT Policy.
Lilongwe: Malawi, 2013. Accessed December 9, 2016.
https://www.malawi.gov.mw/Publications/Malawi_2013_Malawi_ICT_Policy.pdf.

Republic of Rwanda Ministry of Finance and Economic Planning. Rwanda Vision 2020.
Kigali: Rwanda, 2000. Accessed December 9, 2016.
http://www.sida.se/globalassets/global/countries-and-regions/africa/rwnda/d402331a.pdf.

Comin, Diego A., and Bart Hobijn. "Historical Cross-Country Technology Adoption (HCCTA) Dataset."
The National Bureau ofEconomic Research. Last modified August 8, 2004.
http://www.nber.org/hccta/.

McKenzie, David, and Christopher Woodruff.
"What Are We Learning from Business Training and Entrepreneurship Evaluations around the Developing World?"
Working Paper WPS6202, The World Bank Development Research Group Financeand Private Sector Development Team. World Bank, 2012.
http://documents.worldbank.org/curated/en/777091468331811120/pdf/wps6202.pdf.

Adesanya, Ireti. "The Genius Behind the Gini Index."
Virginia Commonwealth University School of Mass Communications Multimedia Journalism. Last modified December 20, 2013.
http://mmj.vcu.edu/2013/12/20/methodology-gini-index-sidebar/.

"Maxima and minima." Wikipedia. Last modified October 9, 2016.

https://en.wikipedia.org/wiki/Maxima_and_minima.

Immelt, Jeffrey. "NYU Stern Graduate Convocation 2016: Jeffrey Immelt." Filmed May 20, 2016. YouTube video, 18:27. Posted June 2, 2016. https://www.youtube.com/watch?v=hLMiuN8uSsk.

Erlanger, Steven. " 'Brexit': Explaining Britain's Vote on European Union Membership." *New York Times*, October 27, 2016. http://www.nytimes.com/interactive/2016/world/europe/britain-european-union-brexit.html?_r=0.

Hardy, Quentin. "Cloud Computing Brings Sprawling Centers, but Few Jobs, to Small Towns." *New York Times*, August 26, 2016. http://www.nytimes.com/2016/08/27/technology/cloud-computing-brings-sprawling-centers-but-few-jobs-to-small-towns.html.

Acemoglu, Daron, and Pascual Restrepo. "The Race Between Man and Machine: Implications of Technology for Growth, Factor Shares and Employment." Unpublished manuscript, December 2015. https://pdfs.semanticscholar.org/4159/521bb401c139b440264049ce0af522033b5c.pdf?_ga=1.27764476.1700601381.1481243681.

Lemann, Nicholas. "The Network Man: Reid Hoffman's Big Idea." *The New Yorker*, October 12, 2015. http://www.newyorker.com/magazine/2015/10/12/the-network-man.

Romer, Paul. "Interview on Urbanization, Charter Cities and Growth Theory." Paul Romer (blog), April 29, 2015. https://paulromer.net/tag/charter-cities/.

Calmes, Jackie. "Who Hates Free Trade Treaties? Surprisingly, Not Voters." *New York Times*, September 21, 2016. http://www.nytimes.com/2016/09/22/us/politics/who-hates-trade-treaties-surprisingly-not-voters.html.

"Trans-Pacific Partnership." International Trade Administration, Department of Commerce, Washington, DC. Accessed December 9, 2016. http://www.trade.gov/fta/tpp/index.asp.

著者略歴

サティア・ナデラ　Satya Nadella

マイクロソフトの最高経営責任者（CEO）。40年あまりの歴史を持つ同社の第3代CEO。夫であり、父親でもある。

情報科学の修士号取得のため、21歳の誕生日にインドのハイデラバードから渡米。アメリカ中西部やシリコンバレーでの経験を経て、1992年にマイクロソフトに入社。以後、同社のコンシューマー、エンタープライズ両部門で、さまざまな製品やイノベーションを主導する。人々を鼓舞し、ミッションの達成を重視するリーダーとして広く知られており、テクノロジーの限界を押し広げつつ、世界の顧客やパートナーとの間で、創造的で時に驚くべき取引をまとめている。

ナデラの人生は、他者への深い共感を身につける旅である。そうした共感を、公私を問わず、自分がやることすべてに取り入れようとしている。エンジニアや企業幹部としてだけでなく、ヒューマニストとしても、地球上のあらゆる人や組織がより多くを成し遂げられるよう彼らに力を与えることが、自分とマイクロソフトのミッションだと考えている。マイクロソフトでの役職に加え、フレッド・ハッチンソンがん研究センターの評議員、スターバックスの取締役も務めている。また、妻のアヌとともに、シアトル小児病院や、シアトルにある障害者ら向け施設を個人的に支援している。本書の収益はすべて「マイクロソフト・フィランソロピー」に寄付される。

訳者略歴

山田 美明　Yoshiaki Yamada

英語・フランス語翻訳家。東京外国語大学英米語学科中退。訳書に『ドライバーレス革命』、『AI時代の勝者と敗者』（いずれも、日経BP社）、『ゴッホの耳』（早川書房）などがある。

江戸 伸禎　Nobuyoshi Edo

英語翻訳者。国際基督教大学教養学部卒。ニュース翻訳と編集に長年携わり、書籍翻訳も手がける。

Hit Refresh（ヒット・リフレッシュ）
マイクロソフト再興とテクノロジーの未来

2017年11月20日　第1版第1刷発行

著　者　サティア・ナデラ
　　　　グレッグ・ショー、ジル・トレイシー・ニコルズ
訳　者　山田美明、江戸伸禎
翻訳協力　株式会社リベル
発行者　村上 広樹

発　行　日経BP社
発　売　日経BPマーケティング
　　　　〒105-8308 東京都港区虎ノ門4-3-12

ブックデザイン　坂川 朱音（krran）
DTP制作　河野 真次
編集担当　沖本 健二
印刷・製本　中央精版印刷株式会社

Printed in Japan
ISBN 978-4-8222-5533-6
定価はカバーに表示してあります。

本書籍に関するお問い合わせ、ご連絡は下記にて承ります。
http://nkbp.jp/booksQA